공교육,
위기와 도전

교사 · 학생 · 학부모가 함께한 교육 혁신 다시 보기

공교육,
위기와 도전

김인호 지음

맘에드림

이 책에 나와 있는 아이들 이름은 모두 가명임을 밝힙니다.

성공적인 네트워크는 정해 준 것을 전달하는 기능보다는 개발하는 힘을,

행정적 절차상 부담해야 하는 책무성보다는 전문가로서의 자발적인 책임감이 지니는 힘을,

관료제적인 일사불란함보다는 열정적인 참여가 만들어내는 놀라운 변화의 에너지를 보여 준다.

―앤디 하그리브스 · 데니스 셜리―

혁신을 위한 대안적 모색

대학 졸업 후 잠시 머물겠다고 생각한 학교에서 35년간 교편을 잡았다. 제5공화국의 군사독재 시대에 교사가 되어 6월 항쟁과 정권 교체와 촛불 혁명을 체험했고, 참교육 실천과 혁신학교 운동에 뛰어들며 올바른 것이 제대로 인정받는 세상이 이루어지기를 소망했다. 그런데 문제의식을 가지고 노력해온 교사들이 적지 않아도 현재 우리의 교육은 우리나라의 정치와 경제의 변화만큼 올바른 쪽으로 변화된 것으로 보이지 않는다.

'교실 붕괴'라는 진단이 내려진 지 20년이 지났다. 누군가는 그 원인을 세태와 입시와 시스템에서 찾지만 뚜렷한 대안을 내놓지는 못한다. 극단적으로 말해 시간이 흐를수록 아이들은 학교 가기 싫어하고, 학부모는 아이 교육에 머리를 싸매고, 교사들은 교실에서 넌더리를 내고 있다. 교육 당국은 학교 현장에 맞는 교사를 양성하지 못하고, 학교는 관료주의와 무사안일을 버리지 못하고, 교사는 교실을 고유한 배움의 장소로 만들지 못하고 있다. 적지 않은 교사들이 각개 약진을 시도하더라도 변화를 향한 흐름이 제 길을 찾지 못하고, 교육 당국과 관리자와 다른 교사들의 반대에 부딪혀, 그만 털썩 주저앉아 버리는 현상이 종종 벌어진다. 이럴 때 누군가 절망적으로 소리친다.

"우리 교육은 구제불능이야! 이대로 가다가는 학교가 사라지고 말 거야!"

이 말에는 어떻게든 학교를 지켜야 한다는 안타까움이 담겨있다. 정말로 학교와 교사가 발 벗고 나서지 않으면 어찌될지 모르는 상황이다. 교사들이 어둠 속에서 희망의 불씨를 되살리려고 안간힘쓰고 있지만, 작은 빛줄기 하나 일으켜 밤길을 밝히려는 일이 쉽지 않다. 하지만 아무리 앞이 안 보여도 포기할 수 없는 것이 교육이다.

방법을 찾아야 한다. 교사들이 서로 뭉쳐 대책을 세우고, 연구하고, 시행착오를 극복하면서 자기 자식 키우듯 아이들을 이끌면, 설령 어느 지역에서 어떤 아이들을 배정받았을지라도 방법을 찾게 된다. 한번 해보지 않고 어떻게 포기한다는 말인가. 학교 현장에 아이들이 있는데, 설혹 그 아이들이 널브러져 잠만 자고 있더라도, 혹은 교권을 무너뜨리고 교실을 난장판으로 만들더라도, 교사인 이상 그들을 어떻게 포기한다는 말인가.

4차 산업혁명의 시대다. 교육이 자칫 방향감각을 잃을 만큼 세상이 복잡해졌다.

시장의 탐욕이 아이들의 영혼을 지배한다. 학교보다 학원에서,

인터넷에서, 시장에서 더 많은 것들을 배운다. 세상은 나날이 바뀌는데 새로운 미래를 제시하지 못하고 새로운 일자리를 찾아주지 못하는 학교의 신뢰는 땅에 떨어졌다. 아이들은 자신의 미래를 책임지지 못할 교사가 이래라저래라 지시하는 것을 받아들이지 못한다. 더욱이 억압적 질서를 강조할 때 분노가 폭발한다. 불공평한 경쟁 끝에 먼저 상자 위로 올라간 자가 누리는 혜택도 참을 수 없는데, 시작도 하기 전에 치워지는 사다리를 바라보니 어떻겠는가.

교사에게 새로운 역할이 요구된다. 시대에 맞는 전문성을 기르고 교사, 학부모, 학생과 연대할 수 있는 방법을 찾아야 한다. 그렇게 하지 않으면 받아들여지지 않는다. 먼저 자신을 변화시키고, 다음으로 공부하고 힘을 합해 혁신하며, 아이들과 학교를 즐겁게 만들어야 한다.

나는 자양고에서 선생님들과 함께 '참실' 활동을 했고, 그것을 바탕으로 인헌고에 가서는 혁신학교를 실천했다. 학교에서 무언가 꿈꾸고 실행해 보는 일은 다소 힘들어도 신나는 일이었다. 더욱이 그것이 자발적으로 촉발되었을 때, 아이디어를 내놓고 그것을 실행하는 일에서 행복을 누렸다. 선다형 정답을 제시하는 것이 아니라 아이들과 함께 지식을 만들어가며, 거기서 새로운 길로 나아가는 통로를 뚫는 일은 보람으로 다가왔다. 그런 노력 끝에 세상에 나간 아이들은 주도적 삶을 살았다.

이 책은 학교 현장에 관한 기록이다. 교사건 학부모건 아이들을 가르칠 때 느끼는 막연함을 해소해 보자는 생각으로 이 책을 기획했다. 담임을 어떻게 하고, 교과를 어떻게 가르치고, 독서와 토론과 글쓰기를 어떻게 지도하고, 마침내 학부모와는 어떻게 소통할 것인지 밝히고 싶었다. 아이들을 바르게 키워 대학 잘 보내고, 진로도 바로잡아 준다면 금상첨화 아닌가. 교사들이 현장에서 노력하고 있지만 그들의 노하우가 잘 이어지지 못하고 금세 잊힌다는 안타까운 심정으로 내가 최근 10년 남짓 실행해 본 사례들을 여기에 내놓는다.

1장에서는 현재 공교육의 현실을 진단하고 교육 혁신의 역사적 요구를 검토해 보았다. 2장에서는 학교 현장에서 할 수 있는 교사의 역할, 특히 담임으로서 학급 자치와 리더십 기르기, 문제아 지도를 통해 어떤 학급공동체를 실현할 수 있는지 살펴보았고, 3장은 이 책의 핵심으로서 현재 교육 환경과 입시 상황에서 어떤 최선의 방법으로 참여 수업을 실현할 수 있는지 살펴보았다. 거기에서는 개별적 맞춤형 교육과정과 토론 수업, 프로젝트 수업, 비교과 활동, 전공 적합성 기르기, 학생부 기록 등의 방법을 제시했다. 4장에서는 교사들이 전문성을 습득하여 그것을 공유하고 실천하는 방법을 찾고, 그리하여 마침내 '작은 학교'를 이뤄내고, 학교 리더로서의 안목을 가지고 학교를 변화시키는 방법을 모색해 보았다. 5장에서는 교사와 학부모가 어떤 관계를 갖고, 학부모를 어떻게 학교의 주체로 편입시키며, 학급 학부모 모임을 통해 어떤 협력을 이끌어내며, 마침내 그것을 확장시켜 '마을교육공동체'로 거듭나게 할 수 있는지 살펴보았다. 마지막으로 6장에서는 혁신의 성과와 드림 스쿨의 가능성을 살펴보면서, 끝까지 포기하지 말아야 할 타자와의 우애를 강조했다.

　오안근 선생과 함께 《일반고 리모델링 혁신고가 정답이다》를 낸 이후 4년 만에 내는 책이다. 학교 현장에서 밑줄 치며 읽은 선생님들의 질문을 받으면서, 학교를 바꾼 이야기를 보완해 줄 구체적 철학, 태도, 방법 등을 새롭게 제시할 필요를 느꼈다. 학교 전체 차원에서 시도하지 못하더라도 개별적으로, 혹은 소규모 인원으로 나서 학교 변화를 도모해 볼 수 있는 방법을 제공하고 싶었다. 출판인 방득일 대표는 사적인 자리에서 "선배 교사가 후배 교사들에게 혁신 모델을 제시하면 그것을 토론하면서 새로운 변화를 이끌 수 있다."고 말했는데, 나는 기꺼이 나의 경험을 토론의 대상으로 내놓아야 한다고 생각했다. 교사들의 의지를 촉발하면 학교의 변화를 끌어낼 수 있다. 힘을 합해 프로그램 하나라도 내놓고, 그것을 실행하다 보면, 힘든 가운데 보람을 느끼게 된다. 완고한 시스템이 변화되고, 방향감각 잃은 아이들이 따르고, 망가진 학교가 작동하기 시작한다. 이 책이 학교 변화의 계획을 수립하고, 수업을 바꾸고, 교실 민주화를 이룰 밑거름이 되기 바란다.

　초고 상태의 글을 읽어준 변지연, 김권섭 선생이 없었다면 이 작업은 훨씬 힘들었을 것이다. 신윤철 주간은 이 책의 방향성을 점검해 주었다. 1년간 도서관을 함께 다닌 고2 늦둥이 아들을 보며 늘 우리 교육의 문제점을 성찰했다. 그들 모두에게 감사하고 싶다. 이 책은 교사 생활을 마감하면서, 초임 교사의 설렘을 되살리며 썼는데, 어둠 속에서 가느다란 불씨를 지피고 있는 수많은 사람들의 모습이 떠올랐다. 거기에 내가 또 하나의 빛줄기를 보태어 한 뼘이라도 더 선명하게 밤길을 비추고 싶다. 이 책이 후배 교사들에게 용기와 희망을 주고, 학부모들에게 학교 변화의 방향을 알려주어, 그들이 서로 공교육의 미래를 위해 토론할 수 있게 되기를 간절히 소망해 본다.

2019년 1월 맹산 기슭에서

김인호

차례

서문_ 혁신을 위한 대안적 모색 • 006

1장 잠자는 학교 어떻게 깨울 것인가?

1. 신뢰의 붕괴, 벼랑 끝에 선 교사들   016
2. 교육 시스템 붕괴와 쓰러진 교육 주체들   026
3. 지금 사회가 요구하는 대학 입시   035
4. 학교라는 제도   042
5. 교육 혁신의 현재성   049
6. 상자 밖으로의 사고   058

2장 교사의 역할

1. 교육 환경의 변화   068
2. 담임교사의 철학과 전문성   074
3. 개성 있는 학급   088
4. 뒤처진 아이들을 위한 맞춤형 수업   099
5. 학급 공동체 브랜드: 자치활동의 생활화   106

3장 학교 혁신의 방법

1. 입시 전략: 수능과 학종   114
2. 학생부 기록   123
3. 학생 개개인을 고려한 맞춤형 교육과정   137
4. 다채로운 비교과 활동   144

5. 토론으로 입 열기 157
6. 진로포트폴리오 만들기 171
7. 전공 적합성 완성하기 179
8. 1인 1 프로젝트 189
9. 날자, 날자꾸나 201

4장 교사들의 연대

1. 교사가 사라졌다 218
2. 주체가 되는 길 225
3. 교사로서 전문성의 공유 231
4. 역설을 실천하기: 싱가포르 교육을 보며 떠오른 생각 237
5. '작은 학교' 만들기 247
6. 1/n의 교장들, 교장학 연습 256
7. 연대로부터 시작하자 263

5장 학부모와 지역사회

1. 학부모의 위치 270
2. 학부모 연수 279
3. 학급 학부모들과의 소통 287
4. 학부모와 함께 이룰 수 있는 것 296
5. 지역사회로 연결되는 길 찾기 304

6장 변화에 도전하라

1. 혁신의 성과 314
2. 꿈을 실천하는 학교 321
3. 우리의 공동체: 타자와의 우애 328

1장

잠자는 학교
어떻게 깨울 것인가?

1. 신뢰의 붕괴, 벼랑 끝에 선 교사들

교실에 들어가자 두세 명을 제외하고 모두 잠을 잔다. 그들은 약탈자의 꿈을 꾸는 것일까. 게임 속 전쟁에 빠져들어 무제한의 능력을 과시하다가 납치당한 공주를 구한 뒤 행복한 미소를 짓는 걸까. 잠꼬대를 하지 않은 게 다행이다. 저 아이들을 깨워 무엇을 해야 하는가. 막상 대책이 서 있지 않다. 지금 저들은 수능을 두 달 남기기까지 3년째 잠을 자고 있다.

막막하다. 저들을 어찌해야 하는 것일까. 밤새 문제를 풀다 온 아이도 있을 것이다. 하지만 대부분 수시로도, 수능으로도 희망이 없다는 것을 알고는 손을 놓아버린 것이다. 그들에게 책 검사를 하고, 잠자는 아이들을 깨워 교실 뒤로 보낸들, 그게 대책이 될 수 있을까. 다시 막막하다. 30여 년 전 신참 교사일 때에도 이런 심정이 든 적은 없다. 그때만 해도 지식과 권위로 아이들을 압박하면서 '나를 따르라'고 가르치면 되었다. 때로는 물리적인 힘을 가하고 때로는 회유하고 감싸주면서 그들을 이끌었다. 모든 일에 자신감이 넘쳤고 내가 세워 놓은 테두리를 벗어나는 자를 용납하지 않았다. 그런데 언제부턴가 그런 것들이 씨도 먹히지 않는다.

두 아이까지 잠들어 있다. 끝까지 내 수업에 도움을 주던 아이들이다. 수시 전형 자기소개서 점검에 밤을 샜을 것이다. 그래도 내가 수업에 들어왔는데 모든 아이들이 잠들어 있다는 사실이 받아들여지지 않는다. 나는 아이들을 깨워야 하겠다고 생각한다. 이

대로 놔두는 것은 직무유기이고, 수업을 포기하는 것이라는 생각이 들었던 것이다. 수능이 두 달 남았는데, 두 눈 부릅뜨고 공부해야 할 때 아닌가. 자연계는 그래도 문제 하나라도 더 풀어보려는 아이들이 많다. 하지만 인문계는 해가 다르게 쓰러지는 아이들이 늘더니 결국 이렇다.

아이들을 깨우기 시작한다. 교재를 가져오지 않은 아이들을 교실 뒤로 내보낸다. 이때부터는 아이들의 신경 줄이 팽팽해진다. 아이들 책상 위에는 다른 교과 문제집만 펼쳐져 있다. 그들은 매 수업 다른 교과 문제집을 푼다. 그게 옳지 않고, 그렇게 해서 대학 갈 수 없다는 것을 알면서도 그렇게 한다. 그 아이들을 깨워서 어쩌겠다는 생각이 있는 것은 아니지만 모두 잠들어 있기 때문에 깨운다.

그런데 A의 자리에 온 순간, 괜히 잘못 건드렸다는 생각이 든다. 그는 깨워도 일어나지 않을 것이다. 또한 그가 교재를 가져왔을 리 없다. 1학기에 수행평가 과제를 거부하고 정시로만 대학 가겠다고 선언한 아이였다. 그 아이의 귀는 교사의 말을 거부한다. 씨도 먹히지 않는다. 그러니, 잠을 깨우면 뒤집힌다. 사실 그는 대학 갈 생각이 없다. 갈 수 있다고 생각하지도 않는다. 그는 밤늦도록 고깃집에서 알바를 한다. 거기서 그는 얼마나 의젓했던가. 그런 생각이 스쳐지나갔지만 그를 깨우는 일을 포기하지 못한다. 교재를 가져오지 않은 아이들을 모두 뒤로 보냈는데 그 아이 혼자만을 봐줄 수는 없었던 것이다.

몇 번 더 흔들어 깨우자, 대뜸 "시발, 뭐야?"다. 이때부터 전쟁이 시작된다. "뒤로 나가." 일단 격리시키자는 것이다. "시발, 니가 뭔데?" 이쯤 되면 수습 불능의 사태가 된다. 후회해도 이미 돌이킬 수 없게 되었다. "나가라구!" 더 크게 소리친다. "어쩔 건데?" 아이의 눈에 핏발이 서고 분노가 이글거린다. 점점 분위기는 험악해진다. 이때쯤 내가 감당할 수 있을지 의문이 들지만, 지금까지 해왔듯이 갈 때까지 가 보자는 생각이 든다. "나가!" 평생 이런 경우에 양보를 해본 적이 없다. 게다가 여기서 아이에게 굴복하면 교사로서의 체통은 말할 수 없이 구겨지고, 앞으로는 영이 서지 않을 것이다. "나갓!" 다시 소리친다. "못 나가!" 아이가 더 크게 소리친다.

모든 아이들은 이미 잠이 깼다. 그리고 두 사람의 갈등을 지켜본다. 기세에 눌려 몇몇 아이들은 알아서 뒤로 나가지만 몇몇 아이들은 아이 편에 서서 함께 항의라도 할 눈빛이다. 이 아이를 생활지도부로 끌고 가는 것까지 해야 하나, 잠시 망설이며 그의 눈을 들여다본다. 그의 눈빛이 잠시 흔들린다. 나는 기세를 몰아 더 크게 소리친다. "복도로 나가 있어!" 아이가 벌떡 일어난다. "못 나가, 시팔! 벌점 주려면 줘, 자르려면 잘라봐!" 아이도 이게 쉽게 끝날 싸움이 아니라는 걸 안 것이다. 뒤에 벌어질 사태까지 말하는 품새가 그렇다. 그때서야 나는 아이의 발악을 제압할 수 있게 된다. "그래 네가 원하는 대로 해줄 테니 밖으로 나가, 나가 있으란 말이야!" 서로 존중은 없다. 60세 넘은 교사와 18세 학생이 싸우고 있다. 이미 수업 분위기는 싸늘해졌다. "나가라니까!" 내 목소리가 한 번 더 커진다. 마침내 아이가 교실 문을 발로 걷어차며 나간다. 나는 창문을 내다보며 생각에 잠긴다. 이미 수업은 끝장났고 남은 아이들의 잠은 달아났다. 내가 교사를 너무 오래 했나?

코드가 뒤엉켜 분노 조절 장치가 풀러버린 아이들. 무엇이 그들을 저렇게 만들었을까. 한 번 쓰러지면 다시 일어설 수 없다는 것을 그들도 잘 알고 있다. 어쩌면 아이들은 정신 차리고 싶어도 방법을 몰라, 그냥 확 죽어버릴 거야, 하고 자해하듯 막무가내로 나가는 것일지도 모른다. 교사에게 대드는 것은 더 이상 기대할 것이 없다는 뜻이다. 저 선생이 나를 돌보아주고, 대학을 보내고, 즐겁게 만들어줄 사람은 아니라는 말이다. 저런 아이들이 해마다 늘어나고, 막상 교사들은 아이들과의 싸움에서 지고서 만신창이가 된다. 대다수 일반고에서 벌어지는 일이다. 다만 '닫힌 교실'에서 무슨 일을 당했는지 교사들이 고백하지 않을 따름이다. 잠자게 놔두어라. 아이들이 떠들건, 돌아다니건, 아예 의자 몇 개 붙여놓고 잠을 자건. 누군가는 이렇게 충고한다. 혼자 판서하며 소리 지르다가 교실을 나오는 교사가 늘고 있다.

잠을 자기에 이르기까지는 순서가 있다. 어떤 아이라도 처음부터 수업을 거부하지는 않았을 것이다. 재미없어 딴짓하고, 그러다가 못 알아듣고, 마침내 교사의 목소리가 공허하고 의미 없게 된 것이다. 더욱이 자신의 실력으로는 가고자 하는 대학에 갈 수 없다는 사실을 자각하게 되면서 모든 의욕이 사라졌다.

왜 학교에 나오는 것인지도 모른 채 좀비처럼 어슬렁거리다가 점심밥 먹고 또 졸다가 집에 간다. 시험 시간에는 한 번호에 답을 죽 긋고 아예 잠을 잔다. 아이들은 공부를 '포기하러' 등교하고, 교사는 그것을 확인하러 출근하는 꼴이 된다. 승자는 없다. 처음부터 잠자는 것을 용인하겠다고 생각하며 수업을 시작한 교사나 그 어떤 수업도 거부하겠다고 철벽을 친 아이 모두 똑같다. 아이와 교사 모두 패배자다. 교사에게는 대책이 없고 아이들에게는 희망이 없다. 도대체 어디서부터 잘못된 걸까.

결국 잠자는 아이들을 놔둔 채 깨어 있는 아이들에게만 집중하는 것은 수업을 포기한 교사들의 현실도피다. 사실상 그런 이는 아이들과의 싸움에서도 지고, 자기 자신과의 싸움에서도 진 것이다. 반쯤 눈감아주고 타협한 결과 남은 것은 모든 아이들이 잠자는 교실이다.

한 번 무너진 둑은 막을 수가 없다. 교실에서 팽팽한 긴장감이 아이 쪽으로 흘러가면 다시 주도권이 교사에게 돌아오지 않는다. 그 이후로는 교육이 사라진다. 아이들은 수업 시간에 떠들고 돌아다니거나 교사를 희롱한다. 《한겨레》를 잠시 보자. "수업 중에 여자 이야기만 나오면 자기들끼리 '(가슴) 크냐?' 이거부터 쑥덕거려요.'/ 경남의 한 남자고등학교에서 일하고 있는 4년차 교사 ㄱ(31 여)씨는 하루에도 수십 번씩 모멸감을 느낀다고 한다. 수업 중에 자다 일어나 화장실에 가겠다며 일어서는 학생도 무례하지만, '왜? 섰냐?'라며 자기들끼리 낄낄거리는 일도 부지기수다.[1] 《아시아경제》의 내용은 더 심하다. 서울 한 특성화고 여교사 A씨는 교실에 들어가는 것이 두렵다. 최근 수업에 한창이던 A씨의 말을 끊으며 한 남학생이 "저랑 술이나 한 잔 하실래요?"라고 말한 것이 발단이었다. 처음에는 '청소년기 아이가 분별없이 한 말이겠지'라며 참고 넘겼다. 그러나 이후에도 노골적으로 특정 신체 부위를 가리키며 음담패설도 서슴지 않은 학생들을 대하면서 극도의 스트레스를 받았다. A씨는 "성희롱을 당하는 기분이다"라며 "처음에는 아이들의 장난이라고 치부하려 했지만 건장한 학생들이 이 같은 발언을 하는 빈도가 잦아지면서 무섭다는 생각이 든다"고 털어났다.[2]

학생이 교사를 성희롱하거나 폭행한 사건이 늘고 있다. "교육부 집계를 보면 성희롱의 경우 2009년 19건에서 2013년 62건, 2014년 80건, 2015년 107건, 2016년 112건으로 늘어났다. 올해도 상반기에만 84건이 접수됐다. 학생에 의한 교사 성희롱 사건 가운데 신고에 이른 경우가 극소수에 그친다는 점을 고려하면 증가세가 눈에 띈다. 또한 교권 침해를 당하는 비율도 꾸준히 늘어 2009년 3.1%에서 2016년 1학기에는 7.9%로 2배 이상 늘었다."[3]

교실에서 기본적인 신뢰 관계가 무너진 것이다. 가르치고 배우는 행위 대신에, 새끼 맹수들에게 위협당하고 희롱당하는 교사들이 많아졌다. 다시 떠올려 보자. 차단된 교실 속에서 교사가 수업

---

1. 〈학교 성폭력 느는데…'교사가 피해자' 언급 아예 없다〉, 《한겨레》, 2017. 10. 28.
2. 〈[벼랑끝교권上] 수업중 "술이나 한 잔해요"…할 말 잊은 여교사〉, 《아시아경제》, 2017. 11. 13.
3. 앞의 글, 《아시아경제》, 2017. 11. 13.

을 하는데 반은 자고 있고, 반의반은 눈을 뜨고 있으나 다른 짓을 하고 있다. 여자아이들은 화장을 하고, 남자아이들은 핸드폰을 들여다본다. 심지어 어떤 아이들은 교실을 마음대로 돌아다니고 어떤 아이는 의자를 붙여놓고 아예 드러누워 자고 있다. 그것을 제지하다가 교권 침해가 발생한다. 교실 붕괴 이야기가 나온 지 20여 년이 되었지만 상황은 전혀 개선되지 못했다.

잠자는 학교. 대한민국 일반고가 잠들어 있다. 우리의 미래가 잠들어 있는 것이다. 교육이 사라지고 입시만 남은 고등학교. 고학년이 될수록 더 많은 아이들이 잠잔다. 이것을 아이들 개인의 문제로 보아야 하는가, 사회적 문제로 보아야 하는가.

사실상 그들은 희생자일 뿐이다. 특목고와 자사고 아이들과 분리시키고, 정책적으로 개선책을 내놓지 못하고, 집단적으로 그들을 방치한 것이다. 저들에게서 국민의 기본권인 행복을 앗아간 것이다. 교사도 그 책임에서 벗어날 수 없다.

PISA(국제학업성취도 비교평가)에서 보여준 우리나라 아이들의 학업성취도는 전 세계가 주목할 정도다. 중2 기준으로 OECD(경제협력개발기구) 24개국 중에서 수학 1위, 읽기 1~2위, 과학 2~4위이다. 그러나 문제는 우리나라 아이들이 지역 간, 학생 간 차이가 크고, 낮은 학습동기로 '대학 입시'라는 목표가 사라진 뒤 학습동기를 상실하고, 학교에서 체감하는 행복지수와 만족도가 최하위라는 점이다.[4]

이런 내용이 의미하는 바가 무엇일까? 우리나라 아이들은 어른들이 시키는 공부를 많이 하지만 행복하지 못하다. 불행한 교실에서 억지로 버틴다. 그러다가 불만과 분노가 터져 나온다. 교실 붕괴는 재미없고 배울 것 없는 수업에서 발생한다. 한 교실에 70명이 가득 차던 시절에도 이러지는 않았다. 아이들은 교사의 권위에 굴복했고 못 알아듣는 것을 자기 탓으로 돌렸다. 하지만 시대가 달라지고 양상이 달라졌다. 아이들 수가 반 이하로 줄었지만 학력 차이가 커지고 교사에 대한 신뢰가 사라지자, 아이들이 수업을 외면하고 교권을 모독하기 시작했다. 고교 교육에 대한 관심이 명문대 몇 명을 보내는지에만 집중되면서 수업 소외가 발생하고, 소외자가 반이 넘고, 그들이 주도권을 장악하자 '교실 붕괴'가 시작된 것이다.

교직 경력 30여 년이 지났어도 잠든 아이를 깨우는 데 별 도움이 되지 못한다. 아무리 입시에 나올 만한 문제다, 논술형 면접에 꼭 나오는 비문학 제시문이라고 설명해도, 아이들은 듣는 척도 하지 않는다. 책상 위에는 EBS 문제집이 하나씩 펼쳐져 있는데, 그것을 제대로 푸는 아이는 별로 없다. 모두 잠잔다. 12년 공교육의 마무리를 잠으로 끝장낼 것인가. 나는 아이들을 깨운다. 그때마다 마음 한 구석에서 또아리 트는 공포. 과연 이 아이들에게 뭔가 가르칠 수 있을까. 이제 더 이상 아무런 생각도 없고, 아무런 희망도 없지만 그래도 저들을 깨워야 한다는 의식만 남았으니, 그것이

---

4. 이민경, 〈교실수업 혁신을 통한 미시적 교육개혁에 대한 시론적 고찰〉, 《동향과 전망》, 2015.10, 227-228쪽.

나와 아이들 모두를 괴롭히는 일인지 모른다. 도대체 저들을 어찌해야 하는가. 대책이 없을 때, 덜컥, 숨이 막힌다. 저들을 외면한 채 내 목숨만 보존하면 되지 않은가. 모른 척하면 끝이다. 서로 힘들 게 없으니까. 그런데 자존심이 허락하지 않는다. 그래서 소리친다. 모두 눈 떠! 자, 자, 마지막까지 파이팅! 하지만 아무도 눈을 뜨지 않는다. 그들은 이미 자기 점수로 어디쯤 갈지 다 알고 있다. 바뀔 건 아무것도 없다. 아무리 노력해도 결과가 바뀌지 않는데, 어찌 자지 않을 수 있단 말인가.

잠자는 아이들 앞에 선 교사. 아무도 듣지 않는 수업을 강행해야 하는 현실에서 교사는 설 자리를 잃는다. 교사와 아이들 간의 협업이 사라진 것이다. 그리고 시험은 아이들의 도전 의식을 꺾는다. 조금 무모하더라도 도전하다 보면 뭔가 이루어진다는 믿음이 있어야 하건만, 각본대로, 사교육 받은 대로, 성적대로만 대학 가고, 취업을 하는 세상에서는 할 일이 없다. 생각해 보라. 아이들은 수동적인 팬, 시청자, 관객, 소비자 등으로 살아왔다. 교실에서는 질문하거나 자기 의견을 말하는 것을 거부당해왔다. 정형화된 것을 암기하고, 그것을 정답으로 찾으면 끝이었다. 그런데 어떤 교사는 뒤늦게 거기에 '구멍'이 있고 그것을 통과하면 또 다른 답이 있을 수 있다는 사실을 뒤늦게 알게 된다. 아이들을 경쟁시키며 문제 하나 더 풀어주면 모든 게 해결될 줄 알았는데, 그것은 말짱 꽝이고, 처음부터 정답은 있지도 않았다는 공포감에 사로잡힌 것이다.

위기는 구조를 모를 때 찾아온다. 과거의 방식으로만 가르치는 교사가 아이들이 생각하지 못하게 하고, 질문하지 못하게 하고, 아이들을 새로운 영역으로 나아가게 하지 못한다. 파머는 말한다. "낯선 진리를 찾아 학생들과 함께 생소한 곳으로 떠나야 한다."[5] 두려워하면서 낯선 세계를 체험해 보지 않고서는 아이들과 함께 그런 배움의 영역으로 들어가지 못한다. 아이들과 뒤엉켜 씨름하고 토론하면서 구조의 틀에 대해 문제 삼아야 교사도 배우게 되고 아이들에게도 자기 지식이 생긴다. 자신이 무기력해진 원인을 찾고, 이 사회가 자신을 어떻게 소외시켰는지 알게 되면, 그것을 극복할 방법을 찾게 된다. 그렇듯 지식은 주어지는 것이 아니라 찾는 것이고, 미지의 세계를 향해 나아가게 하는 것이다. 이런 과정을 거친 아이는 내면화된 신자본주의 구조에 시달리다가 어느 날 문득 그것을 와해시킬 방법을 찾게 될지 모른다.

교사는 이제 베일 밖으로 나와 위기와 대면해야 한다. 헌데 혼자서는 안 된다. 다른 교사들과 의논하며 교육의 위기를 뚫고나갈 방법을 찾아야 한다. 집단지성 없이는 학교를 변화시킬 수 없다. 자신의 수업을 공개하고, 서로 다른 교수법을 나누고, 아이들과 소통할 방법을 찾아야 그 위기를 극복한다. 벼랑 끝에 선 교사가 아이들을 주체로 인정하고, 아니 주체로 만들어주고, 그들과 상생하는 방법을 찾으면 된다. 그런데 그것은 교사들과의 협력 속

---

5. 파커 J, 파머, 《가르칠 수 있는 용기》, 이종인 옮김, 한문화, 2013, 75쪽.

에서, 학교의 뒷받침을 받으면서 이루어진다. 교사 모두가 아이의 입장에서 고민하면서 진정한 소통의 방법을 찾을 때 학교는, 그리고 교실은 변화와 기회의 장소가 된다.

2. 교육 시스템 붕괴와 쓰러진 교육 주체들

구한말 일본은 사립학교령(1908)을 공포하면서 식민 통치를 원활하게 수행하기 위해 근대적 학교제도를 강제로 이식한다. 지식 생산의 주체를 사대부에서 개화 세력으로 교체하여 조선의 몰락을 가속화시키기 위해서이다. 또한 교육 시스템을 바꾸어 서양의 논리를 보급하는 것처럼 꾸민다면, 획일적인 국가 교육과정과 교과서 검정 제도로 사람들의 의식을 식민화시킬 수 있다고 생각한 것이다. 우리는 지금도 크게 보면 그런 관점, 즉 식민사관이나 서구 중심주의에서 벗어나지 못하고 있다. 지난 100여 년간 지속된 학교교육 제도도 그런 토대를 극복하지 못하고 있다.

광복 이후 70여 년 동안 우리나라는 미개국에서 문명국의 지위에 오를 정도로 엄청난 발전을 이루었다. 아이들은 공교육 12년 동안 감옥 같은 학교, 독서실이나 야자실에 갇혀서 수십만 개의 문제를 반복적으로 풀면서 몸과 마음을 길들였다. 그런 훈련 속에서 가난하더라도 열심히 공부한 아이는 성공으로 보답 받았고, 기술을 습득하며 열심히 일한 아이는 사업장에서 인정받았다. 학교를 믿고 교사를 따르는 아이는 지위와 부를 누렸다. 교육의 힘은 결핍을 메워 충만에 다가서게 했다. 그런데 '수학의 정석'과 '성문 종합영어'만 풀면 되는 시대가 끝나고 다종의 교과서, 수많은 EBS 문제집을 풀어야 하는 시대가 열리자 사교육 없이는 학교 수업을 따라갈 수 없게 되었다. 먼저 수포자(수학 포기 학생)가 생기고, 영어 듣기에서 귀가 막힌 아이들이 잠을 자기 시작했다.

　교사들은 이 아이들을 외면한다. 그들보다 말 잘 듣고 공부 잘 하는 아이들이 많은데, 자칫 시한폭탄이 될 수 있는 아이들에 왜 매달리겠는가. 사실 그들을 다룰 자신이 없으므로 모르는 척 놔 두는 것이겠지만, 그들이 교실에서 반을 넘기는 상황이 되면 그럴 수만도 없게 된다. 교사는 명문대 들어갈 아이 몇 명에게만 관심 을 쏟아줘도 칭송을 듣는다. 심지어 명문대에 몇 명이라도 합격시 키면 능력을 인정받는다. 학교는 S대 들어간 아이들의 이름을 현 수막에 내걸고, 교사는 그것으로 보람을 느낀다. 그로 인해 학교 에서는 모의고사에서 2등급(11%) 이내에 들어야만 '관리'를 받게 된다. 그런데, 아뿔사, 2등급이라면 89%가 외면당하게 된다.

　그 89%가 자기 목소리를 내기 시작한다. 언제부턴가 자신이 교 실의 지배자인 것을 알게 된 것이다. 그리고 공부 좀 못한다고 바 보 취급받은 것이 부당하다는 것을 깨닫는다. 살아남으려거든 힘 내. 일어나 따라붙어. 어떤 담임은 이렇게 용기를 준다. 하지만 그 것을 따라잡는 아이는 극소수이고, 담임 말을 따른다고 살아남는 것도 아니라는 것을 곧 알게 된다. 어떤 아이는 영혼 없이 용기를 주려는 담임의 말이 사실은 아이들을 경쟁에 내모는 책임회피라는 것을 깨닫고는 더 분노하기도 한다. 차라리 잠 깨워 무언가를 하며 함께 이야기를 나누는 교사라면 훨씬 더 신뢰가 간다. 만약 대학을 가지 못하더라도 즐겁게 살 수 있는 방법을 가르쳐 준다면 아이들은 그 선생님을 따를 것이다. 공부를 못하더라도 손재주 좋은 아이를 목공으로 안내하고, 치밀하고 장사 수완이 좋은 아이에게는 1인 창업의 방법을 알려준다면, 학교는 제 역할을 다한 것이다. 그런데 학교는 성적이 뒤떨어졌다는 것만으로 아이들을 낙오자로 만든다. 대학 가야 한다고만 부추기다가 그래도 성적이 오르지 못하면 교사는 아이들을 가차 없이 포기한다. 무엇보다 능력이 되지도 않는 아이에게 명문대 헛바람만 잔뜩 불어넣는 것은 범죄행위에 해당한다. 허위의식으로 가득한 세상, 헛된 가치를 위해 자신의 삶을 낭비하는 세상. 잘못된 구조에서 빠져나오지 못한 아이들은 모두 그 속에서 희생자가 된다.

교실에서 잠자는 아이들이 사회에 나간들 제 구실을 할까. 아무리 저출산 대책을 내놓아도, 결혼을 하지 않고 아이를 낳지 않는다면, 그 대책은 아무런 소용이 없다. 저들이 목표가 사라지고 의지가 꺾여 저렇듯 무기력해져 있다면 훗날 결혼을 하더라도 훨씬 더 심각한 문제를 일으킬 가능성이 많다. 그들이 주체가 되어 무엇인가 결정하고 선택하고 밀고 나가야 하는데 시키는 일만 하고 못하는 것을 포기하는 일이 습성화되고, 사회에 나가서도 주도적이지 못한 채 무기력하게 살아가고 있다면, 학교교육에 대한 대책

없이 아이만 낳으라고 해서는 해결될 일이 아무것도 없다. 저들은 왜 잠을 자는가. 줄을 끊고 뛰쳐나가자니 천 길 낭떠러지이고, 그 냥 적당히 포기한 채 살아가자니 밧줄이 목을 옥죄어 온다. 저항할 때마다 밧줄이 발목과 손목에 파고든다. 그것을 알기에 고통을 참기 위해 엎드려 잔다면 믿을까.

학교 밖은 광야다. 담을 넘어 줄행랑을 쳐보아도 갈 곳이란 고 작 피시방일 뿐이다. 기차를 타고 멀리 떠나 바닷가에서 담배를 피우며 밀항을 꿈꾸지는 못하더라도, 어느 산이나 들판을 누비면 또 다른 자기를 만날 수 있으련만, 대부분의 아이들은 담을 넘어보지도 못한 채 평생 틀 속에 구속되어 살아간다. 그들은 또 얼마나 불행한가. 진정 자유를 누리고자 한 자는 사막 어디에서건 살아남는다. 학교 안에서 발이 묶인 채 살아가는 자기 모습을 학교 바깥에서 바라본 아이는 결행의 시간을 기다리기라도 한다.

우리는 이념의 시대에 한 쪽 틀 속에 갇혀 살았다. 양쪽 원리를 보지 못하고 균형 있는 사유를 하지 못했다. 그것도 부족해 이데올로기의 호명을 받을까 두려워해 자기 검열을 하며 꼭꼭 숨어 살았다. 목숨을 부지하기 위해 기꺼이 노예의 길을 택했다. 교사들은 표준화된 교육과정과 통일된 교과서를 통해 길들여져도 불만이 없었다. 다만 막연한 상상력으로 자유를 꿈꾸어 보았을 따름이다.

그런데 이념의 몰락 이후에는 상황이 달라졌다. 이념의 문제점과 이념 이후를 설명하지 못하면 '태극기 부대'처럼 복고적 정체성에 사로잡혀 자기주장만 되풀이할 수도 있다.

서로 대화해야 한다. 교사가 주체가 되어야 아이를 주체로 만든다. 아이와 함께 틀 위를 걸으며 대화할 때만이 아이들에게 길을 제시한다. 무엇을 가르치는 것이 아니라 아이와 함께 찾으며 스스로 정리해 나가고 아이디어를 내놓을 때 아이는 세상과 지식을 터득하게 된다.

우리는 이념과 국경과 이득의 속박에서 살아간다. 아무리 깊은 숲속에 숨어도 이념과 문화, 관습에서 자유로워질 수 없다. 전체를 조망하고 틀 위를 걸어본 자만이 자유를 얻게 된다. 발언만 할 뿐 들으려 하지 않는 교사와 듣기만 할 뿐 말하려 하지 않는 학생은 노예들이다. 정답이 있는 문제만 푼 사람들이 이데올로기의 지시에 따르는 사람들이라면, 정답이 없는 문제를 풀기 위해 밖으로 나선 사람들은 그 억압에서 벗어난 사람들이다.

'일개 교사'가 무엇인가 해보겠다고 나설 때부터 교육은 시작된다. 자기만의 교육과정을 편성하고 정보를 다시 배열해 자기 지식으로 만들 뿐만 아니라 배움의 공동체 수업이나 하브루타 수업, 혹은 핀란드나 싱가포르식의 수업 방식을 통해 아이들에게 다양한 방법으로 가르치는 것은 이념 바깥에서 찾은 자기 지식이다.

아이들은 스스로 의문을 제기하고 자료를 찾고 토론하는 가운데 자기 의견을 갖게 된다. 일방적으로 수업을 듣기보다 그 문제를 자기 방식대로 파고들어갈 때 문제해결력을 키우게 된다. 다른 사람의 관점에서 생각할 때 새로운 아이디어가 떠오르고 정확한 세계 인식을 하게 된다. 혼자 하는 공부보다 친구들과 토론하면서 떠들썩하게 하는 공부가 진짜 공부가 될 수도 있다. 서로 가르쳐 주고, 챙겨주는 분위기 속에서 함께 성장해 가는 아이들. 자율적으로 서로 협력하면서 커가는 주체야말로 미래 세계의 주역이 될 수 있다.

주체는 스스로 행한다. 누가 뭐래도 열심히 놀 줄 안다. 기타를 열심히 치고, 농구를 열심히 하는 아이는 그것을 잘하는 방법을 스스로 터득해 나가고 놀이를 하며 자유로워진다. 자신의 장점만 찾기에도 아까운 시간을 성적에 얽매어 항상 불행하게 살아가는 아이들은 얼마나 불행한가. 그들도 어린 시절에는 얼마나 많은 장점이 있었던가. 싹싹하고 인정 많고 부모를 생각하는 애틋한 마음도 가졌는데, 다만 지금 성적이 좋지 않다고 낙오자로 몰려 수렁에서 벗어나지 못하고 있다. 그것도 잠시, 게임에 빠졌다가, 혹은 친구의 꾐에 빠졌다가 헤어 나오지 못한 아이들을 너무 곤경에 몰아넣는 거 아닌가.

아이는 얼마든지 달라질 수 있다. 깨워놓기만 해도 뭔가 도모할 수 있다. 대학은 다음의 문제다. 잠자지 않을 딱 한 가지 이유만이라도 찾게 된다면, 아이는 자기 의지를 강화시켜, 마침내 주체로 우뚝 설 것이다. 학교가 조금 받쳐주기만 한다면.

다시 학교로 돌아가 보자. 초등학교에 입학할 때에는 기대감에 부풀어 들어간 아이들에게 대학 입시를 생각하며 선행 학습을 시키면 4학년 때부터 힘들어한다. 그것 말고도 피아노와 태권도, 영어, 한문 등을 배우러 학원에 다닌다. 학원에 가지 않는 아이들은 집에 혼자 틀어박혀 게임을 한다. 그로 인해 동네에서 아이들의 웃음소리가 사라지고 놀이터마다 공동묘지와 같은 고요만 넘친다.

우리나라 최고의 출산 전문 병원인 제일병원이 임금 삭감과 체불 등으로 파업을 겪고 도산 위기에 놓여있다. 그럴 정도로 우리의 젊은이들은 아이를 낳지 않는다. 하나라도 낳아 잘 기르고 싶은데 그러기 쉽지 않은 세상이 된 것이다. 더욱이 집 사기 어렵고, 결혼하기 어려운데다가, 교육시키는 일은 더 힘들어졌으니 누가 아이를 낳으려 하겠는가. 그나마 낳아 기른 아이도 학교에서 적응하지 못하고 학교 가기 싫어한다면, 이런 재앙이 어디 있는가.

우리나라 학부모와 학생들은 대학 합격에 모든 것을 건다. 심지어 자기 집 놔두고 대치동에서 전세 사는 사람들도 있다. 아이만 명문대 보낼 수 있다면 모든 희생을 감수하겠다는 것이다. 아이를 외국에 보내는 부모는 그래도 조금 더 낫다. 돈이 들어 그렇지 우리와 다른 문화를 습득하게 되면 또 다른 경쟁력을 갖추게 될 테니 말이다. 인도와 중국, 러시아 등에서 공부하면 돈도 그렇게 많이 들지 않는다. 하지만 모든 학부모와 아이의 눈길은 명문대에 꽂혀 있다.

SKY로 불리는 명문대 신입생 수는 대학 총 모집 정원의 2% 정도에 불과하니 내신이나 수능에서 1등급(4%)에 속하지 않으면 갈 수 없게 된다. 모두 수능 1등급을 받아도 떨어지는 경우가 적지 않다. 그러니 대입을 위해 청소년들은 고행과도 같은 시간을 보낸다. 밤잠 못 자면서 학교와 학원을 넘나들고, 또 수많은 학교 활동 (수행평가와 교내상, 동아리 등)을 위해 얼마나 노력해야 하는지 모른다. 마음 편하게 친구들과 이야기하고, 마음껏 운동장에서 뛰어놀아 본 적이 없을 정도다. 한 번 낙오하면 기회가 주어지지 않기 때문이다. 심지어 방학에 부모님과 여행을 다녀온 아이조차 찾아보기 어렵다. 한마디로 생존경쟁, 적자생존의 길이다. 문제 푸는 요령을 터득한 아이가 남을 배려하고 소통할 줄 아는 아이보다 훌륭하다는 보장이 없건만, 성적순에 따라 갑을 관계가 결정되기 때문에 여행, 독서, 이성 교제, 취미 활동 한 번 못한 채 시들어가는 아이들. 싫어하는 교과 하나만 있어도 낙오하게 되는 나라.

아이들은 정확하게 안다. 대학 갈 가능성이 없다는 것을. 이미 4년제는 글렀고 전문대학도 서울에서 가까운 곳은 힘들다는 것을. 그래도 기술 배우기 싫고, 지방대 가기 싫고, 자신의 처지가 너무 싫다. 그런 자신에게 정신 차리라고 말하는 담임은 쳐다보기도 싫다. 그는 걸핏하면 부모님에게 전화해 출결이 좋지 않다, 성적이 어떻다고 말하는데, 그래서 어떻게 하라는 것인지 알 수 없다.

그런 일을 몇 차례 겪다가 보니 뭔가 가르치려고 드는 교사라는 자들은 다 싫다. 수학과 영어 교과뿐만 아니라 중세국어에서 '여린 히읗'이니, 국사에서 '통리기무아문'이니, 혹은 경제에서 '불태화 시장 개입' 등을 운운하는 교사의 목소리는 너무 역겹다. 그것들이 나에게 무슨 소용이 된다는 말인가. 결국 아이들은 수업 시작 5분도 되지 않아 잠으로 도피한다.

누군가는 이들을 희망 없는 세대라고 말한다. 그리고 'N포 세대', '헬조선', '이생망'('이번 생애는 망했다'를 줄인 말)이라고 말하기도 한다. 하지만 누가 이 아이를 이렇게 만들었는가. 그도 유년 시절에 과학자를 꿈꾸는 소년이었는데, 지금 그의 날갯죽지는 꺾여 있다. 언제부턴가 잘못되었는데 누구도 그것에 대해 책임지지 않는다. 그런데 다시 생각해 보자. 이들조차 없다면 교사라는 직업도 사라질 것이다. 인구 감소가 심각한 마당에 이 핑계 저 핑계로 아이들을 외면하다가 앞으로 누구를 가르치려는 것인가.

'이생망'보다 더 큰 문제는 대책을 마련하지 못하는 교사다. 변화의 관건은 교사인데, 교사만이 학교를 바꿀 수 있는데, 지금 엄살을 피우고 있는 것 아닌가. 교사가 이 아이들을 받아들이고, 이들이 알아듣는 수업을 개발한다면, 이들도 일어나지 않겠는가.

핸드폰 속의 유목민은 길을 잃었다. 끝없이 탐색하지만 대학도, 취업도, 결혼의 길도 보이지 않는다. 우리 시대의 아이들은 가야 할 곳이 어디인지 모른다. 부모와 교사가 몰아대니까 대학을 가야 한다고 생각하지만, 사실상 그것이 헛된 꿈, 말짱 꽝이라는 것을 자각한 뒤로는, 무의미한 졸업장만을 목표로 견디고 있다. 온실에서 자란 아이들은 부모의 보호 때문에 잘 크지만 한 번 꺾이면 송두리째 무너진다. 차라리 공부하지 않더라도 학교에서 친구들과 즐겁게 보낸 아이들은 '역전'의 가능성을 가지고 있다. 꺾이지 않았기 때문이다. 전문대에 가서 적극적으로 기술을 배우고 좋은 대인관계를 가진다면 그에게도 기회는 얼마든지 열린다. 반면 명문대라는 망상에 사로잡힌 아이들은 재수, 삼수를 해도 자기만족을 찾지 못하고 졸업 후에도 헛된 꿈에서 벗어나지 못한다.

우리나라의 교육 시스템 속에서는 명문대에 들어간 아이들은 S대에 들어가지 못해서 불행하고, S대에 들어간 아이는 가고 싶은 학과에 들어가지 못해서 불행하다. 그러면 도대체 뭔가? 이 시스템에서 행복한 아이는 1%도 되지 않는다. 그렇다고 1% 아이인들 행복할까. 자기보다 공부 못한 아이가 훗날 돈 많이 벌고, 명성을 얻는 것을 받아들이지 못한다. 그들은 하고 싶은 일을 하는 것이 아니라 돈과 권력, 혹은 남의 시선을 의식하며 살아간다. 그런 사람에게 자기만족이란 없다. 남보다 앞서가려고만 하다가 길을 잃은 사람들.

3. 지금 사회가 요구하는 대학 입시

지그문트 바우만은 고등교육의 확장에 대해 말한다. "모든 졸업생들은 불안정한 비상근직이나 혹은 '인턴'이라는 기만적인 명분으로 임금 없이 일하는 '훈련생' 신분의 가짜 일자리를 얻는 상황에 직면해 있다."[6] 그에 따르면 대다수의 문명국에서 벌어지는 교육 현실에서 이제 대학 학위는 좋은 일자리를 보장하지 못한다는

---

6. 지그문트 바우만, 《이것은 일기가 아니다》, 이택광 옮김, 자음과모음, 2013, 232쪽.

것이다. 그럼에도 불구하고 명문대 진학에만 초점을 맞춘 우리나라 교육은 지금 사회에 요구되는 인재들을 길러내지 못한다. 또한 대학은 사회에 나가 좋은 관계를 누리고 한 번뿐인 인생을 즐겁게 살아갈 방법을 알려주지 못한다. 기성세대는 자신도 청소년기에 그랬으니까, 누구나 겪는 일이니까, 조금만 힘을 내라고만 말한다. 하지만 그것은 생판 거짓말이다. 그들의 시대에는 조금만 공부해도 일자리 잡고 결혼해 아이 낳고 집 사고 하는 일이 어렵지 않았다. 하지만 지금은 수많은 자격증을 따고 인턴십을 하고 와도 좋은 일자리를 찾기 어렵다. 더욱이 현재의 고등학교 생활을 제대로 누리지 못한 아이는 잠 부족에 시달린 습관대로 피곤하게 살면서 자기 삶을 누리지 못할 가능성이 많다. 남과 어울려 즐겁게 사는 방법을 모르기 때문에 어떤 상황에서도 만족할 수 없는 것이다.

졸업한 뒤에 생각해 보면 고등학교에서 무엇을 배웠는지, 누굴 만나 행복했고 어떻게 변화되었는지 떠올라야 한다. 춤추고 노래하며 즐겁게 활동했던 기억들이 떠올라 위안을 받을 수 있다면 그 사람은 성공한 학창 시절을 보낸 셈이다. 그런데 아무것도 떠오르지 않는다면 그것은 치욕의 시간을 보낸 것이다. 그 어떤 선생님도 자신에게 영향을 주지 못했다면, 그는 3년간 저주받은 시간을 보낸 것이다. 학교는 그에게 잊고 싶은 지옥이었던 것이다.

사회는 변화를 요구하지만, 교육의 3주체인 교사, 학생, 학부모는 대부분 이것을 모르고 있다. 서울 시내 주요 대학 수시가 75%, 학종(학생부종합전형)이 50%를 차지하는 현실에서 교사가 마음만 먹는다면 학교를 변화시킬 방법은 많다. 낙후한 일반고를 살리자면 교육의 기본에만 충실해도 된다. 고등학교라도 아이들의 자치 활동과 동아리 활동을 살리고 시대의 변화에 걸맞은 교수법을 찾아낸다면 학교는 변화된다. 또한 미래의 인재상을 파악해 진로를 잡아주고 전공 탐색을 하게 하면 아이들은 움직이기 시작한다. 다만 교사 한두 명의 힘으로 바꾸기보다 학교 차원에서, 혹은 적어도 학년 차원에서 협력하면 아이들을 이끌 방법을 찾게 되고, 아이들은 따르기 시작한다. 그리고 그로 인해 행복해진 아이들은 졸업 후에도 학교를 찾아오고, 교사 한두 명을 가슴 깊이 간직한다.

교육운동가들은 공교육 본질 회복을 위해서 노력해 왔다. 1980년대에는 '열린 교육'으로 교수학습방법론을 새롭게 제시했고, 1990년대부터는 대안학교 운동을 일으켰다. 공교육의 문제점을 극복하려는 노력으로 설립된 대안학교는 이후 공교육 개혁과 혁신학교 운동에 많은 영향을 끼쳤다. 이런 교육운동의 기본은 관료적 지배구조에서 벗어나 교사의 자율성을 인정하며 그 학교에 맞는 교육과정을 찾자는 것이다. 그런데 학교는 여전히 그 상황에서 크게 벗어나지 못했다. 학교가 여전히 민주적 의사결정이 없이 운영되고, 교사들이 학교를 살아 움직이는 유기체로 만들지 못하고 기계 부품의 역할만 행하고 있기 때문이다.

학교는 자체 특성에 맞게 시스템을 바꾸고 주체들이 살아 움직이게 해야 한다. 교장은 권위를 내려놓고 교감, 행정실장, 업무행정사 등과 교무 행정의 한 축이 되어 업무 간소화를 이뤄내고, 교사는 소극적 태도에서 벗어나 학교 운영과 개혁에 관여하고 수업과 담임 활동에서 적극적으로 아이디어를 내놓아야 한다. 학년별로 담임들이 모여 그들만의 특성을 살려내거나, 수석교사를 중심으로 해서 과학부, 인문사회부, 예체능부, 창의체험부 등이 모여 교과별로 수업모형을 내놓거나 동아리 활동을 활성화시킨다면 학교는 변화된다. 교과교실제를 실시해 실험과 발표, 토론 수업을 장려하고, 도서관과 연계한 독서 수업을 필수적 과정으로 만든다면 학교에 활기가 넘치게 된다.

전국 광역 시도에서 대부분 진보교육감이 당선되었지만 아직 공교육은 정상화되지 못하고 있다. 정부는 대입 제도를 개선하겠다고 해놓고서 오히려 방향 없이 흔들리며 수능 중심의 정시를 늘린다는 괴이한 논리만 늘어놓고 있다. 그것은 문제의 핵심을 제대로 파악하지 못했을 뿐만 아니라 적폐 세력들에게 둘러싸여 방향 감각을 잃은 탓이다. 아니 적이 누군지 모르고 무엇을 손보아야 할지 대안이 없는 것이다. 학교에는 아직도 아무 일도 하지 않으려는 '노예들'이 너무 많다. 일반고에는 아예 수업을 하지 않고 자습을 하는 교사들이 많고, 무엇을 시도하기보다 교사들의 눈치만 보는 교장도 적지 않다. 창체, 특색, 자치 시간은 아예 자습 시간이다. 일반고에서 독서, 논술, 음악 시간 등에서 뭔가 이루어지는 경우란 거의 없다. 왜 주어진 교육과정을 제대로 실행하지 않을 뿐만 아니라 그것을 이상하게 생각하지도 않는가.

모든 것은 입시 탓이다. 정유라를 합격시킨 사례와 교수인 아버지가 자식을 자신의 논문 공동 저자로 올린 사례들을 들면서 비난한다. 특히 숙명여고 사태는 '학종'이라는 단어를 사용하는 것조차 넌덜머리나게 한다. '공정성'을 프레임으로 내걸며 학종을 공격하는 일은 갈수록 심해진다. 그러면 사교육 많이 시켜 수능 성적 좋은 것은 공정한 일인가. 세상의 변화를 간과하고 퇴행적으로 자기 보호만 하던 교사들이 거기에 동참해 학종을 나쁜 제도로 몰아간다. 여전히 그들은 아무것도 하지 않겠다는 뜻이다. 그렇다면 그들의 말대로 수능으로 돌아간다고 해서 문제가 해결될까. 우리의 교육은 덫에서 헤어나지 못한다. 일반고는 더욱 붕괴되고 아이들을 지도할 방법은 사라질 것이다. 학교 활동만으로도 가고 싶은 대학, 갈 수 있는 대학을 선택할 수 있다면 아이들은 즐겁게 학교생활을 하고, 교사는 다양한 아이디어를 내놓고 사제동행을 이루어낼 수 있지만, 그렇지 못하다면 이제 아이들은 사교육과 인터넷 방송에만 의지하게 될 것이다.

대학은 학교에서 열심히 활동한 아이들, 발표와 토론 수업에서 적극적인 아이들, 통합적 사유로 기발한 아이디어를 내놓는 아이들, 자기 주도적으로 자기 진로를 찾아가는 아이들을 선호한다. 대학에서도 정시보다 학종으로 선발한 인재가 뛰어나다는 분석이 이루어졌고,[7] 아예 서울대와 고려대 등 수시에서 논술을 없애고 학종 중심으로 전형을 바꾸는 사례가 늘고 있다.

서울대에서는 수시 학종으로 78.5%를, 수능 위주 정시로 21.5%

를 선발한다. 그것은 학부생의 입학 전형별 핵심역량 수준을 조사하자, 수시 입학생의 핵심역량이 정시 입학생보다 높게 나타났기 때문이다. "자기관리 역량은 수시(50.8)〉정시(48.7), 대인관계역량은 수시(53.4)〉정시(50.5), 자원·정보·기술의 활용 역량은 정시(62.7)〉수시(62.3), 글로벌 역량은 수시(61.1)〉정시(59.9), 의사소통 역량은 정시(61.6)〉수시(58.9) (중략) 순으로 나타났다."[8]

물론 그렇다고 문제가 다 해결된 것은 아니다. 여전히 아이들은 삼중고에 시달리고 교실에서 잠자는 것을 부끄러워하지도 않는다. 마지막 순간까지 최선을 다해야 하건만, 경쟁 속에서 손을 놓아버린 아이들, 자신이 잉여인간이라는 것을 알고서는 더 이상 의욕을 갖지 못한 채 아이들은 부조리한 교육 왕국에서 잠들어 있다.

그러니 학교가 변화되고 교사들이 분발해 잠자는 아이들을 깨워 토론하고 활동하고 생각하게 만들며, 그리고 그것을 관찰해 학생부에 적어준다면, 중위권 대학에서도 적극적으로 학종 선발을

---

7. 〈'수능 출신이 핵심 역량 뛰어나다?'−표본부터 해석까지 현실 왜곡 '무리수'〉, 《EDUJIN》, 2018. 5. 18. 이 기사에서는 직능원이 조사한 '핵심 역량'의 문제에서 수능 출신이 뛰어나다는 것을 문제 삼으며, "2017년 3월 경희대 고려대 서강대 서울여대 성균관대 숙명여대 연세대 중앙대 한국외대 한양대 등 서울지역 10개 대학이 공동으로 발표한 '대입전형 학생 선발 결과와 입학생 대학생활 적응도' 연구 결과 (중략) 2015학년도 입학생 중 학생부 위주 전형 출신자들의 학업성취도가 가장 높았고, 특히 수능 위주 정시 입학생에 비해 학종 입학생의 성취도가 높게 나타났다."고 말한다. 숙명여대에서 2010년에서 2016까지 자대 입학생을 분석한 '2016년도 신입생 특성 종단연구' 결과에서도 학종 합격자가 정시 합격자보다 중도 이탈률이 현격하게 적고, 졸업생 취업률은 더 높다는 것을 보여준다.

8. 〈서울대가 학생부 전형을 고집하는 이유〉, 《EDUJIN》, 2018. 5. 21.

늘릴 것이고, 또 그런 만큼 고등학교에 좋은 영향을 미치게 될 것이다. 《EDUJIN》은 고등학교의 수업과 평가에 대해 다음과 같이 말한다.

수업을 학생 참여와 토론 중심으로 바꾸고, 학생 평가에서도 지필고사 성적 위주로만 학생을 평가할 것이 아니라 수업 참여도, 자기주도적 학습 태도, 관심 분야에 대한 깊이 있는 탐구, 이를 통한 성장 과정 등을 평가에 비중 있게 반영하고 학생부에 세세히 기록해야 한다. 올해 고1부터 적용된 2015 개정 교육과정도 이 같은 변화를 위해 도입된 것이다./ 수업과 평가가 바뀌면 자연히 학생들도 변화한다. 학생들이 수업과 교과내외 활동 등에 보다 적극적으로 참여하게 되고, 결과적으로 학생부 기록의 질도 올라간다./ 지필고사 성적이 낮은 학생이라도 수업과 활동에 적극적으로 참여하면 교사로부터 좋은 평가를 받을 수 있고, 이는 그대로 학생부에 기록된다. 이렇게 되면 상위권 대학뿐만 아니라 중위권 이하 대학에서도 학종이 우수 인재 선발에 결정적인 역할을 할 수 있다. 실제로 학종은 일선 고교에서 해를 거듭할수록 1, 2, 3 등급뿐만 아니라 4, 5, 6등급으로 확산돼 가는 경향이 뚜렷해지고 있다. 교육부도 내년부터 세특사항을 전체 학생을 기록할 수 있는 조치를 취해가고 있다는 점에서 학종이 고교 활성화에 미치는 영향은 더욱 커질 것으로 보인다.[9]

9. 앞의 글, 《EDUJIN》, 2018. 5. 18.

그러므로 우리 모두 협력해 쓰러진 아이들을 일으켜 세우자. 아이들이 눈을 비비고 일어나면 자기 길을 찾게 되고 대학에 갈 방법도 생긴다. 성적이 뒤떨어져도 열심히 활동한 아이들을 선발하고 싶어 하는 대학이 많다. 공부를 못하더라도 내적 동기를 가지고서 주도적으로 무언가를 찾아가고, 목표 의식을 가지고서 살아가는 아이들이라면 대학도 대환영할 것이다. 그리고 그런 아이들이 많아지면 일반고 수업 분위기도 당연히 바뀔 것이다. 그러니 교사들은 아이들과 함께 배우며 활동하는 학습자 중심의 수업을 포기할 수 없다.

4. 학교라는 제도

라이머(E. Reimer)는 학교를 "일정한 연령의 집단이, 단계적인 교육과정에서 교사가 감독하는 교실에 출석하는 것이 요구되는 제도"[10]라고 말한다. 더 말할 나위도 없이 학교는 학생과 교사, 교실, 교육과정으로 이루어졌다. 아이들은 학교에서 표준화된 지식을 제공받고 시민으로서의 소양을 배우며 엄격한 규칙과 훈육을 통해 사회성을 습득한다. 그럴 때 활달한 영혼을 가진 아이는 틀에 맞추어져 좌절감을 맛보기도 한다. 심지어 억압된 틀 속에서

---

10. E. Reimer, 《학교는 죽었다》, 김석원 옮김, 한마당, 1979, 53쪽.

참고 견디며 살다가 노예가 되어버린 아이도 있다. 그는 자기 혼자서 무언가를 헤쳐 나가기보다 남에게 의존한다. 시키는 것만 하다 보니 그렇게 된 것이다. 학교는 그렇게 개성적인 아이들의 날갯죽지를 꺾는다. 별로 중요하지도 않은 내용을 시험 문제로 내놓고, 그것의 점수로 인간을 평가하는 제도. 문제 푸는 기계들이 그것을 풀지 못하는 바보보다 우월하다는 것을 증명하지도 못하면서, 모두를 바보로 만드는 제도.

학교는 울타리를 쳐놓고 그것을 넘어서는 아이들을 처벌한다. 어른들도 피우는 담배를 아이가 피웠다고, 그리고 세 번 걸렸다고 추방하는 곳. 학교는 규칙을 거부하고 지시에 저항하는 아이들을 따로 관리한다. 그래서 규칙을 따르다 보면 '통조림'이 되어 나온다. 자기 세계를 가지고 싶은 아이는 그것을 피하고자 발버둥치지만 반쯤 찌그러진 통조림이 되어 나올 뿐 별다른 방법은 없다. 탈출구는 없다. 감옥에서 나가자니 밖은 지옥이고, 안에는 바보들의 손가락질이 기다린다. 이러지도 저러지도 못하다가 교사를 공격하고 교실 문을 걷어차고 학교를 뛰쳐나가기도 한다. 학교라는 폐쇄적인 공간에서 발생한 비극이다. 자기 세계를 포기하고 주어지는 것만 받아들이는 아이는 우등생이 되고, 그것을 거부하는 아이는 문제아가 된다. 다시 말해 학교는 제도에 충실한 순응형 인간을 만든다. 사회로 연결되는 통로를 차단한 채 자족하는 학교에서 우리는 모두 바보를 만들고 있다. 바보인 교사가 교탁 위에서 바보 아이들에게 호령한다. 학교를 다녔다고 똑똑해지는 것은 아니다. 모든 아이들을 하나의 기계에 집어넣고 상품으로 찍어내는 공장, 시험을 통해 승자와 패자로 나누는 학교. 이제 교사라면 그것에 대해 문제의식을 가져야 한다.

푸코에 따르면 학교는 관리하는 곳이다. 시험을 통해 감시하며 그것으로 줄 세우며 그것만의 독특한 질서를 만든다. 교사는 모든 아이들의 성적을 데이터화해서 아이큐와 성실성과 집중력을 체크한다. 그때부터 아이는 정보로서 처리된다. 감시당하는 줄 알면서 행하는 활동은 꼭두각시의 춤이 된다. 교사는 자신의 관리 권한 안에 있는 아이들의 저항성과 순응성을 체크하고, 그것을 부모에게 통보하기도 하면서 아이들을 길들인다. 푸코는 《감시와 처벌》에서 말한다.

> 시험은 규범화하는 시선이고, 자격 부여하기와 분류하기와 처벌하기를 가능하게 하는 감시다. 그것은, 개개인들을 차이화 하고 제재하는 토대가 되는 어떤 가시성을 개개인들에 대하여 수립한다. 규율의 여러 장치들 중에서 시험이 가장 고도로 의식화(儀式化)된 것은 그 때문이다.[11]

20세기 산업사회에서 교사는 지식 전달자였다. 교사의 말에는 권위가 있었고 학생들은 교사의 도움을 통해 야만에서 벗어났고

---

11. 미셸 푸코, 《감시와 처벌》, 오생근 옮김, 나남, 2003, 289쪽.

부와 권력을 얻었다. 교사는 담론을 장악하고서 지식을 공급했다. 그리고 아이들을 선별적으로 골라 훈육하고 평가를 통해 통제했다. 특히 세상에 정답이 있다는 믿음을 전파시키고 진리를 확정하게 만들었다. 그것을 확인한 아이들은 모두 시험에 목숨을 걸었다.

> 시험은 모든 기록·문서화하는 기술들의 총체로, 각 개인을 하나의 '사례'로 만들어버린다. 그뿐만 아니라 모든 개인들의 사례를 '특성·점수·격차'에 따라 분류 배치하여, 그 배치된 결과를 한데 묶어 하나의 모집단으로 '표시'한다. 이 모집단을 통해 한 개인이 표준(평균)에 있는지, 아니면 표준에서 얼마나 이탈했는지 수량화할 수 있다.[12]

아이들은 시험으로 기록되고 평가되고 지위를 얻는다. 문제 풀이를 잘하면 좋은 대학에 들어가고 훗날 좋은 일자리를 얻는다. 반면 거기서 뒤처지면 험난한 길을 걷게 된다. 아무리 책 읽기를 좋아해 사유의 깊이와 비판적 능력, 글쓰기 능력이 빼어나도 성적이 좋지 못하면 배제된다.

석환이는 책을 많이 읽고 자기 세계가 뚜렷한 아이다. 다만 담배를 피우다가 두 번 걸려 퇴학 위기에 놓여 있다. 그는 반성문을

---

12. Keith Hoskin, 〈시험대 아래의 푸코〉, 스티븐 J. 볼, 《푸코와 교육》, 이우진 옮김, 청계, 2007, 64쪽.

쓰더라도 소설을 쓰는 것처럼 즐겁게 쓰고, 학교 공부가 따분하다 보니 도스토옙스키나 제임스 조이스를 읽는다. 그런데 교사나 아이들은 석환이를 문제아라고 부른다. 그가 지닌 능력이 자신과 달라 불쾌할 수도 있고 세계를 보는 눈이 오만해 보여서 그럴 수 있다. 어쩌면 곧 퇴학당할 아이에게 정을 줄 필요가 없어서 그러는 것일 수도 있다. 게다가 아이들은 석환이의 터무니없는 자유스러움이 불편하다. 저희에게 규칙인 것을 석환이는 아무 고민 없이 벗어나 버리는 것이다. 그는 구속을 느낄 때 월담을 한다. 그것이 아이들에게는 기존의 가치를 무시하고 학교라는 제도를 조롱하는 것처럼 보인다. 그는 자기 식대로 살아가면서 왕따가 되는 것도 두려워하지 않는다. 담임은 그를 원래 버릇없는 아이라고 생각했고 그는 학교가 정한 규칙을 정답이 아니라고 생각했을 따름이다.[13]

야구 선수를 교실에 앉혀 놓으면 바보가 된다. 하지만 그는 특화된 자기 능력을 발휘해 최고의 선수가 된다. 그리고 훌륭한 인격체로 존중받는다. 그가 미적분과 고전시가를 몰라도, 훗날 야구 감독이 되는 데 지장이 없다. 그런데 학교는 저희만의 사다리를 만들어놓고 그들을 배제한다. 그게 강백호라고 할지라도 버릇없다고 말하면서.

학교라는 제도를 고정시켜 놓으면 우리 교육에 희망은 없다. 변

---

13. 페에 치쉬, 《교육 혁명》, 이동용 옮김, 리좀, 2005, 25쪽 참조.

화의 가능성이 차단되기 때문이다. 하지만 누군가 그것을 뜯어고칠 수 있다고 생각할 때, 제도란 우리 모두가 힘을 합해 만들거나 부술 수 있는 어떤 것이 된다. 교사들이 나서야 학교가 살아난다. 교사들은 학교 시스템을 돌리는 운전자다. 현재의 시스템으로 잠자는 아이를 깨울 수 없다면, 망가진 시스템을 교체해야 한다. 잠자는 아이들이 그 시스템 속에서 노력해도 오르지 않는 점수를 위해 일어날 이유가 없다.

잠자는 아이보다 잠들게 만든 제도와 수업이 더 큰 문제다. 알아듣지 못하는 아이를 위한 수업, 다른 개성을 가진 아이들에게 발언하게 하는 수업, 무기력한 아이의 잠재력을 찾아주는 수업. 이런 수업을 한다면 아이들은 하나둘 일어나기 시작할 것이다. 교사에게 더 많은 자율성을 주어 '다수의 강백호'에게 필요한 수업을 하고, 잠자는 아이들을 깨울 수 있는 아이디어를 실현할 수 있게 만들면 아이들은 일어나게 된다.

우리의 공교육은 신자유주의적 시장원리에 휘둘리고 있다. 다양한 학교를 선택하자는 취지로 특목고, 자사고를 만들었지만, 그 대오에서 벗어난 일반고와 특성화고는 '교실 붕괴' 현상을 겪게 되고, 결국 소수의 학교를 살리기 위해 다수의 학교를 포기한 꼴이 되었다. 신자유주의 환경에서 일반고는 '무기력한 은둔자'를 양산하며 사회에 활력을 제공하지 못하고 있다. 이반 일리치가 말하는 것처럼 '탈학교'를 주장하는 편이 더 나을지도 모를 상황이다. 아이들은 졸업장을 포기하고 그런 학교를 과감히 벗어나는 것도 생각해 보아야 할 상황이다.

> 공교육은 비효율적인 공공부문의 상징으로 모든 신자유주의적
> 개혁 작업의 대상이 되어 왔다. 신자유주의는 공교육에 교육공
> 급자 간 경쟁, 그로 인한 교육 수요자의 권익 강화라는 활력소
> 를 불어넣을 것으로 기대되었다.[14]

공교육을 거부하고 대안교육을 찾는 학부모가 늘어나고 있다.
언제부턴가 공교육은 신자유주의에서 척결 대상이 되어 왔다. 수
요자 기호에 맞는 학교를 만들어야 한다는 말은 맞는 말이다. 그
러나 이를 위해 교육을 시장의 논리에 맡기는 것은 교육의 공공성
자체를 포기하게 만들었다. 그리하여 경쟁 자체를 할 수 없게 만
드는 일도 허다하다. 일반고에서 교육과정을 자유롭게 선택하고
단위학교 운영의 자율성을 보장할 때 학교가 되살아나기도 한다.
그런 분위기를 제도적으로 받쳐주어야 다수의 일반고가 살아난
다. 내부형 학교장 공모제, 교사들의 전문성 확대, 자발적 학교 전
통 만들기 등과 같은 일이 벌어져야 한다.

---

14. 김소영, 〈신자유주의적 개혁에서의 공교육 체제와 정치적 불평등〉, 《현대정치연구》 4집,
2011, 145쪽.

5. 교육 혁신의 현재성

'교실 붕괴'라는 소리가 들려오기 시작한 지 20년이 지났다. 모두 고등교육을 받고 대학 진학을 당연하게 생각하는 시기와 일치한다. 그 당시 참교육이 시도되었지만 아이들의 인권을 강조하는 변화 과정에서 발생한 일이기도 하다. 또한 그것은 산업역군을 양성하던 교육의 종말을 알리는 신호였고, 신자유주의 시대의 도래와 함께 새로운 인재상을 요구하는 가운데 발생한 일이기도 했다. 이제 테일러식 '과학적 관리론'보다 전체를 읽을 수 있는 능력과 미적 감수성을 갖춘 인재가 요구되었다. 그뿐만 아니라 백인, 남성, 자본가 이외에도 유색인, 여자, 소시민 등도 자기 목소리를 내는 시대가 열렸다.

그동안 누리던 권위들이 무너지고 그동안 받들던 지식이 하나의 관점에 불과하다는 사실이 드러났다. 베를린 장벽 붕괴와 구소련의 해체, 그리고 정보화시대 '탈현대(Postmodern)'의 현상은 변화를 가속화시켰다.

IMF 구제금융 요청 사태(1997. 12. 3.~2001. 8. 23.)로 고통을 겪던 시절에《조선일보》는 교실 붕괴를 거론하며 세계시장을 선도할 수 있는 엘리트 양성의 필요성을 강조했다. 그것은 교육 체계를 바꾸어 특목고와 자사고를 더 만들자는 요구였다. 우수한 학생들이 우리를 먹여 살린다는 논리였다. 그러나 수월성 교육이 평준화 교육보다 국가 발전에 더 기여한다는 사실이 그 후로 검증된

바 없다. 다만 우수한 아이들이 과학고, 특목고, 자사고 등으로 빠져나가자 대다수 일반고의 교실은 급속도로 붕괴되었다. 교과의 기본 내용조차 알아듣지 못하는 다수의 아이들이 교실에 들어온 교사를 그림자로 취급했으니, 과연 어떤 일이 발생했겠는가.

가난하던 시절에는 누구나 열심히 공부했다. 교과서만 열심히 파도 대학 가는 시절에는 개천에서 용이 많이 났다. 반복 학습만 열심히 해도 명문대에 들어갔고 고급 공무원 시험에 합격했다. 그런데 다양한 목소리들이 자기주장을 하는 시대에는 개발 독재 시대의 방법이 허용되지 않았다.

국민들은 교육의 변화를 강력하게 요청했다. 2018년 전국에서 광역 지자체 두세 곳을 제외하고는 진보 교육감이 당선되었다. 그야말로 혁신 교육감 시대라고 말할 수 있다. 그것은 엘리트 교육, 수월성 교육에 철퇴를 내린 것이고 학교를 다시 살려내라는 주문이다.

그런데 여전히 아이들에게 학교는 즐겁지 않다. 갈 곳이 없어 가고, 위탁받으러 가고, 잠자러 간다. 결국 학교에 나가서 행복하고 많이 배웠다고 말하는 아이를 찾기 힘든 세상이 되었다. 혁신 교육감들은 그것을 정상으로 되돌려 놓아야 한다. 그게 대안이 될지 모르나, 어쨌든, 그것을 어떻게 정상으로 되돌려 놓을 것인가만 생각하며 뭔가 실행해야 한다. 시스템을 문제 삼고, 뭔가 확 바꾸어야 한다.

그런데 왜, 확 바꾸지 못하지?

학교와 아이들을 살리는 교육. 누구나 인정받는 즐거운 학교 만들기. 그것을 위해서라면 무엇인들 못하겠는가. 살살, 조금씩, 바꾼다고 될 일이 아니다. 일단 확 바꾸어놓고 시행착오를 극복하는 편이 더 중요할지 모른다. 그것이 모두가 공생하며 서로 행복하게 만드는 것이라면, 교실을 삼각형으로 만들고, 교사들의 영혼까지라도 뜯어고쳐야 한다. 그럴 정도로 우리나라 교육은 최악의 상태이다.

엘리트의 자유는 방종을 부른다. 그들의 나르시시즘은 자기보다 못한 사람들을 위한다고 하면서도 자기 이외의 다른 사람을 돌아보지 않고 '갑질'을 해대고, 심지어 자기와 조금 다른 사람을 '악의 축'으로 내몬다. 도구적 합리성에 길들여진 사고방식을 뜯어고치고 남을 돕고 배려하는 공동체를 만들려면, 적어도 일반고에서는 성적이 중간 아래의 아이들에게 초점을 맞추어야 한다. 그렇지 못할 때 우리의 학교는 후카사키 킨지의 영화 〈배틀로얄〉이나 윌리엄 골딩의 소설 《파리대왕》과 같은 세상이 되고 만다.

혁신학교 운동은 시대적 소명이다. 입시의 다변화로 학종이 자리 잡은 시점에서 그것은 학교 변화의 구체적 대안이 되고 있다. 실제로 많은 대학에서 혁신학교와 인가받은 대안학교 출신 아이들을 선호한다는 자료까지도 나오고 있다.[15] 그것은 이 학교들이 과정 중심의 교육과정에 충실하고, 대학에서 요구하는 토론과 발표 중심의 수업을 수행하며, 아이들을 자립적으로 키우고 있기 때문이다. 학종과 이들 학교의 인재상은 정확히 일치한다. 나눔과

배려를 실천하며 서로 협력해 창의성을 발현하는 교육. 자기주도
성을 통해 스스로 학습 역량을 기르고 전공 적합성에 최적화된 아
이들을 기르는 교육. 도전 정신을 가지고 모험을 떠나고 무대 위
에서 자기 자신을 표현하는 교육.

혁신학교와 대안학교 운동은 학교를 변화시킨다. 교사가 1/n의
발언권을 가지고, 자발적으로 아이디어를 내며 자기만의 학교를
만들어 나간다. 교육과정을 자기 나름대로 운영하며, 학교와 사회
와의 통로를 뚫어, 아이들이 사회에 나가 해야 할 일을 찾게 만든
다. 거기에 성적의 우열이 존재하지만, 그것과 상관없이 아이가
탐구한 활동을 학생부에 기록해 주기 때문에 대학이 그것을 인정
해 주기도 한다. 협력을 통해, 그것도 아름다운 세상을 만들기 위
해 노력한 아이들을 높이 치는 것이다.

학종은 지원자의 고등학교 3년간 기록을 관찰해서 선발한다.
고1 때부터 성적도 보지만, 진로 활동을 어떻게 했고, 사유 능력을
어떻게 확장시켰고, 어떻게 협력하는 인재로 거듭났는지 살펴본
다. 아이들이 설혹 입시를 위한 것일지라도 장애인을 돕거나, 부

---

15. 2016학년도 대안학교 출신자 전형이 있는 대학으로 성공회대(37명), 한동대(30명), 전남대
(8명), 총신대(18명) 등이다. 2008년도 《중앙일보》(2008. 10. 14.) 기사에서는 성신여대, 인하대
에서 대안학교 특별전형을 실시한 바 있고, 대안학교 85%가 대학에 진학한다고 한다. 그리고
이우학교에서는 1기부터 꾸준히 서울대 합격생을 배출하고 있다고 보도한다. 한편 혁신학교인
인헌고등학교는 기존 일반고 때보다 2013학년도부터 두 배 이상의 서울과 수도권 대학의 진학
률을 보여주었다. 2015학년도부터 서울대를 2명씩 합격시키고 있으며, 특히 참여 수업과 활동
중심의 교육과정을 통해 70.6%의 대학진학률을 보이고 있다.(https://studyholic.com, 인헌고
상세정보) 김인호, 오안근, 《일반고 리모델링, 혁신고가 정답이다》, 맘에드림, 2014 참조.

족한 아이들에게 멘토를 해주고, 조별 발표 수업 때 리더로 나서 협력을 이루면, 대학이나 사회에 나가서 더 뛰어난 인재가 될 것이라고 보는 것이다. 그것은 고등학교와 교사를 믿고 아이를 선발하는 입시라서 더 긍정적이다.

우리의 교육 정책에서 중등교사는 언제나 뒷전으로 밀렸다. 그동안 교사에게 교육과정과 평가와 훈육을 맡기지 않았다. 최선을 다하는 교사보다 그렇지 않은 교사를 부각시키다 보니 '교사란 아마추어'라는 인식이 팽배했다. 대학에도 수많은 무능 교수와 어용 교수가 있지만 우리는 교수의 전문성을 부정하지 않는다. 그런데 우리는 고등학교 교사의 전문성을 인정하고 교사가 분발할 수 있는 장치를 가지고 있지 못하다. 전문성을 가진 교사가 우대받거나 돋보이지 못하고, 열심히 일하는 교사를 '문제 교사' 취급하고 의욕을 꺾는 경우도 많다. 심지어 대학이 교사를 믿고 아이를 선발하겠다고 나서는 데에도 몇몇 문제 있는 교사들을 부각시켜 입시를 수시냐, 정시냐의 프레임 싸움으로 몰아간다. 교육 당국은 제도적으로 학교에는 훌륭한 교사가 많다는 것을 인정하고 싶지 않은 것이다. 학교를 바꿔보겠다는 교사를 리더가 되도록 도와주며 그 의지를 실천하도록 고무하는 구조가 만들어져야 한다. 교사들도 박사과정을 밟고, 수업과 생활지도에 대한 전문성을 기르며, 거기서 체험한 일들에 대해 다른 교사와 공유하며, 집단지성의 힘으로 자율적 실천을 이뤄낼 때 교사에 대한 신뢰는 돌아올 것이다.

생각해 보라. 수능 문제를 잘 푼 학생이 우수하다는 결과가 공정할까? 국어와 영어 성적이 좋은 학생이 작문과 말하기 능력에서 뛰어나다는 것이 증명된 바 없다. 심지어 수학과 과학까지도 문제 푸는 속도가 떨어져 성취도는 낮지만 끝까지 매달려 스스로 해결해 내는 아이가 점수 좋은 아이보다 더 위대한 일을 해낸 사례는 많다. 작은 부작용이 있다는 이유로 시대의 흐름을 역행할 수밖에 없다면, 더 큰 것을 이루기 위해서라도 학교와 교사를 신뢰해야 한다. 교사는 '붕어빵'을 만드는 존재가 아니라 아이에게 그것을 반죽하고 틀을 짜고 새로운 스토리를 입혀서 세상에 내놓게 하는 존재이다.

앞으로도 정시를 늘리려는 세력들은 끊임없이 공정성을 트집 잡고 학종에 상처를 낼 것이다. 서울의 한 교사가 《경향신문》에 학종이 누군가에게는 비판의 대상을 넘어 '분노의 대상'이 되었다고 기사를 실어 학종의 비윤리적 측면을 고발한다.[16] 그가 말하는 주된 요지는 학원이나 학부모가 학생부에 기록될 스펙을 만들어주고, 교사가 그것을 그대로 베껴 학생부에 기록해주니 학종이 '사기'라는 것이다. 그러면서 김의겸 청와대 대변인이 4년 전에 쓴 〈난 이렇게 아들의 '스펙 조작'에 가담했다〉[17]라는 칼럼을 인용한다.

김의겸 기자는 아들이 자기소개서를 쓰기 위해 원서 마감 보름 전에 신방과에 먹힐 사회성 짙은 다큐멘터리를 매일 한 편씩 15편 정도를 보게 하고서 '사회 부조리를 고발하기로 결심한 열혈 소년'

---

16 이기정, 〈위선의 입시, 학종 '학교의 안과 밖'〉, 《경향신문》, 2018. 10. 15.
17 김의겸, 〈난 이렇게 아들의 '스펙 조작'에 가담했다〉, 《한겨레》, 2014. 10. 23.

인 것처럼 위장한 것을 고백했었다. 결론적으로 말해서 김의겸 기자의 아들은 지원 대학에서 낙방했다. 그것은 당연한 일이다. 그만큼 전공 탐색이 되지 않고 그것과 관련된 준비가 되어 있지 않은 채 학종에 지원했기 때문이다. 사실상 언론이나 미디어 관련 학과에 지원하자면 1학년 때부터 활동하고 준비할 것이 많다. 그리고 그 내용이 학생부에 발전적으로 적혀 있어야 한다. 하지만 김의겸 기자의 아들이 그런 활동을 하지도 않은 채, 원서 접수일이 다 되어 급히 '조작'했으니 당연히 낙방할 수밖에 없었던 것이다. 그것을 보고 L 교사는 마치 '부자 사기단'이 학교 외부 스펙을 조작한 것처럼 말하는데, 사실상 김의겸 기자가 지적한 다음 해인 2015년부터 외부 스펙이란 학생부에 기록하지 못하게 법제화되었을 뿐만 아니라, 대학이 학생부나 자기소개서 조작을 모를 정도로 순진하지도 않다. 게다가 현행 학종은 수업 시간에 어떤 참여 수업을 행했는지 초점을 맞추어 선발하지, 외부 스펙을 참고하지도 않는다. 더욱이 학원이 학생부에 개입했다는 말은 이해하기 어렵다.

한편 자기소개서란 학생부에 근거해서 쓰는 것이지 학생부에 없는 내용을 쓰는 방식이 아니다. 그럼에도 불구하고 L교사는 "스펙을 쌓으려고 억지로 한 일을 고결한 동기에서 한 것처럼 꾸미고, 형식적으로 하고선 충실하게 한 것처럼 위장하고, 남의 힘을 빌려 놓고는 혼자 힘으로 한 것처럼 속이는 행위들은 이제 더 이상 이상한 행위가 아니다. (……) 학종은 위선의 입시다."라고 말하면서 학종 전체를 매도하고, 그런 전형으로 학생을 선발하는 대학을 바보 취급한다. 물론 지원자는 자기소개서에 자신을 미화시킬 수 있다. 그런데 그것을 읽고 알바생을 뽑고 봉사 활동 지원자를 뽑고 신입 사원을 뽑는데, 그럴 정도로 자기 자신을 미화시키지도 못하는 사람을 선발해서 어디에 쓰겠다는 말인지 알 수 없다. 그리고 만약 위장한 것이 있더라도 면접 과정을 거치면서 위장한 것들을 추려내면 된다.

김의겸 기자도 4년 전 기사에서 1등부터 꼴등까지 일렬로 세우는 방식으로는 미래에 대처할 능력을 상실한다는 사실에는 공감했다. 사실상 학교에서도 수업을 바꿔 발표와 토론을 시키고 책을 읽히고 진로와 관련된 다양한 활동을 시키고 있다. 지금 내가 근무하는 학교뿐만 아니라 이전에 근무한 학교도 그런 노력을 기울였고, 성적 조작이나 학생부 편법 기록은 꿈에서조차 생각해 볼 수 없었다. 그런데 L 교사는 김의겸 기자의 4년 전 이야기를 가지고 '학종은 사기다, 위선의 입시다'라고 일반화시키고 있으니 안타까운 일이다. 또한 성적 우수자에게 스펙을 몰아주는 시대도 끝났다. 그것은 문제 많은 학교, 성의 없는 교사가 그럴 수 있겠지만 대부분의 일반고 교사들은 모든 아이들에게 활동을 시키고 그 내용을 관찰해 학생부에 기록해 준다. 오히려 단 한 글자도 학생부에 개입할 수 없는 학원이 학종을 없애라고, 그것이 문제 많은 입시라고, 저리도 트집 잡고 안달하는 것이다. 그래서 나는 일반고 교사가 학종을 사기라고 말하는 것을 받아들일 수 없다.

학종은 일반고를 살리기 위한 입시다. 저소득층 비율이 가장 높은 전형도 학종이고, 읍면 중소도시 학교를 가장 많이 선발하는 전형도 학종이다. 강남의 부유층이나 자사고가 많이 지원하는 전형, 즉 금수저 전형이 수능, 논술, 실기 전형이다.[18] 학생부 기록과 고교 프로파일을 보면 학교가 어떻게 운영되고, 무슨 활동을 시켰는지 확인할 수 있다. 그런데 김의겸 대변인의 아들이 자기소개서 제출 보름 전에 15편의 다큐멘터리를 본 것은 기록되어 있지 않다. 마음 급한 아이들이 그런 일을 해보지만 대체로 실패하고 만다. 한편 뒤늦게 다큐멘터리를 여러 편 본 것이 신방과 들어갈 아이에게 무슨 해를 끼칠까. 그러니 그것을 사기라고 '비교육적'으로 말하기보다, 먼저 학종에 맞는 교육 활동을 준비할 일이다.

시대적 흐름에 역행해 잠시 정시 선발 인원을 늘리더라도, 결국 학종 위주의 입시를 막을 수는 없다. 그것만이 대학과 고등학교를 변화시키고, 더 나은 인재를 선발할 수 있기 때문이다. 문제가 되는 일들은 엄격하게 관리하고 잘못된 것은 법적으로 처리하면 되지만, 문제가 되는 것은 교사들이 학종에 걸맞은 수업을 해내지 못하고 있다는 점이다. 무엇보다도 수업 개선에 대한 교사의 의지를 부추겨야 하는데, 학교 차원에서, 혹은 교사 모임 주도로 이루어지는 것이 아니라, 교사 개인에게 맡겨 놓으니 동력을 잃고 만다. 그러다가 수업을 바꾸지 않고 정성적 평가도 제대로 하지 않은 채 자기 발전에 소홀히 하는 교사가 생겨나기도 하는 것이다.

---

18. 〈저소득층 비율 가장 높은 '학종', 학업성적도 가장 뛰어나〉, 《EDUJIN》, 2017. 4. 13.

그간 지배 세력은 학교 자치를 무력화시키고, 아이들을 토론 없이 주어진 것만 받아먹는 불가사리로 만들었다. 그것의 결정체가 수능 시험이다. 무엇보다 교사는 유토피아가 저기 있다고 알려주기보다 거기에 어떤 방법으로 갈 수 있는지, 어떻게 살아야 그것과 비슷하게 사는 것인지, 아이들 스스로 궁리하게 만들어야 한다. 자기 인식에 충실한 것도 중요하지만 타자와의 관계 속에서 판단하고 실천하면서 시행착오를 범하는 것도 중요하다. 시행착오를 한 번쯤 겪어보면 문제를 쉽게 개선하고 적응력도 높아진다. 혼자 가는 것보다 함께 갈 때 행복지수가 높아진다. 교사는 지식을 가르치는 것보다 '안다고 믿은 것'이 관계 속에서 어떻게 변형되는지, 거기서 어떤 태도를 취해야 하는지 알려주며 함께 가는 것이 더 필요하다.

6. 상자 밖으로의 사고

일론 머스크는 자신의 자녀 5명을 공교육에서 빼내 대안학교에 보냈다. "공장의 조립 라인과 같은 학교교육 대신 적성과 능력에 맞는 교육을 제공하는 것이 훨씬 더 합리적"이라고 생각했기 때문이다. 그가 보기에 공교육은 윤리적으로 판단하고, 상식을 이해하고, 토론을 통해 합의를 도출해 내는 과정이 부족했다. 이제 공장의 조립라인처럼 학생을 교육시키는 시대가 아니라 스스로 세상을 파악하고 거기서 어떻게 살아갈지 결정해야 하는 시대인데 학교는 그것과 동떨어진 교육을 시켰던 것이다. 이제 21세기에는 하나의 정답을 강요하는 교육을 받아 다루기 쉬운 시민이 되어서는 살아남기 힘들다. 머스크가 선택한 대안학교의 토론 주제를 살펴보면 많은 것들이 떠오른다.

어느 시골 마을에 공장이 있는데, 이 마을 사람들은 모두 이 공장에 취업해 있다. 그러나 이 공장으로 인해 호수는 오염되고 생명체들은 죽어간다. 공장 문을 닫는다면 모든 마을 사람들이 실업자가 된다. 반대로 공장을 계속 가동하면 호수는 파괴되고 생명체는 죽음에 이른다. 어떻게 하는 것이 좋은가?[19]

결정하기 어려운 주제다. 주민들은 어떤 방식으로든지 합의해 난국을 헤쳐 나가야 할 상황이다. 어쩌면 그것은 인류의 미래에 관한 주제이기도 했다. 생태 환경의 위기 속에서 시골 마을에 생존의 문제가 걸려 있다. 화성으로 이주하든지, 호수 밑에 지하도시를 건설하든지, 어떤 방식으로든지 해결책을 찾지 못할 경우에 마을은 사라질 위기다. 눈앞의 이익과 생존의 문제를 어떤 방식으로든지 해결해야 한다. 만약 빅데이터를 사용하는 인공지능(AI)에게 이 일을 맡겼을 경우 자신이 가진 데이터의 수준에서 무엇인

---

19. 조희정, 〈일론 머스크의 자녀 교육법〉, http://leona.kr/221208018182. 에슐리 반스, 《일론 머스크, 미래의 설계자》, 박민정 옮김, 김영사, 2018 참조.

가를 결정해 버릴 것이다. 하지만 마을 사람들은 손해를 보더라도 양보하고, 합의하면서 공멸하지 않을 방법을 찾아낼 것이다.

세계는 환경 재앙 속에서 고통을 겪고 있다. 최첨단의 과학 물질문명이 발달해도 체르노빌의 원자로나 인도 보팔의 화학공장 폭발 사태를 막을 수 없었고, 대지진 앞에서 후쿠시마의 원자로는 무력하기 짝이 없었다. 그것은 인류의 생존을 위협하는 문제인데 지금도 그것을 제대로 해소하지 못하고 있다. 그렇다고 이 문제들을 외면할 수 없다. 끝장 토론을 벌여서라도 해결책을 찾아내고, 아직 해결책을 찾아내지 못했다면 더 많은 고민이라도 공유해야 한다. 그것은 '우리'의 문제이기 때문이다.

이제 아이들에게 '더 많은 정보'를 암기시키는 것이 아니라 유발 하라리가 《21세기를 위한 21가지 제언》에서 말한 것처럼 "변화에 대처하고, 새로운 것을 학습하며, 낯선 상황에서 정신적 균형을 유지하는 능력"이 필요하다. 그러자면 정보를 받아들이기에 앞서 중요한 것과 중요하지 않은 것을 구별해 내며, 수많은 정보들을 조합해 세상에 관한 큰 그림을 그리게 하는 것이 필요하다.[20]

한편 4차 산업혁명 시대에 기업들은 발 빠르게 인재 선발 방식을 바꾸고, 회사 내부 시스템도 바꾸고 있다. 구성원 간의 위계질서보다 신입 사원이 내놓은 아이디어일지라도, 그것이 좋으면 즉

---

20. 〈[송현숙의 만만한 시사](6), '어떻게 평가할 것 것인가'서 '어떤 교육을 할 것인가'로 담대한 전환을〉, 《경향신문, 2018》. 11. 20.

각 실행하는 방식을 취하고 있다. 실제로 위계구조를 수평적 구조로 바꿔 직무 통합화를 이루는 것이 이익이 되기 때문이다. 페이스북에서는 '완벽한 것보다 일단 실행하는 편이 더 낫다(Done is better than perfect.)'라는 슬로건을 내걸고 사원들의 참여를 독려한다. 잘못된 점이 있으면 나중에 수정해도 좋으니 신입 사원이라도 일단 일을 저지르라는 것이다. 이렇게 사원들의 관계를 비선형적으로 만들 때 창의성이 나온다. 팀장, 부장, 임원 등은 상사가 아닌, 그것을 도와주는 어시스턴트일 따름이다.

이제 공교육에서 필요한 것은 미래 사회에서 어떻게 살아갈 것인지 삶의 태도를 알려주는 것이다. 그것은 마을 혹은 사회, 그리고 현실과 연결되는 활동 중심의 교육과정을 통해 기회를 주고 삶의 방법을 터득하게 하고, 전체를 조감하며 새로운 통합을 이뤄낼 수 있게 하는 것이다. 적어도 토론과 합의를 통해 그런 능력을 길러 본 아이는 사회에 나가거나 대학에 가서 다르다. 아이들의 공통 관심사를 찾아내 그 속에 빠져들게 만든다면 잠자는 아이들도 일어나 틀 밖의 사유를 보여주는 것도 불가능하지는 않을 것이다.

아직 우리의 현실은 녹록치 못하다. 선행 학습을 한 아이들이 사다리 위에 올라가서 그 아래 기어 올라오는 아이들을 밀어낸다. 심지어는 그 사다리를 걷어찬다. 교사가 사다리 아래에서 좌절하는 아이들에게 관심을 쏟으면 사다리 위에 있는 아이들은 '진도 나가자'고 소리친다. 그래야만 그들만이 혜택을 받기 때문이다. 한번 좌절한 아이들이 사다리 위로 올라갈 가능성은 줄어들고, 이제 아무리 그들에게 희망을 주어도 믿지 않게 된다. 그리고 다시는 사다리 위로 기어 올라갈 생각을 하지 않는다. 이미 패배자가 되었기 때문이다.

평가 방법을 바꾸면 '다양한 사다리'를 만들 수 있다. 공부 말고 아이들이 할 수 있는 것. 대안학교 방식으로 삶과 학교를 즐기게 하고, 게임을 좋아하는 아이들에게 게임 프로그램을 만들게 하고, 음악을 좋아하는 아이들에게 뮤지컬 한 편을 제작하게 하고, 운동을 좋아하는 아이들에게는 학교 대항 농구 시합에 출전할 기회를 주고, 또는 암벽 타기나 보디빌더와 같은 것을 가르쳐줄 수도 있다. 책 읽기를 좋아하는 아이에게는 책 백 권을 읽게 하고, 글쓰기에 소질 있는 아이는 책 한 권을 쓰게 할 수도 있다. 혹은 협동조합을 통해 학교와 마을을 연결하고, 그것으로 동네 시장을 활성화시키는 방법을 찾게 할 수도 있다.

작은 마을 호른에 있는 타보르 중등학교에 가 보자. 2층 학습 공간에는 열네 살 학생들로 이루어진 한 모둠이 회사를 운영하고 있다. 이 아이들은 운동 기구와 가정용 공구를 거래하고, 가공할 원료를 주문하며, 프로덕션을 구성하고, 송장과 판매할 물품 영수증을 보내고 있다. 이들은 네덜란드에 있는 여러 회사들과 거래할 뿐 아니라 러시아와 중국에서 상담 전화를 받고, 편지를 쓰고, 전자우편을 보내며, 방문객들을 위해 안내 데스크에 사람을 배치하고 있다. 교사는 이 회사의 대표이며, 가장 학년이 높은 학생은 전무, 나머지 학생들은 한 주는 판매부장, 또 한 주는 비서나 사서 같이 필요한 직책을 돌아가면서 맡고 있다. 아이들에게는 명함도 있다. 이들은 연말에 연간 보고서를 만들어 수익과 손실 내역을 발표한다.[21]

이들의 배움은 실제로 무역 업무와 연결되어 있다. 공부를 못해도 좋다. 이런 네덜란드의 교육은 얼마나 실용적인가. 대학 가기 싫은 아이는 공교육 졸업 뒤 곧바로 무역 업무에 뛰어들기도 한다. 그런 분위기 속에서 아이들은 자신이 어떤 역할을 할 수 있는지 파악하고, 마침내 해야 할 일을 찾게 된다. 이런 가상회사를 운영해 본 아이는 먼저 사다리 위로 올라간 아이가 가진 것과는 아주 다른 사다리를 갖게 될 수도 있다. 대학을 가지 않고 인터넷에서 곧바로 1인 창업을 시도할 수도 있는 것이다.

틀 바깥의 사유가 필요하다. 우리 사회는 유행에 민감하고 획일적인 것을 좋아한다. 그것을 공공성의 이름으로 강요하며, 그 이외의 것들을 용납하지 못한다. 하지만 새로운 것들을 받아들이자면 탈중심성이 필요하다. 규정된 것들에 의문을 품고 다른 관점에서 생각해 보아야 새로운 일들을 찾아내고 도약할 수 있다. 자기 변화를 꾀하지 못하는 한 세상의 변화를 받아들이지 못한다.

학교도 틀 밖의 사유를 권장해야 할 시대이다. 100년 동안 세상은 엄청나게 바뀌었건만 교실이나 교사는 그대로이다. 아직도

---

21. 닉 데이비스, 《위기의 교육》, 이병곤 옮김, 우리교육, 2008, 253쪽.

100년 전과 똑같은 수업을 진행하는 교사가 많고 암기력을 테스트하는 평가가 주를 이룬다. 다른 수업, 다른 평가를 하는 일은 여전히 어렵다. 책상을 ㄷ자로 배열하고 교사가 중앙에 서 보라. 수업이 달라진다. 조별로 호스트가 이동해 설명하는 월드카페 수업을 해보자. 잠자는 아이들도 몇 명은 일어나 한때 보였던 총명함을 회복할지 모른다. 우리 모두가 그들을 잠재웠다면 누군가 그 아이를 일으켜 세워야 한다. 상자 안에 갇힌 아이들을 뚜껑을 닫아놓은 채 나오라고 하는 것은 부당하다. 아무리 발버둥쳐도 나갈 수 없기 때문이다. 하지만 뚜껑을 열어놓은 채 사다리를 내려주면 그들도 기회가 닿으면 밖으로 나갈 것이다. 사람의 삶이 그렇다. 한 번 끝났다고 다 끝난 것은 아니다. 왜 상자 밖으로 나갈 사다리가 하나뿐이라고 생각하는가.

발상의 전환이 필요하다. 학교 내에서 하는 평가를 위한 공부만 중요한 것이 아니다. 그것보다 적극적으로 자기 삶을 만들어가는 공부가 더욱 중요하다. 의미를 찾지 못하는 공부 때문에 학교에 흥미를 느끼지 못한다면, 그 학교를 벗어나는 편이 낫다. 차라리 외국에 교환학생으로 나가거나, 대안학교를 가는 방법도 생각해 볼 필요가 있다. 그래도 적응하지 못한다면 아이와 함께 배낭여행이라도 떠나거나 아이가 하고 싶은 어떤 일을 찾아 집중할 수 있도록 해야 할 것이다. 그러다 보면 아이는 학교에서보다 훨씬 더 많은 것을 배우고 느끼고 찾아낼 것이다. 그러면서 자신의 삶에 대한 계획을 세우고, 무엇보다 그 나이에 적합한 삶을 즐기거나 열심히 살게 될 것이다. 어떤 학교에서 단 한 명의 교사가 그 아이를 알아보아 준다면 그 아이는 구원받을 가능성이 있다.

교사가 끝까지 관심을 가져준다면 어떤 말썽을 피우고 저항하는 아이더라도 되돌아온다. 잠자는 아이를 깨워 함께 산책하고, 아이의 막막함을 함께 공유해주는 교사가 있다면, 그 따뜻한 시선 때문이라도 아이는 무언가에 매달리게 된다. 공부보다 중요한 일은 무언가 매달릴 수 있는 일을 찾게 되는 것이다. 도서관에서 함께 시간을 보내면서 흥미를 가질 수 있는 분야를 찾을 수 있다.

그래서 어느 대학이라도 가게 되어 거기서 조금만 정신을 차린다면 기회가 생긴다. 외국에 나가서 공부하고 싶은 생각도 들고, 새롭게 개척해 보고 싶은 분야도 생긴다. 그러니 일단 아이를 일으켜 세우는 일이 중요하다. 뭔가 흥미를 느끼면 전투력이 생겨난다. 다만 하기 싫은 일을 하고, 목적 없이 사는 것이 문제다. 세상과 맞서 싸우고, 뚜껑에 머리를 부딪쳐 자신이 갇힌 것을 알리는 아이는 결국 거기서 벗어날 방법을 찾게 된다. 그것도 안 되거든 차라리 상자를 함께 부수어야 한다. 뭔가 자발적으로 행하는 것만이 중요하다. 그래야 실패하더라도 자기 몫이 되고, 그런 시행착오를 거친 뒤 도약하게 된다. 진짜 자신이 활동할 무대를 찾게 된다.

골방에 틀어박혀 게임이나 하는 '어른 아이들'이 늘고 있다. 만약 그들이 우연히 마약에라도 손대게 되면, 그들의 인생은 끝장이다. 삶의 의지가 없는 인생에는 언제나 위험이 도사린다. 어쩌면 그들은 학교에서 잠만 자다가 길을 잃은 자이다. 데스크톱 컴퓨터의 모니터만 바라보면서 폭발 직전의 분노를 내장한 채 껌벅거리는 그들의 눈에 살기가 넘친다. 피시방 게임료 1000원 때문에 알바생을 죽이기도 하는 현실이다. 그것은 사회 붕괴의 전조가 될 수 있다. 잠자는 아이들을 방치했다가는 그런 결과를 낳는다. 4차 산업혁명의 그늘, 시스템에서 배제된 인간들이 골목의 골방에서 꿈틀거리고 있다. 그들은 감각적으로 먹잇감을 찾고 있다. 단지 교실에서 방치된 채 잠을 잤을 뿐인데 엉망진창이 되어 엉뚱한 곳에 분노를 쏟아낸다.

고정된 모든 것은 녹아 사라지는 시대다. 진실이란 어떤 것들의 맥락, 혹은 관계 속에서만 찾을 수 있다. 어떤 관점, 어떤 이론을 택하느냐에 따라 세상이 다르게 배열된다. 이제 인간 중심의 사고에서 생태계(혹은 생명체) 중심의 사고로 바꿀 필요도 있다. 이제 틀 안에서 서로를 죽이는 〈배틀로얄〉과 같은 게임에서 벗어나, 관계의 그물망에서 서로 이해하고 존중하며 대화를 나누는 방법을 찾아야 할 시대이다. 자신의 판단이 소중하다면 남의 판단도 소중하기에, 때로는 자신의 판단을 유보하면서 상대방의 의견에 귀 기울이는 태도, 즉 주체와 타자가 공존하는 방법도 알아야 한다.

교육은 아이들과 소통하면서 삶의 의미를 찾아내는 것이다. 그럴 때 아이들은 저 혼자 앞으로 나아가기도 한다. 따라서 아무리 교실이 붕괴되었다고 해도 거기서부터 다시 시작해야 한다. 끝났다고 끝난 것은 아니다. 설혹 그렇다 해도 끝난 것은 교사이지, 아이들이 아니다.

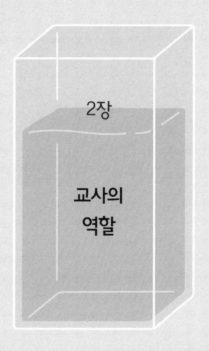

2장

교사의
역할

1. 교육 환경의 변화

1994년부터 대학 입시에 수능, 내신, 본고사 전형이 시도되었고, 1997년부터는 대학별 고사로서 논술, 적성, 실기, 구술(면접) 전형이 자리를 잡았다. 아이들에게는 몇 차례의 전형 선택의 기회가 주어졌고 무엇을 어떻게 준비하느냐에 따라 대학에 갈 수 있는 다양한 길이 열렸다. 학교 활동에 적극성을 보이거나 글쓰기에 재능을 보이는 아이들에게 다른 기회가 주어졌다. 처음에 입학사정관제는 부유층 아이들이 편법으로 대학 보내는 방법으로 받아들여졌다. 외국으로 봉사 활동을 떠나고 외부 경시대회와 지역사회 활동 등에 공을 들였던 것이다. 그런 것들을 바로잡으면서 학종(학생부종합전형)으로 바뀐 입학사정관제는 입시의 중심으로 자리 잡았다.

그로 인해 고등학교에서는 수업이 바뀌었다. 명문대에서 학종 선발을 지속적으로 늘리면서 그것에 대한 대비 차원에서 수업에 변화가 일어나고 있는 것이다. 대학은 수능 점수가 좋은 정시 지원자보다 학교에서 자기주도성, 발전 가능성, 전공 적합성을 보여준 인재가 학교 발전에 더 도움이 된다는 사실을 알게 되었다. 수능 점수가 좋은 학생보다 학교 활동에 적극적인 학생이 대학 생활도 더 잘한다는 사실이 밝혀졌다.

학종 비판에 대한 대학 입학처장들 의견도 한결 같았다. '실은 성적순으로 커트라인 넘긴 학생들 뽑는 예전 방식이 편하다.' 더

러 '학종은 품이 많이 드는 전형'이라며 고충을 털어놓았다. 그러면서도 결국 '그럼에도 불구하고'에 방점을 찍곤 했다. '성적 순 선발≠창의적 인재'라는 관념이 대학에 강하게 자리 잡았다. 서울대가 신입생의 약 80%를 학종으로 뽑는 이유도 그 연장선 상에 있다. [22]

자신의 진로와 적성을 미리 살펴보고 책을 읽고 체험을 해본 아이는 대학에 들어와서 낭비 없이 전공 분야에 몰두했다. 그리고 대학 4년간 계획을 세우고 들어왔기에 취업에 대한 준비도 잘 되어 있었다. 대학이 그런 훈련을 시킨 고등학교를 높이 평가하는 것은 당연하다.

그것은 일반고에 활기를 제공했다. 읍면의 중소도시에서도 준비를 잘 시키면 대학 합격률이 대도시 못지않았다. 심지어 50명 이내의 소규모 학교에서도 독서 능력과 자치 역량을 길러주면 명문대라고 일컬어지는 대학에 들어가는 것이 그렇게 어렵지 않다. 아이들이 문제제기하고 주제를 찾아 발표하고 그것을 사회화시키는 수업은 교육의 본질을 되돌려주었다. 지식이란 한 권의 교과서에 담겨 있는 것이 아니라 현실에서 부딪치는 모든 것들을 자기 관점으로 해석할 때 새롭게 주어진다. 그래서 교과서의 어떤 내용을 가르치더라도 그것과 관련된 책을 찾아 읽고 그것을 현실에 적용해 보면서 발표하고 토론하는 것은 아이들의 눈빛을 바꾸었다.

---

22. 〈학생 · 학부모 반발에도 학교 · 당국이 '학종'을 놓지 못하는 이유〉, 《한국경제》, 2018. 2. 21.

일반고 중에서 혁신학교는 참여 수업과 융합 수업을 활성화한다. 거기서는 발표와 토론, 보고서 쓰기가 수행평가로 50% 이상 실시되고, 때로는 1500자 논술형 문제가 중간고사로 출제되기도 한다. 혁신학교 아이들은 적극적으로 자기 의견을 말하고 그것을 실천한다는 점에서 긍정적인 측면이 많다.

내가 가르쳤던 아이들이 2학년이 되어 독서 모임을 하다가, 교과서 국정화 문제에 대한 토론이 벌어져 저희끼리 규합해 종로경찰서에 집회 신고를 하고, 광화문에 시위를 나간 적이 있다. 그로 인해 교사들이 쩔쩔매며, 그들을 돌보기 위해 집회에 따라 나간 일이 있었다. 그 아이들이 서울대(Y), 연세대(K), 중앙대(P), 성신여대(H) 등에 붙었다는 사실은 무엇을 말해주는 것일까. 이제 어느 학교라도 교사들이 아이들을 주체로 만들면 아이들을 원하는 대학에 보낼 수 있는 시대가 되었다. 혁신학교가 아니더라도 다양한 활동과 세심한 기록으로 관심을 쏟아주는 학교라면 어느 곳이나 명문대에 보낼 수 있게 된 것이다.

2017년 서울대 웹진(아로리) 자료를 살펴보면, 정시 선발을 늘릴 때 강남의 학교와 자사고만 합격자 수가 늘어날 것이 분명해진다. 지난 입시와 모의고사 데이터만 놓고 비교하면, 1학년의 경우 강남의 A학교에서 국어, 영어, 수학 1등급 수가 200개가 넘는다면, 관악구의 B학교에서는 두세 개 정도에 불과하다. 그럴 정도로 강남의 아이들은 표준화 평가에서 강한 면모를 보인다. 그럼에도 불구하고 학종 도입 이후로 A학교에서 명문대를 사오십 명을 보낼 때 B학교에서 십여 명을 보낸다면, 실제로 놀라운 성과를 보인 곳은 B학교이다. 교사들의 노력에 따라 소외된 지역의 학교가 변할 수 있는 것이다.

2017년 교육 전문 신문 《베리타스 알파》에서 경희대 합격자를 분석한 것[23]을 보면, 강남에서 7%, 성남 분당에서 18%가 학종으로 합격했는데, 그 외 강남 93%와 분당 82%가 정시로 진학을 했다. 반면에 강북구는 79%, 성북구 85%가 학종으로, 강북구 21%, 성북구 15%가 정시로 합격했다. 다른 지역 일반고도 이천 92%, 시흥 76%가 학종으로 갈 정도로 경제적 소득이 높은 지역은 정시로, 그렇지 못한 저소득층, 읍면 지역의 일반고는 학종으로 경희대에 진학하고 있는 것이다. 학종은 고교/지역 다양성과 사회 균형에 이바지하고 있는 것이다.

이래도 학종이 금수저 전형일까. 만약 학종에 부정 입학자가 있다면 그것을 폭로하고 징계하면 된다. 대학 교수 학부모가 아들을 논문 공동저자로 등재했다면 그것을 찾아내 중대 범죄로 처리하면 된다. 학종에 대한 이해 없이 '깜깜이 전형'이라고 말하는 것은 학생부에 관여할 권한이 없는 사교육자가 말하는 것이고, 내신 잡기 어려운 강남 학부모들이 하는 불평일 따름이다. 또한 수업을 바꾸기 싫어하고 학생부 비교과 기록을 귀찮아하는 교사들이 시대착오적으로 공정성을 트집 잡는 것이다. 특히 학력고사 세대 교

---

23. 〈소득 높으면 수능, 소득 낮으면 학종: 경희대 학종 금수저 정면 반박〉, 《베리타스 알파》, 2017. 8. 17, http://www.veritas-a.com/news/articleView.html?idxno=92120.

사들은 학교가 토론과 글쓰기 중심으로 운영되는 것을 못마땅하게 생각한다. 그들은 문제 풀이 방식만 교육의 전부라고 생각한다. 반면 학종을 준비시키는 대다수 일반고 교사들은 그 효과를 높이 친다. 그것만으로도 공교육이 정상화될 수 있다고 믿는 것이다.

많은 학교들이 형식적으로 참여 수업을 시키고 교내상을 남발하기도 한다. 하지만 그것을 탓하기에 앞서 그런 흉내라도 내는 편이 중요하지 않을까. 적어도 그들은 수업 혁신의 필요성을 느끼는 것이다. 물론 학교마다 관리자와 교사들의 역량에 따라 천차만별일 것이다. 아무리 수업 혁신과 학교 변화를 요구해도 그것을 제대로 받아들이지 못하면 그만이다. 헌데 대학은 대학대로 학교 프로파일과 아이들 학생부만 보고서도 그것의 진위를 정확히 파악한다. 그것은 또한 그들의 몫인 것이다. 그러니 그것은 그들에게 맡기고, 교육청은 교사들에게 역량강화 재교육을 시키고, 학교 변화에 기여하는 교사들에게 기회를 주는 방안을 마련해야 할 것이다. 교사들이 책임감을 느끼고, 그들의 피가 뜨겁게 끓어오를 때, 학교는 변화되고 입시 성적도 좋아진다.

학교 활동을 중시하는 입시는 일반고에서 대안학교의 이상을 좇을 수 있게 한다. 가난한 지역의 학교에서 교사들이 힘을 합해 수업을 바꾸고 아이들을 학교에서 행복하게 만들면 아이들이 대학에 잘 들어간다. 얼마나 멋진 세상인가. 낙후된 지역의 아이들도 꿈을 꿀 수 있게 된 것이다. 입시로 인해 현상 유지형 교육개혁을 하거나, 전면적으로 시스템을 바꾸어 새로운 교육 모델을 만드는 학교가 늘어나고 있다. 입시를 잘 활용하면 학교가 살아나고 학부모가 신뢰하게 되고 지역 주민이나 구청의 적극적인 지원도 받게 된다.

학교마다 진로 초청 강연이 많아졌고, 독서 활동과 토론 대회가 벌어지며, 고3 교실에서도 자치, 동아리, 진로 활동이 벌어진다. 아이들은 무대에 서서 자신을 표현하고 자율학습 동아리에서 전공 책을 읽고, 독서 시간에는 고전을 읽은 체험을 급우들과 두루 나누고, 자치적으로 교실 민주화를 이루어낸다. 그것도 남이 시켜서 하는 것이 아니라 자발적으로 흥이 나서 행한다. 선배 멘토를 찾아다니며 지도받고, 자기 자신이 멘토가 되어 친구들을 가르치고, 학급을 둘도 없는 행복한 공간으로 만든다.

2018년 현재로서는 학생들의 인권이나 두발 자율화를 거론할 일이 아니라 전교생이 참여해 아이들 스스로 학교의 교칙을 만들고, 아이들이 내적 멋을 내는 학교를 만드는 일이 중요하다. 어떤 학교는 자기 학교만의 엄격한 규칙을 만들고, 다른 학교는 수업을 바꿔 토론을 일상화시키고, 또 다른 어떤 학교는 아이들 모두를 무대에 세우는 것이 목표다. 머리 염색한다고 고착된 구조에 생명의 입김을 불어넣을 수 없다. 잠자는 아이들을 깨우는 것도 아니다. 하지만 서로 돕고 자기를 표현하고 발표하고 토론하는 것만으로도 얼마든지 학교를 변화시키게 된다. 너희가 하는 일 모두가 입시에 반영될 거야. 그것을 믿는다면 잠자던 아이들이 눈 비비고 일어나지 않을 수 없다. 학종은 그런 가능성을 학교에 제공한다.

2. 담임교사의 철학과 전문성

우리나라의 담임 제도에는 우리만의 독특한 문화가 담겨 있다. 담임은 1년간 아이들을 감독하고 뒷바라지하면서 행정 업무까지 책임지는데, 학교에서 거의 부모 역할을 한다. 담임이 누구냐에 따라 아이들 학교생활의 성패가 갈린다. 누구는 엄격하고, 누구는 친절하다는 평가로부터 시작해 다양한 소문이 퍼져 개학식 첫날 아이들은 초긴장 상태에 빠진다. 그만큼 담임에 대한 기대가 크다는 증거이다. 좋건 싫건 1년간 공동으로 묶여 생활하는 관계인데, 차츰 담임과 아이들은 서로 영향을 주고받으면서 화학적 관계로 변화된다. 그것은 거의 운명적인 만남이다.

담임은 학급을 이끌고, 관리하고, 책임진다. 매일 조회 시간에 출석을 부르고 종례 시간에 청소를 검사한다. 전달 사항을 알려주고 적절한 훈화를 들려주기도 한다. 처음 상견례를 할 때에는 담임을 맡은 소감과 학급운영 계획을 밝힌다. 담임은 아이들과 면담하고 아이들을 지도할 뿐만 아니라 어떤 목표를 향해 같이 가는데, 거기에 담임의 철학이 들어간다. 어떤 담임은 성실하게 준비된 반면, 다른 담임은 그렇지 못하다. 대부분 아이들을 따뜻한 마음으로 받아들이며 좋은 관계 속에서 진급시키지만, 어떤 담임은 자신의 스타일로 학급을 만들어나가고, 다른 담임은 무책임하고 성의 없이 관리하기도 한다. 담임은 학부모와 면담을 하고, 학교에서 아이에게 문제가 발생했을 때 보호자 역할을 한다. 만약 아이가 술을 마시고 경찰관에게 폭력을 휘두르다가 붙잡혔다면, 담임이 어떤 탄원서를 쓰느냐에 따라 처벌의 정도가 달라진다. 담임의 헌신으로 학급을 우수한 공동체로 만들어낸 사례는 부지기수이나 개인적 차원의 일시적 경험으로 묻어둘 뿐, 그것을 찾아내 홍보하고 모델로 제시한 적은 거의 없다.

담임마다 학급운영이 천차만별이다. 담임이 남녀노소 중 어디에 속하고, 어떤 교과를 담당하느냐에 따라 개성이 다르다. 하지만 생활지도에 능통하고 입시를 파악한 교사라면 아이들도 대체로 신뢰한다. 소외된 아이나 문제성 있는 아이를 어떻게 포용하느냐에 따라 학급 분위기는 완전히 바뀐다. 학급에서 무언가 도모해보고자 하는 담임이 있는 반면 조용히 출결을 체크하며 아이들에게 무신경한 담임도 있다. 그들은 모두 저마다의 방식으로 학급을 운영한다. 어떤 담임은 아이들과 답사를 다니고, 학부모를 초청해 파티를 열고, 해마다 학급 문집을 만들기도 한다. 헌데 어떤 다른 담임은 1년 내내 아이들과 전쟁만 벌이다가 나자빠진다.

이번 우리 담임은 어떨까? 신탁을 기다리는 심정으로 아이들은 자신의 운명을 기다린다. 공부는 내가 하는 것이지만 담임을 선택할 기회가 나에게 주어지는 것은 아니다. 심지어 누구를 담임으로 만나느냐에 따라 금방 학교를 그만둘 것 같던 문제아도 그해만은 마음을 고쳐먹고 학교에 열심히 다니기도 한다.

담임에게 주어진 역할은 너무 많다. 아이들을 파악하고, 진학을 돕고, 올바른 인성을 키워준다. 그러니 어떤 담임을 만나느냐에 따라 아이들의 성격이 바뀐다. 어떤 경우에 담임은 부모만큼이나 영향을 미친다. 어떤 담임은 아이들의 자발성과 협동심을 끌어내 이상적 공동체를 이룬다. 실력 있으면서도 따뜻하고, 질서 의식을 심어주면서도 학급 자치를 인정하고, 공명정대하면서도 대의를 가지게 하는 담임이란 얼마나 대단한가. 지금도 학교에는 그런 담임들이 많다. 시한폭탄처럼 위태로운 사춘기 아이들이 무사히 공교육을 마치고 목표에 이르게 되는 것은 좋은 담임을 만났기 때문이다. 아이들이 졸업 수십 년 후에 '반창회'를 열어 늙은 담임을 초대하는 것도 그런 까닭이다.

한국의 교육에서 가장 아름다운 것 중의 하나가 담임들의 열정이다. 교사라면 누구나 나름대로 멋진 학급, 최고 학급을 만들고자 한다. 청소년기 아이들은 아직 지적, 정신적 성숙을 이루지 못해서 거칠고, 제멋대로이고, 자기밖에 모른다. 그 아이들이 남을 받아들이고, 함께 살아가는 것을 배우게 하는 사람이 담임이다. 대부분 아이들은 공부를 왜 하는지도 모른 채 '그냥' 학교에 나온다. 부모가 원하니까, 대학 가려고, 혹은 경쟁에 이겨야 해서, 학교와 학원을 오고갈 뿐이다. 담임은 그런 아이들을 건강한 시민으로 이끄는 것이다.

누구나 담임을 맡아 출발을 잘해도 서너 달이 지나고 보면 지친다. 이제 아무 사고 없이 무사히 끝나기만 바라기도 한다. 폭력적인 아이, 거짓말하는 아이, 결석하는 아이 등 별별 아이들이 다 속을 썩인다. 결손가정에서 간신히 버텨내는 아이, 알바를 하며 생계를 잇는 아이, 술 마시고 학교 기물을 파손하는 아이도 있다. 심지어 자살 충동을 끼적인 메모지를 흘리고서 어두운 표정을 짓고 있는 아이도 있다. 그 누구도 포기할 수 없다. 그들은 숙명적으로 주어진 나의 아이들인 것이다. 담임은 죽으나 사나 1년간 그들과 함께 가야 한다. 그들에게 생기를 불어넣고 즐겁게 학교 다니게 만들어야 한다. 최악의 상황에서도 뭔가 기대를 하게 하는 미묘한 자리, 담임.

일반고에서 담임을 해보면, 한 학급에서 어떤 아이는 명문대를 가겠지만, 다른 아이는 수도권의 전문대도 가지 못한다는 것을 한눈에 알 수 있다. 그들이 뒤엉켜 생활하고 있는데, 그들을 '한 팀'으로 묶어 어떤 목표에 이르게 하는 것은 어렵다. 하지만 그들은 학업 능력에서 차이는 있을지라도 비슷한 욕망과 고민을 지니고서 살아간다. 교사는 그들이 가진 헛된 꿈을 제거하고, 그들을 현실에 발을 딛도록 유도하되, 자존감을 가지고 적극적으로 자기 삶을 만들어가도록 도와야 한다. 그런데 사촌이 땅을 사면 배가 아프듯이, 남이 좋은 대학 가면 나도 거기 정도는 가야만 할 것 같고, 준비된 것이 하나도 없으면서 대학에 못 가면 뭔가 억울하다는 생각이 든다. 그런 생각이 아이들을 망친다. 친구의 개성과 능력을 존중하기보다 자기 기준으로 판단하며, 자신의 실패를 자신의 노력 부족 때문이 아니라 친구보다 못한 환경과 여건, 즉 부모의 재산과 관심, 또는 교육 방식 탓으로 돌린다.

학급운영에도 전문성이 필요하다. 교사라면 누구나 해야 하는 일이지만 제대로 준비하지 않은 채 덤벼들면 낭패를 맛본다. 그 역할에 대한 전문성을 키우기 위해, 교사끼리 함께 의논하거나 역량 강화 연수를 받고, 또는 운영 계획서를 만들어보면서 자기 자신에게 맞는 방식을 찾아야 한다. 어차피 5년 근무에 4년 정도 담임을 맡게 되는 게 현실인데, 그것을 준비 없이 억지로 받아들인다면 그것은 아이들에게 재앙이고 담임에게도 고역이다. 어떤 아이들을 만나는가 하는 '담임 운'도 중요하지만, 학급운영을 어떻게할 것인지 계획을 세우고 그것을 밀고나갈 때 아이들의 변화를 보는 행복을 누린다. 준비를 잘하면 '1년 농사'가 달라진다. 적어도 겨울방학에는 어떻게 학급을 운영할지 고민하며 자기만의 계획을 세워야 한다는 말이다.

　※ 담임 수칙
　- 아이들이 저마다 다르다는 사실을 '받아들일' 것.
　- 어떤 경우에도 '포기하지 말' 것.
　- 아이들을 화합시켜 '하나의 공동체'로 만들 것.

　당연한 일 같지만 쉽지 않은 일이다. 학급마다 학력 차가 있고 개성이 다른 아이들로 가득하다. 그들을 성적으로 줄 세우면 공동체는 무너진다. 그들이 서로 믿고 받아들이며 정을 나눌 때 학급이 살아난다.
　담임의 철학으로 학급은 만들어진다. 서로 양보하고 인내하며 같이 가더라도 목표가 있고, 담임이 설계한 밑그림이 있어야 공동체가 유지된다. 학급은 함께 뛰고 공부하며 꿈을 꾸는 장소이다. 학급 자치 위원회를 구성해, 1주일에 한 차례씩 학급 회의를 한다면 교실 민주화가 이루어지고 학급은 개성을 지니게 된다. 아이들이 학급의 규칙을 만들고, 학급 행사를 준비하다 보면, 학급 대항 대회나 학급 전체 행사에서 독특한 힘을 발휘하게 된다.

일방적으로 지시하는 것은 비민주적이다. 그것은 아이들을 노예로 키운다. 학급의 작은 일을 하더라도 토론을 통해 결정해야, 아이들이 주인이 되어 활동한다. 만약 지각비를 걷기로 했다면 그것이 정당한지 부당한지 따져보고, 또 그것을 어떻게 걷고 사용할 것인지 명확히 해야 뒤에 군말이 없다. 아이들 스스로 담임의 마음을 판단하고, 뭐가 중요한지 따져보고, 문제를 해결하기 위해 나설 때 담임이 다소 무리한 요구를 해도 즐겁게 따른다. 무엇보다 교실 민주화에 익숙한 아이들은 사회 나가서도 자기 주도적으로 사고하고 행동한다.

새로 맡은 아이들과 첫 대면할 생각을 하면 누구나 잠을 못 이룬다. 기대감도 크지만 걱정이 앞서기 때문이다. 현재와 같은 입시에서는 1학년 때 학교 활동을 잘 준비시키면 학교 적응력이 최상이 된다. 고3은 사회에 나갈 준비, 대학 진학을 준비하는 기간인데 그때의 담임에 대한 기억은 평생 간다. 1학년 때부터 다양한 학교 활동을 한 아이들은 3학년이 되면 끝내 부족한 내신 성적도 극복하게 된다. 활동이 많아 시간을 빼앗기는 것이 아니라 오히려 동기부여가 되어 역전할 수 있게 되는 것이다. 결국 담임을 잘 만난 아이의 3년은 보장되는 것이다. 담임은 누구나 맡는 것이지만 전문성이 필요한 것이다.

담임으로서 어떻게 1년을 보낼지 결정하는 것은 전적으로 교사 개인의 몫이다. 젊은 교사일수록 의욕이 넘치고 무엇인가 해보고자 시도한다. 하지만 의욕만큼 아이들은 따르지 않고, 계획한 대로 실행되는 것은 별로 없다. 아이들은 서너 차례 이상 약속을 어기고, 피시방에 가서 살고, 친구를 괴롭히고, 음란물을 가져와 학급 분위기를 망친다. 그런데 그게 아이들인 걸 어떡하겠는가.

일반고에는 다양한 아이들이 들어온다. 공부 잘하는 아이는 특목고에 가고, 개성 있는 아이가 특성화고에 간다면, 아무 생각 없이 살아온 아이가 일반고에 들어온다. 어떤 아이는 담임이 출석부로 머리를 살짝 건들었다고 112로 신고하고, 담임이 자신을 왕따 시킨 아이들과 한 공간에 넣고 대기시켰다고 교육청에 고발하고, 심지어 잠을 깨웠다고 교사에게 욕설을 퍼부으며 교실 문을 걷어차고 나가기도 한다. 아이들 인권은 강조되는데 교사의 인권은 보장되지 않는다. 그래도 주어진 아이들을 책임져야 하는 것이 교사의 운명이다.

담임은 많은 역할을 한다. 외국과 달리 행정적 관리만 하는 것이 아니라 아이들의 미래와 인성까지도 책임진다. 여전히 우리 현실에서 담임에 거는 기대는 크다. 담임을 잘 만나면 아이들이 행복하고, 그 아이들이 잘 크면 사회가 건실해진다. 그러니 담임이란 힘들면서도 의미 있는 직책이다.

담임 일을 수행하다 보면 무수한 시행착오를 겪는다. 해가 바뀔수록 엉뚱한 일이 벌어져 감당하지 못할 사태가 벌어지기도 한다. 젊은 교사는 그래도 낫다. 충격을 받더라도 더 쉽게 치유될 뿐만 아니라 그것을 잘 흡수해 내는 것이다. 나이든 교사들은 경험으로 지도하는데 입시까지 바뀌어 지도하기에 애로가 많다. 담임이 입시를 부모보다 모르면 아이들은 담임을 신뢰하지 않는다. 아이들은 실력 있고 재미있고 학급운영을 잘할 뿐만 아니라 입시까지 장악한 교사를 원하는 것이다. 그런데 그런 담임이 얼마나 될까.

담임도 공부해야 한다. 입시와 진로 지도, 시대의 변화, 그리고 상담 기법까지 배워야 한다. 그래야 아이들의 자치 역량을 키워주고 대학 가는 길을 제시하고 어려운 처지에 놓인 아이들에게 용기를 줄 수 있게 된다. 담임이 자신의 전문성을 키우지 못하는 한 아이들은 겉돈다.

담임은 아이의 모든 데이터를 쥐고 있는 권력자이다. 부모들도 모르는 아이들의 행적, 말썽 피운 내역 등은 물론 3년간 성적을 구조화해서 가지고 있다. 말썽 피운 내역은 학년이 올라갈 때마다 인수인계된다. 그래서 학부모 면담 때 자신의 모든 것이 밝혀지니 아이들은 부모님이 학교 오는 것을 좋아하지 않는다. 하지만 그것을 막기는 어렵다. 특히 입시 면담은 의무적으로 행해진다. 대학 가야 한다는 말 한마디로 아이들은 자유 시간과 점심시간을 빼앗긴다. 자습을 잘 한다고 대학 가는 것도 아닌데, 간신히 눈 비비며 일어나 학교에 왔는데 담임은 5분 늦었다고 푸시업 20개를 시킨다. 실제로 지각 체크 시간보다 25분이나 먼저 왔는데도 말이다. 그런 담임의 사정을 이해해 주고도 싶다. 그도 그렇게 빨리 와야 할 이유가 없었을 테니까. 하지만 그렇다고 부모님에게 전화해 5분 지각했다고, 수업 태도가 걱정스럽다고 전화를 해대는 것은 참을 수 없다. 더욱이 이 성적으로 대학 갈 수 없다고 말하면, 사실상 그때마다 아이들은 꼭지가 돌아버릴 지경이다. 그것은 참말이지 협박이고 공갈이다.

반면에 학원 강사는 아이에게 끊임없이 가능성을 심어준다. 그게 터무니없는 말인지 알지만, 조금만 노력하면 합격이 눈앞에 다가오는 것처럼 말하는 그 안타까운 목소리를 들으면서 어떤 아이는 눈물을 흘리기도 한다. 아이는 대학 가기가 쉽지 않다는 것을 알고 있지만, 그래도 너무 남의 일처럼 차갑게 대하는 담임보다 친절한 학원 선생님의 말을 좋아한다. 물론 학원 죽어라고 다닌다고 성적이 오른 적도 없다. 그렇다고 희망까지 포기할 수는 없다.

아이들은 뭔가 가르치려고 들면 저항한다. 그럴 때에는 억지로 무언가 먹이려고 들 때 달아나는 어린애 같다. 반면에 저 스스로 무언가 흥미를 느끼고 그것에 깊이 빠지면 한번 그 속에서 살아남으려고 노력한다. 그렇게 해서 미숙한 대로 배우고자 하고, 다른 친구에게 영향을 미치며, 자기 삶의 영역을 확장시켜 나간다. 그런데 그런 특징들은 다 무시당하고 아이는 성적으로만 평가된다. 싸움꾼이나 잘 생긴 아이가 인기가 있지만, 전체적으로는 학교에서는 성적 좋은 아이만 우대받는다. 그것은 다수의 공부 못하는 아이들을 소외시키고 결국 교사의 관리에서 벗어난 세력을 만들게 한다. 그때부터 '싸움꾼'은 은근히 왕따를 만들고 폭력을 즐긴다. 주류와 비주류에서 동시에 왕따를 당한 아이는 설 곳이 없어진다. 자폐 증상이 있는 아이가 자해 행위를 한 적이 있었다. 잠시 방심했을 때 그런 일이 벌어진다. 만약 그 아이가 더 크게 다쳤다면 어찌 되었을까. 담임에게는 최악의 상황이다. 그래서 담임은 기대보다 배반에 대비하고, 아이들에게 정을 주되, 엄격하게 규칙을 정하고 그것을 밀고 나갈 줄도 알아야 한다. 손길 가는 것만큼 아이들은 자라난다.

같이 가자. 끝까지.
너희를 결코 포기하지 않을 거야!

세상에 포기해야 할 아이들은 없다. 그렇지 않아도 승자독식의 싸움터에서 진 아이들은 하나씩 도태된다. 고등학교에 들어와 1학년 때부터 낙오해 스스로 손을 놓아 버리는 아이가 늘어나고 있는데 지켜보고만 있을 것인가. 희망 없는 아이가 어디 있는가. 담임이 포기하지 않는 한 아이들은 달라진다. 공부 좀 못하면 어떤가. 못하는 대로 방법을 찾고 구제받아야 하지 않는가. 그 아이가 단 한 과목이라도 잘해 보려고 노력하고 그것과 연관시켜 자신의 진로를 찾게 되면 무엇이든 못할 것도 없다. 중요한 것은 기개이다. 나도 무언가 할 수 있다는 자신감. 그것을 가지고 자꾸 도전하다 보면 변화된다. 자신을 너무 크게 평가해서는 안 되지만, 자신이 지금 어느 수준에 이른 것인지, 어디까지 이를 수 있는지 파악한다면, 그것보다 훨씬 나아질 수 있다. 또한 학교 활동이란 누구나 의욕만 가지면 즐겁게 할 수 있는 것인데, 어쩌다가 교내상이라도 몇 개 받게 되면 사람이 달라진다. 그때부터 허황된 꿈이 사라지고 노력한 만큼 얻는다는 사실을 받아들이게 된다.

학원 한 번 다니지 않더라도 결과를 얻을 수 있다. 학교 활동을 열심히 하는 아이들은 무엇을 하더라도 잘한다. 더욱이 학교에 다양한 프로그램이 준비되어 있다면 그것만 열심히 해도 대학 갈 기회는 언제든지 생긴다. 입시의 다변화가 아이들을 살리고 학교를 살아나게 하는 것이다. 진로 탐색, 예체능 방과 후 프로그램, 인문과정 과제 연구, SW 교육 등 어느 것 하나라도 흥미를 갖게 되면 방법이 생긴다. 학교에서 즐겁게 지내고 뭔가 열심히 하면 대학에서도 그 아이를 알아보는 것이다. 그가 밴드, 뮤지컬, 연극 동아리 활동을 열심히 했다면, 그 아이는 대학을 가지 않더라도, 그 분야를 파고들 수 있고, 또는 그렇게 즐겁게 산 정신으로 자신의 성공을 만들어나갈 수 있을 것이다. 그래서 아이들은 학교에서 깨어 있어야 하는 것이다.

아직 죽지 않았어.
넌 뭐든지 할 수 있어!

아이의 의지를 부추기면 아이는 담임 체면을 보아서라도 한번 봐준다. 일단 잠에서 깨어났을 때 잘해야 한다. 먼저 아이의 존재 가치를 찾아주는 일이 중요하다. 그들을 인정하고, 그들의 목소리로 화음을 내게 하고, 그 흥에 거워 뭔가 해보려고 시도하게 만들어야 한다. 학급에서 그 아이만이 행할 수 있는 어떤 역할이 주어졌을 때, 그가 그것을 무난히 수행했다면 그가 행한 역할의 의미를 밝혀야 할 것이다. 학급 공동체에서 담임은 지휘자이고 아이들은 연주자이다. 공부만 잘하는 아이들만 모였다고 해서 좋은 학급이 되는 것은 아니다. 저마다 다른 개성과 열정을 가지고 있어야 하는데, 지휘자가 연주자의 장점을 부각하고 단점을 최소화시키면 연주자들이 소리를 주고받으며 서로 참고 배려하고 응원하면서 멋진 화음을 내게 된다. 특히 왜 우리가 이런 연주를 해야 하는지, 누가 어느 지점에서 조금만 더 노력하고, 그 옆에 있는 조금 못하는 아이를 끌어준다면, 모두 멋진 합주를 해낼 수 있다는 것이 분명해진다. 그로 인해 최고의 공연은 이루어진다.

담임은 자신만의 학급운영 원칙을 가져야 한다. 아이들을 억압할 것인지 자유를 줄 것인지, 자유를 준다면 어느 정도까지 줄 것인지, 진학을 위해 어떤 밑그림을 그리고 있으며, 1년간 어떤 방식으로 학급 아이들을 지도할 것인지 확실히 해야 한다. 그래야 시행착오를 줄일 수 있다. 그래도 프로그램이 있다면 낫다. 급훈을 정하는 것부터 시작해, 학급 주보나 학급 문집을 만들거나, '작은 음악회'를 열고, 혹은 '학부모 파티'를 예고한다면 아이들은 담임을 다르게 받아들일 것이다. 담임의 개성과 아이디어에 끌려 들어오면 반쯤 개성 있는 학급을 만든 셈이 되고, 그럴 경우 아이들과 함께 봉사 활동을 가고 문화 활동을 즐기는 것도 어렵지 않게 된다. 학년부장의 지원을 받거나 다른 학급과의 연합을 통해 더 멋진 학급을 만들 수 있고, 또 학급의 구성원들에게 자긍심을 심어 줄 수도 있게 된다.

2월까지 담임 구상을 끝내자. 1년간 어떻게 할 것인지 계획을 세우면 모든 일이 수월해진다. 자신의 교육철학에 따라 어떤 점에 초점을 맞출지 정하면 아이들도 잘 따른다. 아이들도 자기 색깔을 가진 담임을 좋아한다. 그리고 일정한 시간까지는 기대감을 가지고서 지켜본다. 나와 인연을 맺었기에 어지간하면 흡족한 마음으로 변화되기를 기다리는 것이다. 그러니 아이들에게 말하라.

"너희에게 큰 기대를 하지 않겠다. 하지만 너희가 만든 규칙을 존중하라. 나는 공부 잘하는 아이보다 공부 못하는 아이와 함께 가려는 아이를 우대하고, 자기 혼자서가 아니라 서로 협력해 좋은 학급을 만들려고 노력하는 아이를 좋아한다. 물론 학급을 변화시킬 장치를 제안하면 즉각적으로 받아들이겠다. 너희 특성대로 너희에게 맞는 맞춤형 학급을 만들 테니 분발하기 바란다."

커다란 목표가 있어야만 좋은 것은 아니다. 사춘기의 한 시절을 무사히 넘길 수만 있다고 해도 큰일을 한 것이다. 잠자지 않는 학급 만들기. 그것만 해도 어마어마한 일이다. 다들 잠잘 수밖에 없는 어떤 상황을 지니고 있다. 그것을 해소해 주고, 그야말로 다양한 장치를 만들고, 또 연구하고, 지독히 고민해서 해결해야 한다. 한 명도 처벌받지 않게 만들기. 그런 학급을 만들자면 운이 따라야 한다. 게다가 발을 잘못 들여놓은 아이를 빼내기가 힘들어 세 번, 네 번 배반당할지 모른다. 어떤 아이들이 학급에 배정될지 모르고, 질풍노도의 시기에 무슨 일을 저지를지 모른다. 하지만 아이들의 고민을 들어주고 그 문제들 하나씩 풀어 나가다 보면 한 명도 처벌받지 않는 학급을 만들 수도 있다. 운이 좋다면. 하지만 그런 원칙에 너무 발목 잡힐 필요는 없다. 모두 한두 번 시행착오를 겪지만, 그로 인해 아이들을 더 잘 이끌게 된다.

아이들은 운명처럼 다가온 담임교사를 받아들인다. 예쁜 여교사건, 늙은 교사건, 그가 자기 삶의 길잡이가 되기를 바란다. 아이들에게는 전설이 있다. 12년 공교육 기간에 딱 한 번만이라도 좋은 담임을 만난다면, 애벌레에서 나비가 될 수 있다고. 그럴 정도로 대성공이라고.

담임인 당신은 준비가 되어 있는가. 아이들은 당신을 만났기에 천국과 지옥을 오간다는데 당신은 아이들을 위해 무엇을 준비했는가. 거기서 정말로 대단한 어떤 것이 만들어질 수도 있다. 시공을 초월한 절대적인 힘. 그 속에서 아이들과 영적 교감을 나눌 수도 있다. 담임은 아이들에게 삶에 대한 자신감을 심어주고, 세상에 도전 의식을 갖게 해줄 수도 있다. 훗날 어떤 담임을 만나 더 열심히 살게 되었다고 말하는 사람도 많다. 그래서 누군가를 만난 것이 내 인생에서 가장 큰 행운이었는데, 그게 어느 시절 담임이었다는 것이다.

　아이들이 활동한 내역을 학생부에 적어주는 일이 가능한 시대에는 다양한 활동을 펼쳐갈 수 있다. 담임이 내놓은 프로그램이 진정성이 느껴지고 납득 가능하면 아이들은 담임 말에 절대적으로 따른다. 그것이 입시에 도움이 된다면 더 말할 나위가 없다. 그래서인지 2017년 우리 반은 고3이면서도 반장의 리더십에 따라 예술의 전당에서 블라맹크와 카림 라시드의 전시회를 관람했고 학급 공연을 하기도 했다. 물론 나는 그것을 학생부 개인별 세부능력 및 특기사항(세특)에 잘 기록해 주었다. 그것만으로도 재미없는 미술 전람회에 학급 전체가 참석한 것이다. 이런 개별적 프로그램을 만들 때 담임의 왕국은 더 개성적으로 성장한다. 어떤 반과도 다른 우리만의 왕국. 그 왕국에서는 왕이 있는지도 모른 채, 백성들이 살아간다. 아이들에게 자유를 주면, 그리고 아이들이 자유의 진정한 가치를 알게 되면, 아이들이 스스로 청소하고 자습을 하기도 한다. 담임이 출장 갔을지라도.

3. 개성 있는 학급

　먼저 목표를 설정한다. 잠자는 아이 없는 학급 만들기. 그것이 불가능한 일 같지만 시도해 볼 만하다.

원칙 1. 잠자는 아이는 담임과 면담한다.

원칙 2. 2차로 걸리면 부모와 함께 면담한다.

원칙 3. 이후로는 책 1권 읽고 파워포인트 자료를 만들어 프레젠테이션한다(학급 회의에서 벌칙 정함).

　대화와 토론이 있으면 기적처럼 어떤 해결책이 떠오를지 모른다. '나'를 잠들게 만든 원흉을 잡아 척결하면 된다. 물론 그것은 쉽지 않다. 문제는 아이가 경쟁에서 졌다고 느낀다는 것이고 의욕을 갖지 못했다는 점이다. 그래서 잠자다 걸린 아이와 면담하며 대책을 세우고, 책 한 권을 정해 파워포인트로 발표하게 하는 것도 좋다. 전공 관련 서적이든, 아이가 흥미를 느끼는 어떤 책이든 상관없다. 다만 멘토의 도움을 받아 발표 요령를 배우게 하면 잠자던 아이가 최초로 뭔가에 관심을 가지고서 발표하는 시간을 갖게 된다. 특히 발표 끝에 '나를 자게 만든 것'이라는 항목을 넣어 자신이 자고 싶어 잔 것이 아니라, 무언가에 이끌려서, 누군가 자신을 억지로 자게 만든 것이라는 내용을 설명하게 한다. 잠은 내가 자지만, 사실상 나는 재워지고 있었던 것을 깨닫게 만드는 것이다.

　잠자는 이유는 크게 두 가지이다. 첫째, 밤늦게 무언가 했기 때문이다. 공부를 했든지 게임을 했든지 새벽 두 시를 넘기면 다음 날 반드시 졸게 된다. 아이들이 견딜 수 있는 마지막 시간은 두 시다. 그 시간을 넘기면 반드시 이튿날 망치게 된다. 그러니 자정 이

전에 규칙적으로 취침하되, 밀린 과제나 학교 활동 준비를 하더라도 두 시 이전에는 꼭 자게 한다. 둘째, 수업을 알아듣지 못하기 때문이다. 이 경우에는 아무리 정신을 차리려고 해도 소용없다. 선생님은 진도를 나가고 아이는 알아듣지 못할 때, 할 수 있는 일이라고는 떠들거나 잠자는 일뿐이다. 그렇게 잠시 뒤처지다가 성적표를 받아본 뒤로 자신이 대학 갈 곳이 없다는 사실을 확인하고는, 그때부터는 한 개의 번호로 정답을 통일시키고 늘어지게 자게 된 것이다. 그럴 경우 한 과목이라도 멘토를 붙여 공부하게 한다.

여기서는 담임의 역할만 이야기하자. 학급회의와 면담을 통해 이 문제가 해결될 일은 아니다. 하지만 거기서 가능성의 단서를 찾을지 모른다. 적어도 잠자는 아이들이 왜 자는지 파악하고 누구에겐가 분노하는 것 자체로 큰 의미가 있다. 또한 잠자기 때문에 미래에 일어날 일을 예측해 보는 것도 의미가 있다.

　※ 잠만 자는 아이가 갖게 되는 미래 모습
　1. 대학을 실패한다.
　2. 재수를 하다가 전문대를 간다.
　3. 군대를 갔다 와 기술사 자격증 시험에 실패한다.
　4. 연애와 결혼에 실패한다.
　5. 조그만 가게를 냈는데 실패한다.
　6. 옥탑방에서 홀로 게임만 하며 산다.

뭐 이런 악몽을 이야기하다니! 3월에 3분간 자기 이야기하기를 해냈고, 4월에 멘토와 책 한 권을 프레젠테이션 해본 아이라면, 이런 꼼수에 속아 넘어가지도 않고 별로 불쾌하게 생각하지도 않는다. 그저 늙은 담임을 귀엽게(?) 봐준다. 적어도 고3의 기간을 무의미하게 보내지 말자는 담임의 의도를 받아주는 것이다. 아이들 모두가 꿈은 원대하지만, 때로는 그 꿈이 너무 커서 실현 가능성이 없기 때문에, 쉽게 좌절하는 것이다. 그래서 이런 담화를 통해 현실을 인식하고 어느 대학이든 하나 합격하는 것을 원칙으로 삼는다. 대학을 가고 안 가는 것은 자기 마음이지만 합격하거나 못하는 것은 약속이다. 대학 정원이 고교 졸업자보다 많아지는 시대라서 한두 곳 합격시키는 것은 어렵지 않을 뿐만 아니라 아이 자신의 수준을 알게 해주기 때문에 얻는 것이 많다. 그러자면 조금이라도 공부하게 되고, 적어도 재수를 하더라도 자신이 어느 수준의 대학을 갈 수 있는지 파악하게 된다.

아이가 자기 미래를 내다보고 자기 현실을 파악할 때 무언가 하게 된다. 그때 공부 잘하는 아이가 찾아가 멘토링을 해주겠다고 하면 그것을 받아들인다. 사실상 멘티 성적 올리기는 식은 죽 먹기다. 왜냐하면 그들은 답안지에 같은 번호만 죽 긋고 자던 아이들인데, 멘토가 시험 문제 나올 것이라며 적어준 것만 외운다면, 딱 한 과목 정도 성적 20점 올리기는 일도 아니다. 그 기분에 공부를 시작하게 된다. 그런데 멘티 성적이 올라가면 멘토가 더 좋아한다. 그런 헌신성을 높이 사 학생부에 그 사실을 기록해 주면, 놀라워라, 사실은 멘토의 성적도 올라갔다는 사실을 알게 된다. 멘토는 한마디도 알아듣지 못하는 멘티를 위해 자기가 공부하던 내용을 구조화시켰던 것이다. 그러다 보면 학습부진아도 한두 교과에 흥미를 느끼게 되고, 체육 시간은 어차피 좋아할 터이니까, 그런 대로 학교생활에 흥미를 갖게 된다. 게다가 멘티는 멘토 시간 빼앗은 것을 미안하게 여겨서 자기 역할을 조금이나마 수행하려고 노력하게 된다.

자기 역할을 하게 될 때 누구나 존재 가치를 느낀다. 이렇게 해서 자존감을 회복할 때 아이는 적극성을 되찾게 된다. 작은 음악회에 무슨 역할이라도 시켜 보라. 어쩌면 놀라운 재능이 나타날지 모른다. 삼겹살 파티를 하면 잠자던 아이들이 남다른 재능을 선보여 상추를 씻고 고기를 자르고 찌개를 끓이는 등 활발히 움직인다. 이전에 고깃집 알바를 해보았던 것이다. 우리 반 영현이는 파티를 지휘하며 푸딩을 만들어 왔다. 그 말썽꾸러기 부적응아가 장기 자랑 발표회에서 개그나 춤으로 무대를 압도했다. 그러면 담임은 아이들이 행한 것들을 곡명부터 무대 태도까지 시시콜콜히 학생부에 적어준다. 그럴 때 그것을 읽는 누구라도 아이들이 얼마나 멋진 학급을 이루어냈는지 알게 될 것이다.

'작은 음악회'에 더 들어가 보자. 사실상 한 학급에는 악기를 다룰 줄 아는 아이들이 많다. 누구나 어린 시절에는 피아노를 배우고, 중학교에 다니면서는 기타를 친다. 다만 입시에 치여 그런 것 다 잊고 무기력하게 살아갈 따름이다. 중학교 때까지 춤과 노래를 좋아하며 아이돌 쫓아다니며 무대 공연을 꿈꾸었던 아이가 뮤지컬 한 장면을 조별로 해내야 할 때 기막히게 연출해 낸다. 또 조금이라도 악기를 다룰 줄 아는 아이들은 모두 2분짜리 연주를 하게 한다. 기타와 클라리넷, 단소, 바순 등이 동원되었다. 그들이 연주한 악기와 연주 곡명을 학생부 창체와 개인별 세특에 적어주면 아이들의 미적 능력을 보여주는 훌륭한 기록이 된다.

한편 우리 반은 창체 독서 시간에 아이들에게 많은 발표를 시켰다. 고3 아이들은 입시 준비에 바빠 책을 읽을 시간이 부족했다. 그래서 나는 아이들의 학생부 독서 활동 상황을 뒤져보면서 그들이 읽은 중요한 책을 다시 읽고 파워포인트로 요약해 만들어 와 발표하게 시켰다. 그러면 발표하는 아이들은 책을 새롭게 읽고 그것을 우리 현실에 적용할 방법을 생각하면서 읽지 않은 아이들에게 상세히 설명했다. 그러면 책을 읽지 않은 아이도 그 내용을 알게 되고 때로는 토론을 벌이면서 전공과 관련된 인문학 지식들을 습득했는데, 그것들을 발표한 아이 학생부에 효과적으로 기록해주자 대학에서도 저학년 때 읽은 책을 고학년 때 다시 읽고 새롭게 해석하는 방식에 대해 우호적으로 평가했다. 이런 경우에도 멘토와 멘티가 함께 읽고, 멘토가 멘티에게 충분히 알려준 뒤, 멘티도 발표에 참여하도록 했다. 이런 장치 속에서 잠만 자던 아이가 독서와 발표에도 조금씩 흥미를 느끼는 일이 생겨났다.

고3에게 이런 일을 시킨다고 놀랄 일이 아니다. 학종은 전공에 대한 이해나 발표 능력, 혹은 급우에 대한 헌신성을 중시하는 입시라서 이런 시간이 헛된 것은 아니다. 그것은 아이의 인성과 협력의 능력을 파악하는 좋은 자료가 되었다. 또 잘하는 아이가 부진아를 돕는다고 시간이 낭비되는 것도 아니었다. 그런 도움을 줌으로써 잘하는 아이가 못하는 아이 못지않게 성공적인 발표를 한 뒤에는 큰 충만감을 느꼈다. 그렇게 남과 어우러져 보내며 공익을 이룰 때 아이들의 태도가 바뀌었다. 나는 학년부에 건의해 '멘토링일지 대회'를 열어 이런 노력을 한 아이들에게 표창할 수 있는 기회를 만들어 주기도 했다.

나는 뛰어난 담임들의 사례를 반의반도 말하지 못했다. 그저 평범하게 나의 체험을 귀띔했을 따름이다. 일반고에서 담임하기란 최고의 스트레스를 받는 일이지만, 잘만 준비하면 얼마든지 행복한 체험도 가능했다. 담임만 아니라면 어떤 힘든 업무도 상관없고, 성과급에서 담임을 더 우대해야 한다고 말하는 교사도 많았지만, 그래도 담임 한 사람이 아이에게 미치는 영향을 생각한다면 그것을 힘든 일이라고 생각할 필요는 없다. 게임을 좋아하는 아이가 담임 한마디 때문에 책을 읽기 시작하고, 블라디미르 쁘로쁘의 《민담형태론》을 읽고, 의사소통과 인문학의 중요성을 파악하고, 결국 전주대 '게임콘텐츠학과'에 들어갔다. 그 아이는 거기서 최고의 활동을 하고 있다. 담임의 칭찬 한마디에 그렇게 변하기도 하는 것이다. 특히 모든 아이들이 꺼리고 교사들도 회피하는 조울증을 앓는 아이를 기필코 수도권에 있는 대학 국악과에 보낸 담임의 이야기는 감동적이나 생략하기로 한다. 모두가 포기한 아이에게 관심을 기울여 그 아이의 삶을 뒤바꾸기도 하는 것이다. 이런 담임의 사례는 사실상 많고도 많다.

긍정적으로 생각해 본다면 담임은 축복의 자리다. 내가 맡은 30여 명의 아이들과 함께 작은 공동체를 만들고 자기 세계를 구현해 볼 수 있는 것이다. 학급은 누구도 관여할 수 없는 담임만의 영역이다. 물론 아이들과 공존의 영역을 만들지 못할 때 그것은 지옥이 될 수도 있다. 아이들은 담임이 지휘자 혹은 감독의 역할을 포기하면 각자 저마다의 세계로 뿔뿔이 흩어져 돌아가 버린다. 30여 명의 아이들이 저마다 잘났다고 뻐기고 있으면 학급이 어찌 되겠는가. 담임은 아이들의 관리자이기에 앞서 아이들과 함께 떠난 여행자이다. 그들과 여정을 짜고 숙소를 정하고 맛있는 음식을 고를 때 그야말로 동지가 된다. 그런 가운데 이상한 리더가 나타나 갑자기 엉뚱한 길로 가자고 하는 것만 아니라면 아이들은 담임에게 거부감을 갖지 않는다.

전제 1. 아이들과 함께 급훈 만들기

우리 반은 (   ) 학급이다!
서로 (   ) 하자

이것을 급훈으로 걸어 회의를 시켜보자. 처음부터 모두 맡기면 시간만 낭비하니까 틀을 주면 괄호를 메우는 것만으로 급훈을 만들 수 있는 것이다. 아이들이 앞의 괄호 안에 '행복한, 재미있는,

활기찬' 등 형용사를 넣을 것이다. 아무래도 긍정적인 내용을 넣을 것이고, 그것은 학급의 1년간 지향점이 된다. 어떤 아이는 '내가 만든', '함께 가는', 혹은 '잠자지 않는' 등의 내용을 적기도 할 것이다. 한편 뒤의 괄호 안에는 '행복', '사랑', '신나게 공부', '10년 후에 성공' 등의 단어를 넣게 되고, 그것만으로도 훌륭한 학급의 목표가 생긴다. 물론 꼭 이와 같이 하자는 말은 아니고, 담임이 좋아하는 경구 중에서 한 부분을 비워둔 채 아이들이 채워 넣게 하면 좋은 급훈이 만들어질 수 있다는 것이다.

아무러면 어떤가. 괄호 안의 자유를 즐기고, 마음껏 토론하며 서로의 마음까지 들여다본 뒤, 그중에서 하나를 거수로 결정하자. 이때부터 학급이란 공동체의 스토리텔링은 시작된다. 내가 만들었다는 것, 친구들과 토론하고 깔깔거리며 자기 반의 이념을 정했다는 것은 반쯤 학급 자치를 이뤄낸 것이라고 말할 수 있다. 그리고 그때부터 학급의 규칙을 정하자.

학급에서 금지할 것, 허용되는 것을 8개씩 정하게 한다. 물론 담임의 소신을 미리 밝히고, 다양한 예시문을 제공하면 아이들은 거기에 맞춰 결정할 것이다. 너무 무리한 공약을 내걸면 현실감이 없어지니까, '1박2일 학급 여행을 가자', '핸드폰만을 철저히 걷자', '파티를 하고 공연을 열자'로 정하면 그게 현실감 있게 받아들여진다. '학급문집을 만들자', '모두가 대학 가자' 등의 공약을 내걸 수도 있다. 그것만으로도 아이들은 담임을 받아들이고 학급의 규칙을 만들기 시작할 것이다. 8조 벌금(벌점 5점)으로 '지각 금지', '핸드폰 사용 금지', '흡연 금지', '도망 금지', '욕설 금지', '왕따 금지', '거짓말 금지', '수업 중 수면 금지' 등을 정하고, 8조 선행으로 학급에 헌신하고, 타자를 이해하고, 친구의 발표를 돕고, 서로 칭찬하고, 자습을 잘하고, 할 일을 찾고, 새로운 아이디어를 내놓고, 밝은 분위기를 만드는 아이에게 상점을 주면 아이들은 좀 더 능동적으로 활동하게 된다. 이런 것들을 통해 학급 정체성이 만들어지고 학급에는 행복 바이러스가 퍼진다. 아무리 힘든 상황에서도 '서로 돕는 공동체'가 만들어지는 것이다.

전제 2. 학급 직함을 만들고 각 담당에게 '부장'이라고 부르기

- 공감(기분 풀어주기) 담당
- '오늘의 목표(각오)' 담당
- 진학 정보 소개 담당
- 수행평가 도우미 담당
- 학급 개선 아이디어 담당
- 카톡 전달 담당
- 개인 실록 담당
- 학급 문집 담당
- 칭찬 찾아주기 담당
- 공연, 전시 기획 담당
- 잠자는 아이 간지럼 태우기 담당
- 수업 시작 전 착석 종용 담당
- 멘토링 담당

- 발표 도와주기 담당
- 교내상 받게 만들기 담당

그밖에도 출석부 관리, 분리수거, 선풍기 관리, 창틀과 사물함 청소 담당을 두었고, 정보도우미, 유인물 정리, 우산 관리, 생활 부반장 등의 직책도 만들었다. 또한 자신이 학급에 필요한 담당을 맡고 싶으면 직접 직함을 만들어도 되었다. 그렇게 해서 앞의 목록을 제시하면 하루 정도 지나 모든 아이들이 자기 직책을 하나씩 갖게 된다. 어떤 부장은 반장보다 인기가 좋았다. 아이들은 자신이 맡은 일을 일지에 기록해 제출하고, 담임은 그것을 학생부에 기록해 준다.

이런 일들에 익숙해지면 아이들은 흥에 겨워 책임감을 다했다. 그러면서 교실이 살아나고, 자는 아이들도 줄어들었다. 실상 담임이 어렵다 해도 담임을 맡지 않으면 소속감이 없어지고 학교에서 배제된다는 느낌까지 든다. 그러니 담임을 하게 될 때 재미있게 해보자는 것이다. 기왕 하게 될 때 창의적으로 학급운영을 해보고, 아이들이 주체가 되도록 많은 장치를 만들 때 교실에는 활기가 넘친다. 이런 일들이 아이를 놀랍게 변화시키며 타율적인 속성에서 벗어나 자기주도적인 인재로 성장할 수 있게 만든다.

4. 뒤처진 아이들을 위한 맞춤형 수업

일반고에는 학력이 부진한 아이들이 많다. 서울 외곽 지역 일반고 학급에서 남학생 학급 반 가까운 아이들의 영어와 수학 성적은 초등학교 고학년 수준에도 미치지 못한다. 그런 아이들에게 미적분을 가르치니 그들이 알아들을 수 있을까. 그것은 불가능하다. 그러다 보니 수업 시간이나 시험 시간에 그들이 할 일이 없다. 간신히 이름이나 써 놓고 잠잘 뿐. 그렇다면 어찌해야 하는가.

학교마다 학습부진아나 부적응아들을 위한 프로그램이 있다. 수준별 방과 후 수업을 진행하거나, 도서관에서 프로그램을 진행할 수도 있다. 인헌고에서는 자유교양과정이라는 교육과정을 통해 국영수는 오전에 기본 시간만 행하고 오후에 예체능 시간을 대폭 늘렸다. 그들에게 연극이나 뮤지컬을 만들어 보게 하고, 공연이나 전시회에 데리고 다니고, 특색 사업으로 암벽 타기 등의 활동을 시켰다. 이들이 학교에 와서 잠자지 않고 무언가 행하기만 한다면 그것만으로도 큰 의미가 있을 것이라고 생각했기 때문이다. 그들에게 학교가 기댈 만한 곳이라면 그들도 학교를 믿고 따르며 건실한 미래 계획을 세울 것이다. 그런데 그대로 방치한다면 문제아와 낙오자의 굴레를 벗어나기 어렵다. 특히 무기력에서 벗어나지 못한다면 앞으로 정상적인 삶의 기쁨을 누리지 못할지도 모른다.

사춘기 아이들은 누구나 방황한다. 그 나이의 특성상 게임에 빠지고 이성에 빠지고 불안에 빠진다. 특히 남자 아이들은 좋은 가정에서 성장해도 통과의례로 사춘기의 질풍노도에서 빠져나오지 못하는 경우가 많다. 게임에 빠진 아이들은 도깨비처럼 밤을 지새우고 학교에 와서는 잠을 잔다. 가상현실에서는 현실의 억압에서 벗어나 꿈꾸고, 싸우고, 극복하지만 학교 현실로 돌아와서는 무기력하게 고꾸라진다. '매트릭스 세대'라고 할까. 황홀한 가상현실에서 나오면 진짜 현실은 지옥이다. 이 아이들이 현실에 발을 디뎌야 대학에도 들어가고 사회생활도 할 수 있으련만 그들은 좀처럼 상자 밖으로 나오지 못한다. 그들을 어떻게 구해야 하는가. 여기서는 그런 문제를 다루기로 한다.

현실이 가상현실보다 즐겁기만 하다면 아무런 문제가 없다. 어떤 아이는 축구가 좋고, 어떤 아이는 만화 그리는 것이 즐겁고, 어떤 아이는 무대에서 멋진 춤을 추는 것이 즐겁다. 책을 읽기 좋아하는 아이는 수업 중 토론하고 사회 현실을 비판하고 자기 목소리를 내는 일이 즐겁다. 누구나 어딘가에 빠진다. 그런데 처음부터 잘하는 것이 아니라 한두 차례 도움을 받고 격려를 받고 보면 곧잘 해내는 것이 이 나이의 특성이다. 쉽게 배우고 놀랍게 성장하는 것이 이 나이의 특성이다. 기타를 잘 치는 아이가 점심시간에 등나무 아래서 아이들과 모여 기타를 치며 함께 노래 부른다면 그것만으로도 그 아이는 학교 나올 이유가 생긴다. 그런데 그런 아이들이 매시간 고꾸라져 잠을 잔다. 뭔가 하고 싶어도 해보지도 못한 채 잠만 자는 것이다. 그리고 학교는 이 아이를 문제아 취급한다.

그런 아이들의 특성을 고려해 맞춤형 수업을 고안해 낸다면, 같은 교과서를 가르치더라도 아이들을 흥미롭게 수업에 참여시킬 수 있다. 첼로 연주로 기악과에 진학하려는 아이에게 이육사의 〈광야〉라는 시에 맞는 음악을 찾아보라고 권했다. 그 아이는 바흐의 무반주 첼로 연주곡 〈제2번 BWV 1008 d단조 사라방드〉를 찾아와 연주하며, 그 곡과 시의 분위기를 연결시켜 설명했다. 그 곡에는 비애와 저항의 느낌이 담겼으며 귀족적 기품으로 자기 의지를 지켜내려고 안간힘 쓰는 지점이 있는데, 그것이 이육사의 시와 닮았다는 것이다. 아이들은 시와 첼로를 동시에 감상하는 행운을 누리며 박수를 쳤다. 소설 단원을 가르칠 때에는 한 아이가 이상의 〈날개〉라는 소설에 맞는다며 라벨의 〈볼레로〉를 찾아왔고, 미대 진학을 꿈꾸는 아이는 피카소의 큐비즘 작품 〈우는 여인〉을 찾아와 〈날개〉와 관련시켜 설명했다. 그들은 왜 그것을 골랐는지, 〈날개〉와 어떤 관련이 있는지 설명했는데, 그것의 적절성이 다소 미흡하기는 했어도, 아이들이 주도하는 수업에서 최초로 자기 해석이라는 것을 해보았다는 사실만으로도 그것은 놀라웠다. 어쩌면 이런 수업에 주역이 된 아이는 음악이나 미술을 전공으로 삼더라도 다시 잠자는 일이 없을지 모른다.

아이들이 수업에 따라오지 않을 때 교사는 몇 배 더 힘이 든다. 그런 아이들을 억지로 끌고 가는 것은 불가능하다. 그러니 아이들 상태를 보아가며 다채로운 수업을 진행할 때 아이들도 곧잘 따라온다. 어느 때에는 가르치는 것보다 아이들을 멘토-멘티 관계로 묶어 주는 편이 더 나을 수도 있다. 올림픽에서 금메달 따는 아이라고 할지라도 교실에 들어오면 장난치고 잠만 잘 수도 있다. 아는 것이 없고 재미가 없으면 누구나 그렇게 된다. 그러니 그들에게 지금 당장 결과를 보려고 하기보다 그 상황에 맞는 최선의 교육을 찾아야 한다. 우리의 교육과정은 그런 방식으로 융통성을 지녀야 한다. 그렇지 못할 때 아이들은 모두 '쓰러진다'.

사실상 아이들은 단순하다. 겉으로는 배우기 싫어하는 것 같아도 배움을 얻으면 행복해하는 것이 아이들이다. 실제로 배움 없이 이루어지는 일이 어디 있는가. 그게 누구라도 수준 높은 것을 배울 때 신바람이 난다. 새로운 질서, 또 다른 영역으로 들어설 때 아이들은 희열을 느낀다. 그런데 그것은 배움 없이는 불가능한 것이라서 처음에는 귀 기울이지 않던 아이도 관심이 생기면 빨려 들어온다. 잠만 자는 아이라고 할지라도, 뭔가 제시하고 이끌어주면 눈을 뜬다. 그런 아이 중 한 명의 손을 잡고 학교 산책길을 걸으면서 네가 얼마나 좋은 인상을 가졌으며 성격 좋고 생활력 좋은지 알아야 하며, 무슨 일을 하든지 잘할 수 있는 아이라고 말하자 그 아이는 깜짝 놀랐다. 별로 믿는 눈치가 아니었다. 하지만 지속적으로 그런 시간을 갖자 그 뒤로 아이는 수업 시간에 잠을 자지 않았고 자신이 선택한 지방대를 갔다. 졸업 후 알바 해서 번 돈으로 밥을 사겠다고 찾아와 즐겁게 이야기를 나눴는데, 서로 한 번씩 밥을 사면서, 우리는 그 뒤로도 자주 이야기를 나눌 기회를 가졌다.

나는 종종 회의 시간에 엉뚱한 주제를 내놓았다.

- 학급에서 사회로 나가는 통로가 막혔다. 우리가 어떻게 해야
그것을 뚫을 수 있을까?
- 학급이라는 우주선에 고장 신호가 켜졌다. 무엇부터 고쳐야
하는가?

처음에는 장난치던 아이들도 무언가 암시한다는 것을 안 뒤로
는 제법 진지하게 토론에 임했다. 그것은 자신들의 문제였다. 담
임이 저희에게 어떤 메시지를 주려고 하는지 알아야 했고, 또 정
신 차리지 못한 아이들이 무엇을 해야 하는지 생각하게 만들었다.
그리고 그 뒤로 이런 분석을 해본 아이는 자신이 학급에서 무엇을
해야 하는지 찾아내게 되었다. 그것도 팀별로 해결책을 내놓게 만
든다면 별별 아이디어가 다 나온다. 이러면서 공동체 의식을 갖게
되고 자기 학급을 좋아하기 시작한다.

팀을 짤 때에는 반드시 의욕적인 아이와 소심한 아이, 공부 잘
하는 아이와 못하는 아이가 한 팀에 섞이게 한다. 4인 1조는 발표
를 위해 함께 준비하는 팀이지만, 때로는 멘토링 관계로 바뀌기도
한다. 배움이란 교사에게만 얻는 것이 아니라 친구들과 지내는 과
정에서 많이 얻는다. 교과 내용도 친구에게 배우면 훨씬 더 효과
적일 때도 많다. 워낙 뒤처진 아이를 교사가 일일이 돌봐주지 못
한다면 잘하는 아이가 더 친절하게 가르쳐줄 수도 있는 것이다.
어찌 아는가, 그로 인해 그들의 인생이 바뀌게 될지. 누구나 학교
에 나오면 무언가 배우고 싶어 한다. 단지 알아듣지 못하고 소외

될 뿐이다. 그런데 팀원의 도움으로 뭔가 한마디라도 발표하고, 그것을 인정받게 된다면 그의 뿌듯한 기분이란 이루 말로 표현할 수 없다. 그 이후로 아이는 뭔가 새로운 일을 찾아보게 된다. 이때 만 잘 받쳐주면 그는 안정적으로 시작할 수 있다.

부적응아들 모두에게 '마을의 달인 찾기 대회'에 참여시켜 동네 중국집, 세탁소, 만두집, 당구장 주인 등을 인터뷰해 오게 했다. A4 용지 다섯 장으로 만들되, 함께 사진을 찍고, 그분들이 하는 일에 대해 소개하고, 성공과 실패의 경험에 대해 묻고, 소년기를 어떻게 보냈는지 반드시 질문하게 했다. 멘토의 도움을 받아 아이들은 사진이 들어간 보고서를 최초로 만들었는데, 동네 주민과의 인터뷰에서 청소년 시절 방황 극복기를 듣고는 크게 감동을 받아 눈물을 흘린 아이도 있었다. 실제로 이 대회를 통해 금상을 받은 아이의 학교생활은 완전히 바뀌었다. 그 아이는 인도에 가서 치킨집을 열겠다고 다짐하며 외국어 공부와 마케팅 능력을 기르기 위해 노력했다. 지방대 경영학과에 들어가서도 패기 넘치게 공부하고 있고, 실제로 군대를 다녀온 뒤에 인도 대학에 유학 갈 생각이다. 할 일과 목표가 생긴 아이는 행복하다.

아이가 학교에서 바른 생각을 배우고 좋은 습성을 들인 것만으로도 성공했다고 할 수 있다. 세계를 알아가면서 자신이 해야 할 일을 찾고 평생 가는 좋은 친구를 만났다면 그 얼마나 행복한 일인가. 그 나이에 삶과 꿈을 공유하고 세계의 비밀에 대해 대화를 나누면 그 친구와의 우정은 평생 간다. 고등학교의 시간은 한 번

가면 다시 돌아오지 않는다. 한 번 놓치면 영원히 사라져버릴 그 시간을 붙잡으려는 노력이 필요하다. 그 시간에 대한 보상은 꼭 대학 합격으로만 이루어지는 것이 아니라 자신이 해야 할 일을 찾고, 무언가에 최선의 노력을 기울여 보는 것이다. 무기력에 빠진 아이들을 일으켜 세울 대책은 그래서 정말로 필요한 일이다.

> 학교는 변하지 않고 있다. (……) 아이들을 가르치려고만 하지 경험하도록 기회를 주지 않는다. 학교는 지원하려 하지 않고 언제나 아이들에게 완성된 정답만 요구한다. 아이들에게 경쟁심만 조장할 뿐, 공동의 목표의식으로 협동해서 뭔가를 함께 이루어내도록 하지 않는다. 이런 학교의 시스템에서 가장 나쁜 요소는 그런 수업에 따라가지 못하는 학생들에 대한 처우다. 이른바 낙오자들에 대한 혜택은 거의 없다.[24]

사는 게 별거 아니다. 좋아서 하는 일 하나 있다면 세상 살아가는 일이 두렵지 않다. 그래서 아이의 재능 하나를 찾아 주는 게 중요한 것이다. 자신의 적성을 찾아내고, 하고 싶은 일을 하는 아이는 무기력에 빠지지 않는다. 누구나 취직 잘 되고, 돈 잘 버는 학과에 갈 필요는 없다. 훗날 끝까지 살아남는 사람은 자기가 좋아서 일하는 사람이다. 큰 재능은 없더라도 글쓰기가 흥미로운 아이에게는 계속해서 글 쓰는 기회를 주고, 어떤 아이는 역도 선수로

---

24. 페에 치쉬, 《교실 혁명》, 이동용 옮김, 리좀, 2005, 37-38쪽.

크면 좋겠는 걸, 넌 스켈레톤을 하기에 최적의 몸을 가졌어, 네 목소리는 신이 준 선물이야, 하는 칭찬 한마디로 그 아이의 인생을 바꿀 수도 있다. 한 아이는 드라마 작가가 되고, 다른 아이는 올림픽 스타가 되며, 다른 한 아이는 오페라 가수가 된다. 성적이 뒤떨어지면 어떤가. 누군가 능력을 인정해 주면 그때부터 그 아이에게 놀라운 인생이 펼쳐지는 걸.

문제아들도 정신 차리면 열심히 산다. 그게 누구라도 간절히 원하는 일이 있으면 이루어진다. 하고 싶은 일이 생긴 아이는 의문나는 사항을 친구에게 물어보고, 비슷한 일을 하는 사람을 찾아가 질문하고, 스스로 무엇을 어떻게 준비해야 하는지 연구하고, 그러다가 어떤 다른 사람이 그것의 문제점을 지적하면 고맙게 받아들인다. 다소 화가 나고 힘들 수도 있지만, 서로 양보하며 합의에 이르고, 나아가 더 큰 것을 이뤄내기도 한다. 문제아란 한때 문제아지 평생 문제아인 것도 아니다.

5. 학급 공동체 브랜드: 자치활동의 생활화

학급은 가장 '작은 사회'이다. 실제로 아이가 생활하는 최소 단위이며 사회와 연결된 고리를 찾는 곳이다. 아이들은 또래와 함께 놀며 사귀고 배운다. 그런데 학교에서 아이들은 사회보다 더 지독한 적자생존에 시달릴 뿐 사회와 연결된 통로를 뚫지는 못한다. 그렇다면 학급에서라도 위안을 받아야 하는데, 거기서도 아이들은 지치고 시달릴 뿐이다. 교실 민주화가 이루어지지 않은 곳에서 노상 볼 수 있는 일이다. 한 학기마다 반장 선거를 하는데 반장이 제 역할을 하는 경우를 찾아보기 힘들다. 어떤 아이는 자신이 왜 뽑혔는지 이해하지 못한다. 그 아이는 교실이 난장판이 되어도 자기 할 일만 한다. 어쩌면 그것은 아이들이 그리 될 줄 알고서도 저희를 간섭하지 않을 반장을 뽑은 것일지 모른다. 악화가 양화를 구축한다. 다시 말해 그럴 정도로 아이들은 학급을 망칠 준비가 되어 있다. 특히 담임이 마음에 들지 않고 학급 자치가 불가능하다고 여겨졌을 때 그런 현상을 벌인다.

자신이 처한 환경에서 민주화를 실험하지 못하는 아이들은 불행하다. 반장 주도하에 학급 회의를 열고 학급을 자치적으로 운영해 보지 못한다면, 언제 자신의 공동체를 만들어 보겠는가. 대부분의 일반고에서는 학생회가 유명무실하다. 선거를 통해 그들을 뽑지만 회장단이 학교 일에 관여하는 것은 축제 기간에 사회를 보거나 질서 유지를 하는 것 정도가 전부다. 그들이 모여 교칙을 손보거나 상벌점제를 보강하고 아이들의 의견을 수렴해 본 적이 있는가. 그런 학교는 거의 없다. 그저 교사들이 끌고 가는 대로 끌려가는 것이다. 그것도 다 입시 때문이라는데, 사실은 입시를 핑계로 아이들의 날개를 꺾고 있는 것이다.

독일에서는 학교에서 토론이 사라진 뒤 파시즘이 등장했다는 견해가 있다. 우리도 권위주의 정권 시절에는 토론이 운동권 학생을 만드는 지름길이라고 판단해 의도적으로 학생회 선출 방법을 간접 선거로 바꾸고 아이들이 의견을 내는 일을 원천적으로 차단했다. 독일은 토론 없이 주입식으로 가르친 결과 히틀러의 유겐트(나치스 독일의 청소년 조직)가 탄생했다고 결론짓고 요즘에는 어떤 정치적 사안도 끝장 토론을 거쳐 아이들 스스로 판단 내리게 만든다. 아이들이 시민의식을 가져야 사회의 구조를 파악하고 비판 의식을 통해 사회를 올바로 이끌어갈 수 있다. 헌데 학교에서 아이들이 그런 시간을 가지고 있는가? 적어도 남북 화해 시대에는 '남북 철도 개통이 우리에게 미치는 영향'에 대해 토론해 보아야 하지 않을까.

　교육 실패는 교실 붕괴 현상으로 나타난다. 교실에서 교권 모독이 발생하고, 교사가 야단을 치면 교실 문을 걸어차고 나가버리는 아이들이 생겨난다. 아이들이 자치적으로 그것에 대해 회의를 하면 어떤 결론을 낼까. 물론 교사의 문제점에 대해 성토하는 아이들도 있겠지만, 전체적으로 교권 모독을 질타하고 엄격한 규칙을 정해야 한다고 말할 것이다. 인헌고에서 오픈스페이스를 열어 전교생에게 8조 법금을 만들게 했을 때 아이들이 교사들보다 더 엄격한 규칙을 정했다. 아이들도 교칙에 따라 잘못을 범한 아이에게 벌점을 주고 그에 따라 처벌하기를 바랐다. 그런데 문제아들도 아이들이 만든 규칙에 수긍했다. 누구나 질서를 유지하고 제 꼴을 갖춘 학교를 만들고 싶은 것이다. 오히려 학교가 학생 인원수를 확보하고자 그런지 잘못을 범한 아이들에게 관대한 경우가 많았다. 또한 교사 평가에 눈치를 보는 교사들은 처벌 주는 것을 주저

한다. 그런 무책임한 태도가 교실 붕괴를 일으킨다.

학급이란 사회와 연결되는 통로로서 자기 가치관을 만드는 곳이라서, 친구들을 그저 놀이의 대상으로만 여길 것이 아니라 함께 공동체를 만드는 주체로 받아들이고, 역할 분담을 통해 대의를 이뤄나가야 한다. 영화 〈배틀로얄〉처럼 아이들의 경쟁을 부추겨 모두를 죽이고 혼자만 살아남아서야 되겠는가. 아무리 적자생존의 시대라고 하지만, 신분과 부를 상속받은 자가 편법을 저지르고 갑질하는 세상에서, 적어도 그것이 잘못되었다는 것을 알게 하는 교육이 이루어져야 한다.

마음먹기에 따라 얼마든지 학교를 바꾸고 학급을 변화시킬 수 있다. 그럴 때 학급을 유토피아로 만들 수 있다. 30명 정도의 에고(ego)들이 모여 사회적 자아로 성장해 가는 곳. 그곳에서 아이들이 서로 돕고 대화를 통해 일을 해결해 나가면 얼마든지 이상적인 공동체가 될 수 있다는 말이다.

학급 브랜드 프로젝트는 여기서부터 시작된다. 3월 2일 반 아이들과 처음 만나는 날, 아이들에게 '만들고 싶은 학급' 기획안을 써내도록 하자. 학급 자치의 시작이다. 첫날부터 학급 일은 모두 학급에서 결정한다는 것을 보여주는 것이다.

- 자신이 생각하는 '최악의 학급/ 최고의 학급'을 말해 보라.
- 내(우리)가 학급에서 해보고 싶은 일이 무엇인가?
- 학급에서 소외된 자를 어떻게 중심으로 만들 것인가?

아이들이 단합해 좋은 학급을 만들려고 노력하는 것은 교과에 들어오는 선생님 정도나 알 수 있다. 하지만 담임과 아이들의 만족도는 그것과 상관없이 높다. 그런 장치를 몇 가지만 들어보자. 첫째 조별 스터디(멘토링) 그룹을 만들어 활용한다. 둘째 아이들과 '작은 음악회', 학부모와 '학급 학부모 파티'을 연다. 셋째 학부모 면담에는 반드시 '아이-학부모-담임' 3자가 만난다. 그래야 오해 없이, 낭비 없이, 서로 팀워크를 이루기 쉽다.

'작은 음악회'는 1학기 기말고사 직후 아이들의 음악적, 예능적 재능을 발표하는 시간인데, 조별 장기 자랑 같은 것도 집어넣어 흥미롭게 만들고, 그 내용을 동영상으로 찍어 학부모와도 공유했다. 작은 음악회가 끝난 뒤 우리는 삼겹살 파티를 했다. 요리하는 영현이는 모든 일을 주도하며 아이들을 돕고 설거지까지 마무리했다. 그가 직접 만든 과일 제리포는 대인기였다. 그는 홍콩과 한국의 요리 대회에서 큰 상을 받을 정도로 대단한 실력을 가졌는데 1, 2학년 때 출결이 좋지 않아 원하는 대학에 가지는 못했다. 그래도 그는 고교 생활을 즐겁게 보낸 것을 만족스러워 했고, 고3이 되어서는 모든 것을 긍정적으로 받아들였다.

학급 문집을 만들 때에는 아이들 글쓰기 묶음이 아니라, 공동체를 만들다가 생겨난 에피소드를 적고, 아이들과의 관계 속에서 발생한 우리 학급만의 특성을 찾게 했다. 모든 것은 학급과 관련된 이야기이되, 학급에서 맡은 자신의 역할, 팀별 멘토링과 발표, 답사와 공연 체험 등을 적게 만들었다.

그런 가운데 우리만의 학급 브랜드가 만들어졌다. 아이들은 각각 자기 역할을 적어나가고, 반성했고, 다른 반에서 하지 않는 것들을 찾아내 기록했다. 언제나 그렇듯이 활동을 조금 더 한다고 해서 아이들이 입시에서 손해를 보거나 내신 성적이 나빠지는 일은 없었다. 오히려 아이들 대부분이 잠자지 않고 그룹별로 활동함으로써 다른 반보다 성적이 좋은 것은 물론 전체적으로 대학 진학 성적도 좋았다. 특별히 공부를 잘한 것이 아니라 자신에게 맞는 적절한 대학을 잘 찾아간 것이다. 모든 것이 한꺼번에 좋아지지는 않지만 열심히 노력한 만큼 아이들은 가고 싶어 하는 대학에 들어갔다. 몇 명 아이들은 재수를 하고 있지만 더 좋은 성과를 거두리라고 생각한다.

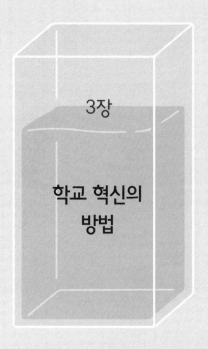

3장

학교 혁신의
방법

1. 입시 전략: 수능과 학종

2018년 강원도 철원군 중부전선 최북단에 위치한 김화고등학교는 학종을 잘 준비해 졸업생 81명 중에서 서울대와 경희대(의대) 등 서울 소재 대학교에 21명을 합격시켰다고 한다. 그것은 학교와 교사의 맞춤형 지도가 있었기 때문에 가능한 일이었다. 교사들은 학생들의 다채로운 활동을 관찰하면서 학생 개인별로 '학생수행실록'을 기록하는 맞춤형 지도를 했는데 그것이 효과를 보인 것이다. 원성용 교장은 "공정성 결여 등 학종에 결점이 있는 게 사실이지만 잘 활용하면 시골 아이들이 공교육만으로 입시에 성공할 수 있는 '복음' 같은 제도가 될 수 있다"며 "과거에는 학생의 대학 합격, 불합격이 시험 당일 수성사인펜 끝에 달려 있었지만 이제는 교사 손끝에 달려 있다"고 말했다. 이런 사례는 학교 차원에서 노력하면 지역적 조건을 극복하고 대학에 좋은 평가를 받을 수 있다는 것을 증명한다. 포성이 들리는 휴전선 인근 학교였지만 다함께 노력해 '전국 고교평가 강원 1위'에 오르고 아이들에게 희망을 주게 된 것이다.

김화고의 모든 담임과 교과 교사는 '학생수행실록'이라는 작은 수첩을 들고 다니며 전교생 개개인의 일거수일투족을 1년 내내 관찰하여 기록하고 평가한다. 그런 뒤 학생부 창체와 세특에 그것을 기록해 준다. 원성용 교장은 "조선시대 사관이 실록을 쓰

는 마음으로 학생들을 관찰하고 사실 그대로 기록해 '논픽션 학
생부'를 만드는 건 교사의 책무"라고 말했다.[25]

진학의 성과는 교사들의 헌신적인 뒷받침이 있어야 가능하다.
김화고는 기숙형 학교의 이점을 살려 아이들이 방과 후에 자율 동
아리 '고전의 향기'(고전문학 심화 학습), '매스홀릭'(수학 토론),
'Superb'(영어 원서 학습) 등에 3개 이상 가입하도록 하고, 학부모
와의 소통을 위해 야간에 '김화외국어사랑방'이라는 학부모 방과
후 교육을 실시하기도 했다. 외국어 교사가 학부모들에게 영어,
중국어 등 외국어를 평생교육과정으로 가르치자 교사와 학부모의
관계는 더 가까워졌고, 자연스럽게 학부모도 학교의 가족이 되어
함께 입시에 대해 연구하는 분위기가 만들어진 것이다. 그뿐만 아
니라 교사, 학부모, 학생이 '이달의 책'을 공유하고 함께 어우러져
책을 읽는 프로그램도 시도했다고 한다.

어느 학교든 진학 대책이 필요하다. 일반고를 살리자면 진학전
략팀을 짜고 다양한 프로그램을 개발해야 한다. 김화고의 사례처
럼 다양한 활동을 시키고 그것을 관찰해 학생부에 꾸준히 기록해
주는 것만으로도 성과가 나타난다.

어떤 학교에 비교과 교내상이 하나도 없다면 그곳은 입시 준비가
전혀 되어 있지 않은 학교라고 말할 수 있다. 교내상을 통해 아이들

---

25. 노지원, 〈역사 기록하듯 쓴 학생수행실록, 시골학교 기적의 비밀〉, 《동아일보》, 2017. 1. 3.

이 활동하고, 자신의 진로를 정하고, 더 열심히 공부하게 된다. 그렇기 때문에 교사들이 각 대학의 입시에 대해 연구하고, 그것을 공유하면서 아이들에게 준비시켜야 한다. 특히 창의체험부, 인문사회부, 과학부에서 진로, 토론, 실험과 관련된 다양한 교내상을 마련하고, 각 학년부에서는 자기주도학습일지, 멘토링일지, 봉사활동수기, 진로포트폴리오, 롤모델노트 등에 대해 대학에 증빙 자료를 제출해야 한다면 필요한 교내상을 준비해야 할 것이다. 이런 활동들이 학생부에 기록되고, 자기소개서를 쓰게 될 때 위력을 드러낸다. 또한 그것은 대학이 선호하는 인재상을 만드는 일이기도 하다.

교사에게 입시란 '어둠 속 길 더듬기'이다. 한 치 앞을 알 수 없는 어둠 속에서 문고리를 찾아내는 일이다. 그만큼 교사들은 고3 담임에 매력을 느끼면서도 어려워한다. 공교육의 마지막 관문인 고3에서 아이들의 운명을 쥐고 있기 때문이다. 내가 잘하면 더 나은 기회를 줄 수 있는데, 정말 나는 잘할 수 있을까. 담임이 이런 고민을 하는 것도 인지상정이다. 그러나 어차피 할 것이라서 과감히 입시 전문가에 도전하는 교사도 있고, 그것을 회피하며 1, 2학년만 맴도는 교사도 있다. 예전에는 정시 위주로 아이들을 준비시켜 문제 풀이와 자습에 강점을 두고 전년도 합격 점수 등의 데이터만을 가지고 있어도 입시 지도를 할 수 있었다.

그러나 학종이나 논술 전형은 전혀 별개의 진학 지도를 교사에게 요구한다. 고등학교에서 입시 전문가가 되는 것은 정시뿐만 아니라 학종이나 논술까지 제대로 알아야 하기에 그만큼 더 힘들다.

그래서 분업화해서 어떤 이는 정시 위주 분석가가 되고, 다른 이는 학종 전문가, 또 다른 이는 논술 전담 연구자가 되기도 한다. 그들이 토론하고 서로 힘을 합해 정보를 나눌 때 그 고등학교는 좋은 결과를 얻게 된다.

학종은 아이들을 수능만으로 대학에 보낼 때보다 교사에게 더 많은 것들을 요구한다. 활동을 준비시키고 관찰하며 기록하는 일은 교사에게 많은 에너지를 요구한다. 그래서 그것을 외면하다 보면 입시와 멀어진다. 3학년을 지도하지 않은 교사는 입시에 필요한 것들이 무엇인지 잘 모른다. 헌데 막상 3학년 때부터 시작하려고 하면 학종 준비는 너무 늦다. 그것은 1, 2학년 때부터 준비해 3학년 때 완성해야만 하는 것이다. 그것은 교사, 아이, 부모 간의 팀워크가 중요하고 제대로 알아야 준비가 가능하다. 1학년 때 학원만 다니면서 출결, 봉사 활동, 학교 활동 등을 도외시한 아이들은 아무리 내신 성적이 좋더라도 학종의 기회가 오지 않는다. 하지만 1학년 때 내신 성적이 4, 5등급이던 아이라고 할지라도 적극적으로 학교 활동을 하면서 꾸준히 성적을 향상시켰다면 오히려 공부 잘하는 아이보다 가능성이 높아진다. 더욱이 그런 아이들의 내신 성적은 꾸준히 올라간다. 그것은 학교 활동을 하면서 깨달은 것들을 학습으로 전이시켰기 때문에 발생한 현상이다.

강남의 일반고나 자사고들은 아예 정시 위주로 진학 준비를 한다. 그것은 일면 타당하다. 모의고사 성적이 좋은 아이들이 내신 성적이 나쁘다면 학종 준비를 시켜도 별로 기대할 게 없는 것이다. 그렇다고 20% 안팎으로 줄어든 정시에만 목매달게 만드는 것도 정상적이라는 생각이 들지는 않는다.[26] 한편 어떤 아이가 학종을 목표로 열심히 활동하는데 담임이나 교과 교사들이 그에게 관심을 갖지 않고 활동한 내역을 적어주지 않는다면 그 아이에게는 억울한 일이다. 상위권 학생 중심으로 학생부 기록을 해주는 것은 학교가 아무런 활동도 하지 않는다는 고백이 될 따름이고 이것을 눈치챈 입학사정관도 그 학교를 외면한다.

학종 준비는 학교를 살아있게 만든다. 학종을 지원하는 아이들은 담임과 교과 담당 교사들과 좋은 관계를 지니면서 많은 활동을 해야 한다. 그런데 자신이 행한 일을 기록해 달라고 요청하자면 불편한 관계는 곤란하다. 그런 점이 학교 분위기를 살리는 역할을 하고, 조금만 신경 쓰면 아이들에게 예절의 중요성을 가르칠 수도 있게 된다. 학종이 교사와 아이를 좋은 관계로 만드는 것이다. 기록이란 교사에게 권한이 있는 것이지만 기록하게 만드는 것은 학생에게 주어져 있다. 저 혼자서 입시를 헤쳐 나가지 않으려면 관계 지향적으로 소통하며 더불어 살아가는 법을 배워야 한다.

진학만을 위해 교사와 친구와 협력하는 아이는 위험하다. 도구적 합리성만 길러주면 아이를 아예 망칠 수 있다. 서로 협력하고 함께 가는 것이 좋아서 가도록 해야지, 그것이 이기심을 충족시키려는 목적이라면 그것은 위선자를 만들 뿐이다. 그래서 아이들에

---

26. 2018년 문재인 정부는 정시 비율을 30% 이상으로 늘리도록 정책을 바꾸었다.

게는 예절 교육을 시키고, 활동하지 않은 것, 확인되지 않은 것을 적어달라고 할 때에는 단호히 거절해야 한다. 독서 소감문을 가져오면 반드시 읽었는지 확인하고 그것의 진위를 따져 보아야 한다. 올바르지 못한 행위를 한 아이에게 진실하지 못한 기록을 해주는 것은 범죄를 묵인하는 것과 같다. 따라서 반드시 몇 가지 질문을 해 아이의 이해 상태를 확인하고, 거기서 명확히 말하지 못하는 부분이 나오면 다시 읽어오게 해야 한다.

　학종을 준비하는 학교라면 전체 교사들에 대한 연수가 적어도 1년에 한두 차례 필요하다. 교사들은 학생부 기록이나 학종 준비에 대해서 일반적으로 잘 알지 못한다. 그저 뭔가 조금 복잡해졌다고 여기거나, 뭔가 많이 불편해졌다고 생각할 따름이다. 그럴 때 학교 차원에서 1시간 정도씩 학종과 학생부 기록에 대한 연수를 하면서 수업을 바꾸고 아이들의 활동을 관찰하는 방법을 제시해야 한다. 물론 2월 담임 배정과 업무 분장을 할 때, 혹은 3월에 새로 발령받은 교사까지 다 모인 자리에서, 학교의 중점 사업을 소개하면서 그것이 입시와 어떻게 연관되는지 설명할 필요가 있다.

　아직도 적지 않은 교사들은 학종이란 공부 잘하는 부유층 아이들에게만 필요한 전형이라고 생각한다. 그것은 그들에게 그 분야에 대한 이해가 부족하기 때문이다. 그러다 보니 1학년 때부터 적절한 지도를 못해 학종으로 가야 할 아이들을 제대로 준비시키지 못한 경우도 많다. 따라서 대학이 선발하는 인재상과 그것과 결부된 수업과 활동이 어떤 형태인지 공유해야 한다. 그래야 학교 차원에서 주입식 수업만 고수하는 교사도 수업을 바꿀 수 있다.

공교육을 살리는 일은 어렵지 않다. 자치와 동아리, 그리고 진로 활동을 살려내고, 전공 관련 서적을 스터디그룹을 통해 읽게 하고, 참여 수업을 확산시키면 된다. 그러면서 아이들을 관찰해 그들의 미덕을 찾아낼 때 학생부 기록은 돋보이게 된다. 학생부는 대학에서 아이와 고등학교를 평가하는 공적 자료이다. 그런데 생활 자치 혁신과 수업 혁신 없이 아무리 학교 활동을 과장해서 기록해 주어도 대학에서는 무엇이 문제인지 금세 눈치 챈다. 그러니 학생부에 기록을 잘해주자는 말에 마치 교권 침해라도 당한 양 호들갑떨 일은 아니다. 진정성이 없는 기록은 입학사정관이 읽고서 코웃음 칠 따름이다. 이미 오래 전에 대학은 발표와 토론, 보고서 쓰는 방식의 수업을 요구하고, 초등학교와 중학교 과정은 이미 많은 면에서 그리 변화되었는데, 정작 고등학교 과정에서 당연히 해야 할 일을 하지 않고 있는 형국이다. 결국 고등학교에서 수능 절대평가와 고교학점제가 요원해진다면 주입식, 문제 풀이식 수업은 다시 살아날 수밖에 없고, 학교 혁신은 물거품이 되고 말 것이다.

담임의 영향력은 절대적이다. 담임과 갈등하는 아이는 대학을 포기했다고 말해도 무방하다. 왜냐하면 2019년 고등학교 1학년에게 학생부 기록을 대폭 축소시켰다고 해도, 학급의 한 아이에게 학생부 기록 3000자 이상을 써줄 수 있는 권한을 지녔기 때문이다.[27] 그것은 거의 아이의 운명을 쥐고 있다고 말해도 크게 틀리지 않는 말이다. 그런데 막연히 기록할 것이 아니라 1년간 프로젝트를 진행하듯이 학급운영을 하면서 독자적으로 맞춤형 기록을 해줄 수 있다면 최대한의 성과를 보일 수도 있다.

교과 담당은 주로 한 아이당 500자를 기록해 줄 수 있는데, 수행평가와 참여 수업을 통해 아이들이 제출한 파워포인트 자료나 기록물을 보고서 다양하게 기록할 수 있다. 학종을 적극적으로 활용하면 아이들과의 관계를 복원시킨다. 교사는 열심히 따르는 아이들의 활동을 적절하게 기록해 주면 된다. 무엇보다 수업을 바꾸고 관찰하는 것이 힘들기는 하지만, 멋진 발표와 토론 수업을 성공할 때의 기쁨이란 그 무엇과 바꿀 수 없다. 계획을 세우고 자신의 역할을 다하며 아이를 잘 이끌면 더 큰 것을 얻게 된다. 한편 참여수업이란 아이들과 함께 찾아가고 배우는 것이다. 교사는 그런 수업을 통해 아이들과 가까워지고 공동 목표를 향해 함께 걸어가게 된다. 물론 시대를 모르고 입시를 모르면 이런 행위를 의욕적으로 할 수 없겠지만 그래도 아이들에게 애정을 가지면 학종형 인재를 만들 방법을 찾아낼 수 있다.

2018년 대입제도 개편 공론화위원회에서 시도한 2022학년도 대입 개편에서 시민참여단 490명이 가장 고민한 것은 공정성 문제다. 미래 입시의 방향은 학종으로 가야 하지만, 개별 학교에서

---

27. 2019년 1학년 담임이 학급 아이 한 명에게 창체에서 자율 500자, 동아리 500자, 진로 700자, 행동특성 500자, 개인별 세부능력 및 특기사항 500자(특기사항 500자 별도), 독서 500자, 담임 자신의 교과 500자, 교과별 독서 250자 등을 기록해 줄 수 있다. 2, 3학년 담임은 그것보다 훨씬 많은 학생부 기록의 재량권을 지니고 있다.

무책임하게 아무 일도 하지 않는 '나쁜 교사'로부터 벗어날 방법을 찾아 주어야 한다. 학교 잘못 가게 되면 재능 넘치는 아이가 평범한 아이로 전락하는 경우가 많은데, 그것을 막기 위해 정시를 늘리자는 것은 재능 자체를 없애자는 말과 같다.

그렇다면 정부는 입시를 가지고 왈가왈부할 일이 아니라 '운이 없는 아이'를 가르치지 않는 '나쁜 교사'를 움직이게 할 방법을 찾아야 한다. 교육과정이 수없이 바뀌어도 무엇이 바뀐 지도 모른 채 주입식 수업만 하고 있는 교사, 또 학생부 기록이 성가시다고 수능 위주 문제 풀이만 시키는 교사, 그리고 창의적 체험활동과 독서 시간에는 자습만 시키는 교사를 강제로 퇴출시키든지 뭔가 조치를 취해야 한다.

《조선일보》는 지금까지와는 다른 논조로 수능의 문제점을 지적하는 기사[28]에서, 아이들을 '문제풀이 기계'로 만드는 수능의 문제점을 지적하면서, 그것이 대학 수학 능력과는 아무런 상관이 없다고 말하고, 그런 출제 방식으로는 생각하는 힘을 키울 수 없다고 비판한다. 포스텍 김도연 총장은 사실상 "수능은 창의력을 없애는 최악의 평가다."라고 말한다. 심지어 수능 창시자인 박도순 고려대 명예교수는 "고3 때 배우는 단편적 지식은 3년 지나면 75%를 잊어버린다. 잊어버릴 것으로 시험 보는 것은 난센스다."라고 말한다. 이들은 한결같이 수능을 폐지하라고 권고한다.

---

28. 〈시험지만 16장, 긴 지문… '스피드 테스트'로 변질된 수능〉, 《조선일보》, 2018. 11. 20.

민병희 강원도 교육감은 2018년 8월10일 국가교육회의의 수능 정시 확대 권고안에 대한 성명서에서 "미래사회를 대비하는 것은 교육의 숙명이다. 대학들이 학생 선발에 수시 전형을 확대해 온 것은 정부의 간섭 때문이 아니라 초중등교육의 혁신적 변화에 발 맞춰 온 것"이라고 강조했다. 민병희 강원도 교육감은 "2015 개정 교육과정은 고등학교 1학년은 7개 공통과목을 통해 기초 소양을 함양한 후 2학년부터는 각자의 적성과 진로에 따라 원하는 선택과목을 골라 공부하게 되어 있다. 하지만 정시 확대로 개정교육과정이 혼란에 빠질 것"이라며 "초·중등 교육이 아니라 대입제도가 거꾸로 가고 있다는 사실을 명확히 밝힌다."고 피력했다. 민병희 교육감은 정시 확대와 상대평가는 주입식 교육과 고교 서열화를 초래할 수밖에 없다며 2015 개정 교육과정에 걸맞는 대입 개선안을 마련해야 한다고 말했다.[29]

2. 학생부 기록

고등학교 1학년 1학기 중간고사 시험장에 들어가면 곧바로 대학 입시 무대에 들어선 것 같다는 느낌이 든다. 그곳은 그야말로 수능 시험장 못지않다. 아이들의 긴장된 떨림과 숨소리에서 그것

---

29. 〈대입제도, "초·중등교육 혁신과 반대로 가선 안돼"〉, 《뉴스1》, 2018. 8. 10.

을 느낄 수 있다. 그들도 내신이 입시에서 얼마나 중요한 것인지 잘 안다. 자유학기제를 맛보고 스스로 자신의 삶을 개척해 본 아이들은 이젠 자신의 진로를 찾아가고 전공을 심화시켜 가리라고 생각하고 고등학교에 들어왔지만 수업과 평가가 여전히 예전 방식이라는 것을 알고는 깜짝 놀란다. 아이들은 1학년 1학기 중간고사부터 입시라는 것을 알고 올라왔는데, 정작 교사는 3년간 무엇을 준비하고 어떤 것을 놓쳐서는 안 되는지 말해주지 않는다. 중학교에서 자신의 진로를 고민해 본 아이들은 그래도 낫다. 자유학기제를 통해서 체험한 진로를 더 발전시켜 가면서 알아보면 된다. 하지만 그렇지 못한 아이들은 문과와 이과 중에서 어느 쪽을 선택할 것인지, 어느 직종에서 일하고 싶은지, 무슨 꿈을 펼쳐나갈 것인지, 이런것들을 놓고 고민한다. 다시 말해 고등학생이 된 이상 대학과 전공을 생각해야 하는데, 설혹 그것이 다음 해에 바뀔 것이라고 하더라도, 일단 어떤 전공 학과를 미리 정해 탐색해 볼 필요가 있다. 그래야 진로에 대한 밑그림을 그리고서 1학년 때부터 그것과 관련된 활동을 많이 하면서 전공 영역을 확정해 나가거나 또 다른 진로를 탐색해 볼 수도 있다.

　학종 준비는 학생부 기록 전략을 어떻게 짜느냐에 달려 있다. 진로희망사항[30]이란 직업이나 전공 분야를 미리 정해보는 일이다.

---

30. 2019년 1학년부터 '진로희망사항'을 기록하지 않는다. 하지만 이 내용을 창의적 체험활동 '진로 활동'란에 적을 수 있고, 또한 고학년이 되면서 진로가 어떻게 바뀌는지 그곳에서 보여줄 필요는 있다.

1학년 때부터 판검사나 의사를 진로희망사항으로 선택한 아이들은 나중에 곤란할 수 있다. 합격할 실력을 갖추지 못하면 능력도 되지 않는 아이가 허황된 꿈속에서 산 것으로 판단되기 때문이다. 또한 판검사는 로스쿨 이후에나 생각할 일이라서 법학과가 없는 대학에서는 지원학과 교수가 키워 보았자 곧 날아갈 '뻐꾸기 새끼'로 생각하기 쉽다. 다시 말해 그를 뽑지 않는다는 말이다. 그래서 진로희망사항에 판검사를 적어서는 안 된다. 오히려 변호사를 할 때 노동, 가정, 환경, 회계 등 다양한 분야에서 활동할 수 있는데, 그중 하나를 미리 심화시킨다고 생각하고 그 분야를 전공학과로 삼고 '법과 사회'에 대한 활동량을 늘려나가는 것이 좋다.

의사를 진로희망으로 삼고 싶더라도 그렇다. 아무리 오래전부터 진지하게 의사를 꿈꾸어왔다고 하더라도 성적이 따르지 않으면 장난치는 것으로 보인다. 전국의 모든 의대가 최상위권의 성적을 가져야 하므로 내신 3등급 정도나 모의고사 평균 2등급 정도가 되어도 들어갈 가능성이 별로 없다. 따라서 의학에 관심이 많더라도 1학년 때에는 생물학 계열이나 화학 계열에 관심을 갖다가 2학년에 이르러 바이오나 생명공학 쪽에 집중하고, 3학년이 되면 자신의 성적을 보고 법의학자나 내과 수술 집도의 등을 지원하는 쪽으로 나가야 한다. 설령 성적이 된다고 하더라도 진로희망사항을 의사가 아니라 생물학이나 화학 계열 연구원으로 둔다고 해서 피해를 볼 일은 없다. 오히려 그 편이 더 그럴 듯한 효과를 보일 수 있다.

대학 합격 여부부터 살펴보자는 말은 뽑는 사람의 마음을 읽자는 말이다. 그렇지 않은가. 먼저 현실에 발을 딛고 서야 이상을 실현할 수 있다. 그렇기 위해 사람들을 행복하게 하고, 불평등을 극복하고, 사회 정의를 실현하고, 남북통일을 준비한다고 말하는 것처럼 대의를 갖되, 그 뒤에는 취업 방법까지 말하며 준비된 모습을 보일 때 입학사정관이나 면접관이 관심을 갖는다. 무엇보다 판검사나 의사를 쓴 지원자보다 ○○연구원을 쓴 지원자가 훨씬 더 신뢰감을 준다. 왜냐하면 면접관은 대체로 대학교수이고, 그들의 세계관으로 볼 때 대학교수로서 준비가 잘 된 지원자가 가장 훌륭하게 보이는 법이다. 실제로 그런 학생이 대학에 들어와서도 가장 적응을 잘한다. 북한 문제 연구원이 국회의원이나 판검사보다 실제적이고, 준비가 잘 된 것처럼 보인다. 생물학 계열과 화학 계열, 혹은 공학 계열을 뒤섞은 연구원을 진로 희망으로 잡으면 의사보다 훨씬 실제적으로 여겨진다. 전공 탐색은 학과 개설 이유, 학과 커리큘럼, 전공으로 삼을 세부 분야, 그리고 전공 분야에 진출하기 위해 준비해야 할 것들을 알게 한다. 그것을 모르고서 어느 대학, 어떤 학과에 들어갈 수 있겠는가.

학생부란 입학사정관과 면접관에게 보여주는 공문서다. 따라서 그들이 무엇을 좋아할지 생각해보면 학생부 기록을 효과적으로 할 수 있다. 먼저 출결 관리를 철저히 하고, 봉사 활동은 1, 2학년 때 각각 50시간씩 100시간 정도 하는 편이 좋다. ○○○장애영아원이나 노인복지관 같은 곳에서 규칙적으로 봉사 활동을 하면 더욱 좋다. 특히 한 곳에서 지속적으로 하거나 전공과 관련된 봉사 활동을 하면 더 좋은 인상을 줄 수 있다. 시간이 부족하면 3학년 때에도 한 달에 한두 차례씩 규칙적으로 할 필요가 있다. 무엇보다 내신은 1학년 때부터 꾸준히 향상되도록 노력하면 더할 나위 없다.

학생부 기록에 원칙은 없다. 누구나 관찰한 대로, 자기 방식대로 쓰면 된다. 특히 담임은 어느 곳에 써야할지 막연하면 그냥 아무 곳에나 쓰면 된다. 입학사정관은 그것을 다 읽는다. 그렇다 해도 능숙하지 않은 교사는 무엇을 어떻게 써 주어야 할지 막막하다. 학생부에 적어주자는 말에 공감하더라도 방법을 모르는 것이다. 그래도 아이들과 뒤엉켜 생활하면서 잘 관찰하면 쓸 내용이 발견된다. 그것도 아이의 진로를 파악하고, 진로와 관련된 활동을 시키고, 무엇보다 참여 수업에 발표하도록 유도할 때 적어줄 내용이 많아진다. 한 학기에 한 번씩 참여 수업을 시키지 않은 교사는 적어줄 내용이 없다. 주입식 수업을 통해서는 아이들을 파악할 수 없기 때문이다. 그리고 수업 내용을 적어줄 때에는 공통적으로 어떤 취지로 어떤 수업 방식을 시도했는지 밝히고, 그 뒤에 아이들 개인마다 어떤 내용을 발표했고 어떤 질문에 어떤 답변을 하고 무슨 반응을 보였는지 적어주면 된다. 학생부 기록 사례는 내가 국어 교사이므로 그와 관련된 교과를 중심으로 보여주겠다.

[문학]: 교과서에서 '광장'을 배운 뒤 앞서 배운 모더니즘 소설인 이상의 '날개'와 박태원의 '소설가 구보씨의 일일'을 연관시켜보

고, 현대성과 분단 현실, 형식적 실험 등이 어떻게 종합되어 '광장'을 이루게 되었는지 생각해 보게 하고, ppt를 만들어 발표하는 시간을 가졌는데, [여기까지 수업 형태 소개, 다음부터는 개별적 기록임] 이명준이 극심한 이념의 억압 속에서 광장과 사랑을 찾다가, 낙동강전투에서 사랑하는 사람을 잃고 절망 속에서 중립국을 향하는데, 타고르호에 나타난 두 마리 갈매기가 은혜와 자신의 딸임을 확인하고 실종된다는 점에서 '날개'의 마지막 부분과 유사하고, 바다에서 '푸른 광장'을 보게 된다는 점에서 꿈을 이룬 소설로 볼 수 있다고 '엉뚱하게' 발표함. [문학 세특]

아이가 활동한 내용만 적어주어서는 의미가 반감된다. 그 활동을 통해 무엇을 깨달았고, 어떤 인식의 전환을 이루었는지 보여주며, 아이의 내적 잠재력, 소통 능력, 협력의 리더십, 긍정적 마인드, 자발성과 도전 의식까지 적어주면 더욱 좋다.

자신의 전문성과 교수법에 자신감이 넘치는 교사일수록 학생부 기록 요청을 간섭이라고 생각한다. 명문대 나온 교사일수록 수업을 변화시키자는 말에 거부감을 드러낸다. 마치 그것이 자신의 실력을 무시하고, 자신의 고유 권한을 침해하기라도 한 것처럼. 그래도 2010년 인헌고에서 몇 명의 국어과, 사회과, 화학과 교사가 힘을 합해 발표 수업을 통해 그 내용을 학생부에 기록해 주었다. 고3 때 그런 보여주기식 수업은 맞지 않다고 얼굴을 붉히며 몰아붙이는 교사도 있었다. 내가 학생부에 모든 아이의 성장 과정을 적어주자고 말하면, 반대편에 선 교사는 수업에 모범적인 아이 한두 명만 적어주는 게 세특에서 해야 할 일이라고 반박했다. 하지만 처음 3학년 담임을 맡은 반 이상의 담임들은 아이를 대학에 보낼 방법이 따로 없었으므로 나의 요청에 따랐다. 그리고 그것은 아이들의 합격 소식을 받는 보답으로 돌아왔다.

나는 3학년 학급 '동아리 활동'을 실질적으로 운영했다. 1, 2학년 때처럼 동아리 활동을 하게 할 수는 없었지만, 동아리가 1, 2학년과 연계되지 않아도 되는 아이들은 수학연구반, 로봇탐구반, 영어에세이반, 시사토론반, 인헌economic반, 독서토론반, 탈북자봉사동아리 등에 들어가 유사한 전공을 택할 아이들과 함께 토론하고, 자료를 읽고, 답사를 나가도록 했다. 그러자 동아리 내역에서 적어줄 내용이 많아졌다.

[로봇연구반]: 매일 점심시간이나 방과 후에 모여서 로봇 제작, 로봇 프로그래밍의 기초 및 중급 과정에 참여함. 로봇의 제작 요령에 대해서 기구학적인 원리와 현재 존재하고 있는 로봇의 구조 부분에 대한 다양한 방법으로의 과학적이고 기계적인 원리를 탐색하였으며, 로봇을 구동시키기 위한 프로그래밍에서 로보랩(ROBOLAB)과 로봇C(Robot C) 프로그램을 이용하여 초급부터 다양한 센서를 이용하는 고급 프로그래밍까지 학습함. 개인이 아닌 팀별 활동을 통해 다양한 로봇대회를 참가하여 공학도로서 완성도를 높이기 위한 프로젝트 활동을 하고, 연구일지 제작하기, 팀별 회의를 통해 다양한 아이디어를 창안 훈련하기. 개인 프로젝트 활동하기를 실시함. [동아리 활동]

나는 독서토론반을 실시하면서 이상과 최인훈, 이청준, 카프카 등의 짧은 소설이나 그들에 관한 비평들을 읽게 한 뒤 토론을 시켜 그 내용을 적어주었다. 한편 플라톤의 동굴 우화나 베버의 '쇠우리'(Iron-cage), 혹은 서사학에서 '독자의 시대'라는 것의 의미가 무엇인지 알려주는 논문이나 비평을 나눠주고 그것을 요약하고 발표시켰다. 그러자 학종 1차에 붙어 면접을 간 아이들이 대학에서 문학적 소양 교육을 잘 받았다고 칭찬했다는 소식을 전해 주기도 했다.

전공을 뒤늦게 정해 활동이 부족한 아이들에게는 자율동아리 활동이 필요했다. 나는 전공 관련 책을 읽고 적어도 10차례 만나 발표하고 토론하며, 박물관이나 연구소를 답사하고, 그리고 그 분야의 전문가를 찾아갈 계획을 제출한 아이들에게 지도교사가 되어 주었다. 그러면 교과 시간에 적어준 내용이 없더라도 전공 적합성 활동을 인정받게 되었다.

[매트릭스: 자율동아리] '미디어는 영원하다'는 기치로 모여 새로운 미디어의 변화를 읽어내지 못하면 시대에 뒤떨어지게 된다는 생각으로 마샬 맥루언의 《미디어의 이해》를 챕터별로 발제하고 토론했으며, 그와 관련된 논문을 하나씩 찾아 소개하면서, SNS의 선정성 문제, '가짜 뉴스'를 믿는 사람들의 의식, 인터넷 1인 창업의 조건, 유튜브 시대의 전략 등에 대해 집중적인 논의를 함.

이렇게 하자 저절로 활동 중심의 맞춤형 교육과정이 살아났다. 이제 공부만 해서는 안 되고, 정말로 자신의 전공과 진로를 찾고, 그 분야에 관한 한 상식 이상의 전문성을 갖는, 자기주도학습을 실천해야 했다.

창의적 체험활동의 '자율활동'란에는 주로 학생회 활동이나 학급의 정부회장 활동을 적어준다. 하지만 그런 감투는 너무 상투적이라 식상하다. 그런 감투가 없더라도 학급의 분리수거를 열심히 하거나 출석부를 관리하고 진학에 관한 게시물을 지속적으로 붙여주는 학급임원들의 활동 사항을 적어준다. 특히 학급 회의에서 논의된 것, 학급 직함(공감 담당 부장, 칭찬 부장 등) 활동 내역을 상세히 적어줄 수 있게 되었다. 예비혁신학교를 하면서 전교생과 교사와 학부모가 참여하는 오픈스페이스(학교대토론회)를 열었는데, 그것을 통해 교칙을 만들어가는 과정을 적어주는 것도 좋은 내용이 되었다. 그것은 대한민국 어느 학교에서도 체험하지 못한 우리 학교만의 중요한 특성으로 보이기도 했다. 무엇을 적어주느냐에 따라 학교의 위상도 올라가고 학교의 특성도 지니게 되는 셈이다. 야자실에서 활동하는 자기주도학습 운영위원은 1주일에 한 차례씩 회의를 하면서 야자실을 관리한 내용을 기록해 주었다.

[자기주도학습실 운영위원] 3년간 야간 자율학습 지도 운영위원으로 선발되어 모든 선생님들이 감복할 정도로 야간 자율학습실 면학분위기를 훌륭히 이끈 것은 물론, 자기주도학습의 모범적인

모습을 선보여 학생들의 귀감이 되었음. 매주 야자 운영위원 회의에 참여해서 10시가 되면 공식적으로 끝나는 야간자율학습을 자정까지 연장하도록 건의하고, 스스로 그 시간까지 감독하는 모범을 보이고, 행동규칙을 만들어 음식물 반입을 금지하고, 핸드폰 사용을 못하게 했을 뿐만 아니라, 자습 시간에는 화장실에 가는 것조차 엄격하게 금지하게 할 정도로 학교 전체의 자습 분위기를 살리는 데 절대적으로 공헌했음. [창체 자율활동]

이 중에서 가장 성실한 아이는 성적이 조금 미치지 못했지만 서울시립대 행정학과에 합격했다. 어떤 학생은 학급 회의에서 핸드폰을 수거하자는 의견을 내놓았고, 그것이 의결되자 가방을 마련해 조회 시간에 수거해서 종례 시간에 나눠주는 행위를 반복했다. 그런 것도 좋은 리더십에 해당되었다. 또 어떤 아이는 학습부진아에게 멘토링을 규칙적으로 해주어 좋은 성과를 거두었다는 내용을 적어주었다. 그런 아이들에게는 학교에서 만든 멘토링일지 양식을 주어 기록하고 담임의 서명과 조언, 그리고 멘티 소감까지 받아오게 만들었다. 그런 활동을 즐겁게 한 어떤 아이는 중앙대 경영학과에 합격하는 놀라운 사례를 보여주기도 했다.

[학급 리더십] 학급의 자기주도학습 부장으로서 매일 7시 35분에 지각자를 체크하고 한 달간 한 번도 지각하지 않은 학생들에게 수여하는 얼리버드상을 관리하여 지각자 수를 줄이는 데 공헌하였으며 교실 앞으로 나와 자기주도학습을 할 수 있는 분위

기를 조성하는 등 그 공로를 인정받아 학급 친구들의 압도적인 표의 지지로 2학기 학급 회장으로 선출됨. 또한 중간고사와 기말고사 기간 동안 학급 친구에게 멘토링을 10차례 실시해 멘티의 한국지리 성적을 20점이나 올렸을 뿐만 아니라 자신도 학급에서 최고 점수를 받았는데 그가 기록한 멘토링일지는 그의 성실성과 주도면밀함을 잘 보여주었음. [창체 자율활동]

'진로'란에는 전공적합성과 관련된 기록이 나와야 했다. 나는 아이들에게 어느 특정한 학과를 선택해 학과 탐색을 하라고 강조했다. 어떤 수업에 가장 큰 흥미를 느끼고 어떤 교수에게 배우고 싶은지 조사한 뒤, 그 교수를 인터뷰해 오라는 과제를 내주기도 했다. 학생들은 대학교수들을 어렵게 생각했지만 정성스럽게 쓴 이메일로 교수 인터뷰를 수행한 아이들도 적지 않았다. 또한 아이들이 저술가 롤모델을 찾아 무엇을 본받고 어떤 진로를 찾아갈 것인지 결정하도록 했다.

[롤모델 노트 작성] 자신의 진로 결정에 영향을 주고 영감을 받은 칼 라거펠트라는 샤넬 수석디자이너의 《변화가 두려울 게 뭐야》라는 책을 읽으면서 롤모델의 노력하고 즐기는 자세를 본받고, 그와 가상 인터뷰를 해보면서 어떤 길을 갈 것인지 정리함. 학교에서 70주년 엠블럼 디자인을 만들고, 영자신문에 '패스트패션의 양면성'이라는 칼럼을 실었고, 인문아카데미라는 방과후 활동에서 '교복이 청소년 의식에 미치는 영향'이라는 프로젝트를 발표함. [창체 진로활동]

또한 진로와 관련된 책을 읽고 자율 동아리를 하고 가능하면 개인 프로젝트(소논문이나 보고서)도 기획해 보도록 권했다. 교수에게서 만나자는 전갈이 오면, 한 아이를 따라 서너 명의 아이가 방문해서 함께 사진도 찍고 질문도 했다. 그래서 한 해 동안 한 학년 300명 중에서 190여 명의 아이들이 전문가 인터뷰를 해오는 놀라운 성과를 거두기도 했다. 그러면 사진을 덧붙여 그것을 '진로포트폴리오'라는 자료로 만들게 했는데 대학에서는 이런 활동을 아주 좋게 평가했다.

　독서 활동은 한 해에 스무 권의 책을 읽는 것을 목표로 세웠다. 그중에 전공과 관련된 책이 세 권쯤 되고, 영어 원서도 한 권쯤 읽어보라고 권했다. 무엇보다 교과 담당 선생님이 책을 읽은 아이에 대해 교과와 관련해 어떤 발전된 인식을 하게 되었는지 세특에 적어주는 것이 중요했다. 독서 카페에서 《1984》를 읽고 열띤 토론을 벌였는데, 월드카페 방식을 수용한 그 토론은 각 조를 4~5명씩으로 배정한 뒤에, 조장인 호스트에게 인물, 배경, 상징어 등에 대해 5분 정도의 발표를 시켰다. 그런 뒤 조원들에게 자신의 의견을 말해서 이해를 시키면, 조원들은 저희 조에 찾아온 다른 호스트에게 그 내용을 설명하고, 다른 호스트가 발제한 내용을 새롭게 숙지하는 식으로 진행했다. 이런 내용은 자율, 진로, 개인별 세특, 행동 특성 및 종합의견 어디에 적어도 좋은 내용이었다. 무엇을 적어주느냐가 중요하지 어느 자리에 적느냐는 중요하지 않았다.

　방과 후 수업도 '디베이트 연습'이나 '원어민 에세이', '인문학 심화 독서', '국부론 읽고 경제 훑기', '프로젝트 연구반'과 같은 수업을 개설했다. 그런 수업을 한 교사들은 세특에 적어줄 내용이 많았다. 자신의 수업 형식과 아이들의 구체적 활동을 상세히 적어주면 아이들의 창의성이 돋보였다. 예체능 교사도 체육이나 음악, 미술에 대한 아이의 소양을 구체적으로 적어주었다. 물론 이런 일들은 교사마다 큰 차이가 있어 어느 것이 정답에 가깝다고 말할 수 없다. 하지만 가장 중요한 것은 담임교사가 2, 3학년의 경우 학생부에 5000자 정도를 적어줄 수 있다는 사실이다.

아이들 전공에 따라 학생부에 주제가 있게 기록하면 더 멋진 기록물이 되었다. 그것은 순전히 아이가 해내야 하는 것이었지만, 경제학과에 들어가는 아이라면 확률과 통계에 관심을 기울이고 수학 교사가 미적분이나 원그래프 등에서 보이는 재능을 잘 기술해주면 더 돋보이는 기록이 되었다. 도전적인 리더십을 갖춘 아이가 경영학과나 국제통상학과를 택하면 더 좋았다. 한편 사회과학 계열에 지원하는 아이는 '사회 시스템의 개선'에 초점을 맞추고, 그 주제로 수업 시간마다 활약할 때 좋은 평가를 받을 수 있었다. 인문계에서는 철학, 심리학, 역사학, 미학, 그리고 어문계열의 다양한 학과가 있는데, 이것들은 서로 연관되고 다양하게 공부해야 하는 것이라서 서로 같이 자율 동아리를 하거나 전공 심화를 위해 철학, 심리학, 역사학 등 인문학 공부를 하는 것도 좋았다.

학생부는 자기소개서의 기초 문건이고, 자기소개서는 학생부 설명서이다. 전공 심화가 잘 이루어지면 아이의 능력이 돋보였다.

국어국문학과에 가고 싶다면, 먼저 고전문학, 현대문학, 국어학, (한국)한문학, 창작 등에서 어느 한 분야로 나갈지 정하고, 현대문학을 전공하더라도 시, 소설, 드라마, 비평 중에서 어느 하나를 선택해야 하는데, 막연하게 현대문학을 전공한다고 말하기에 앞서, 고등학교 때부터 소설가를 꿈꾸며 소설을 많이 읽었고 소설을 몇 편 써보기도 했는데, 최인훈의《광장》을 읽고는 너무 좋아 모더니즘 소설에 관심을 갖게 되었다고 말한다면, 그는 4년간 무엇을 공부할지 다 밝힌 것이 된다. 그런 가운데 교과 세특마다 고르게 이러한 내용이 적힌다면 대학은 당연히 지원자를 적극 받아들일 것이다.

대학은 이런 학생부를 원한다. 지원자가 대학 들어와 할 일을 다 알고 있다면 그보다 좋은 사람이 어디 있겠는가. 설혹 그가 전공을 바꾸더라도 이미 한 분야에 깊이 들어가 보았으므로 옮긴 분야에서 그것을 활용하고 심화시켜 나갈 가능성이 커진다. 어느 한 분야에 빠져본 사람이 인접 분야로 나갈 때 새로운 아이디어가 더 많이 나온다. 학종으로 들어온 학생은 학과에 대한 이해도가 높고 매사에 적극적이다. 그리고 학교나 학과를 사랑하는 마음도 남다르다. 인헌고에서 학종으로 대학에 들어간 많은 아이들이 장학금을 받는다는 사실을 알려온다. 그들을 수능 성적으로 비교해 볼 때 다른 전형 출신보다 학력 면에서 다소 뒤떨어진다고 말할 수 있지만, 파워포인트 자료를 만들거나 보고서를 쓰는 데 뛰어나고, 독서모임과 토론에서 강점을 보이고 있고, 시키지 않아도 자신이 해야 할 일을 찾아내서 하므로 교수들에게 좋은 평가를 받는 것이다.

3. 학생 개개인을 고려한 맞춤형 교육과정

학종으로 대학 보내는 학교라면 3학년이라는 시기는 1, 2학년 때 활동한 내용을 마무리하는 기간이다. 그러자면 문제집만 풀 것이 아니라 참여 수업도 해야 하고 프로젝트(보고서나 소논문)를 만드는 일도 신경 써야 한다. 논술 교과 시간에 논술 입시를 준비시켜 줄 수는 없더라도 자기가 선택한 전공 분야에 키포인트를 잡고 전략적인 글쓰기를 시도해 볼 수도 있다. 사회학과에 지원한 어떤 아이는 '불평등 극복'이라는 화두를 붙잡고 모든 교과에서 활동할 내용을 정리해 교과 담당 교사에게 '간략한 보고서'[31]를 제출해 큰 성과를 거두기도 했다. 각 교과 담당 교사들은 학생부 세특에 뭔가 기록해 주는데, 아이들이 참여 수업에 관심을 가질 수밖에 없다. 나는 몇 년 전 3학년 진로 시간을 도맡아 전공 학과 탐색과 전공 도서 발표, 진로포트폴리오 만들기 등을 시켜 입시에 결정적인 공헌을 한 적도 있다. 그때 아이들은 시험을 보는 것도 아닌 수업 시간에 파워포인트 자료를 만들고 보고서를 만들며 전공

---

31. 이것은 서강대를 들어간 신○○라는 아이가 보고서 형식을 갖춘 형태로 A4 용지 석 장 분량으로 서론, 본론, 결론 흉내만 낸 글인데, 그가 모든 교과 내용을 '불평등 극복'으로 연결시켜 제출한 것은 교과 담당 선생님들에게 호평을 받았다.

역량을 길러나가는 데 만전을 기했다.

3학년에 올라오면 아이들은 동아리에서도 은퇴한다. 이제 입시 준비를 해야 한다는 것이다. 그것도 오래된 관행인데, 정말로 그게 옳은 일일까. 3학년이 되어서도 동아리 후배들을 돌보는 아이들이 적지 않다. 그런데 작년 3학년 담임을 할 때에는 담임들에게 제안을 했지만 그 시간에 동아리 활동을 시키겠다는 담임이 한 명도 없었다. 나는 2017년 3학년 담임을 할 때 할 수 없이 우리 반만 따로 '전공탐색반'을 만들어 전공 영역별로 팀을 짜 학과 탐색을 시켜 발표하게 하고, 대학 4년간 시간표를 짜보게 하고, 그 분야의 전문가를 인터뷰하고, 롤모델이 될 만한 저술가와 책을 선정해 소개하게 했다. 또한 전공 분야에 필요한 논문을 찾아 읽히고 전공 관련 서적을 요약 정리해 발표시켰다. 다행히 그것과 관련된 교내 상을 3학년부에서 유치해서 아이들에게 큰 동기를 부여했다. 사실상 입시와 관련된 학생부 마감이 3학년 1학기 8월 말로 끝나는데, 3월부터 6개월간 아이들이 해야 할 일은 참으로 많다. 그런 것들이 제대로 갖추어지지 않으면 학과를 정하고, 자기소개서를 쓰고, 면접 준비를 하기가 불가능해진다. 또한 그런 준비 없이는 학종에서 합격을 바랄 수도 없다.

어느 학교에서나 관행으로, 혹은 편법으로 교육과정을 운영하는 일들이 너무 많다. 8년 전, 내가 인헌고에 부임했을 때 동아리는 영화감상반이 가장 많았고, 관악산 산책반이 두 번째로 많았다. 그것을 맡은 동아리 교사는 외부로 나가기 때문에 출장비까지 받았는데, 그들이 하는 일이라고는 아이들을 잠시 학교 바깥에 데리고 나가는 일이 전부였다. 극장 앞에 모이게 한 뒤 출석만 부르면 끝이 나는 동아리나 학교 울타리 바깥에서 만나 어슬렁거린 뒤 해산시키는 것도 동아리라고 할 수 있는가. 관행적으로 동아리를 편하게 때우려는 태도가 그리 나타난 것이지만 아이들의 미래를 생각한다면 웃어넘기지 못할 행위이다. 이런 점들을 고치지 못할 때 학교는 변하지 못한다.

모든 동아리는 실제로 아이들에게 도움을 주거나 즐겁게 뛰어놀 수 있는 것, 혹은 진로와 관련된 것이어야 한다. 그 뒤로 인헌고에서는 연극반, 뮤지컬반, 관악반, 사물놀이반 등에 전문 강사를 초빙해 아이들이 배우도록 했고, 담당 교사들은 어떤 방식으로든지 자기가 맡은 동아리를 학교 축제에서 발표하게 했다. 정답이 따로 있는 것은 아니지만 그래도 교육과정을 제대로 돌아가게 하는 것만으로도 학교는 조금씩 정상화되었다. 아이들도 입시 준비에 무엇이 필요한지 알게 되자 영어토론반이니 영자신문반, 화학연구반, 생물탐사반 등 자기 전공과 관련된 동아리를 찾아서 들어갔다.

일반고에서 필요한 것은 특화된 교육과정이다. 공통 목표로 정해진 교육과정이 있어도 그것을 실행하고 평가하는 것은 아이들의 상태에 맞추어서, 교사의 능력이나 재량에 따라서 행할 수 있다. 특히 고2가 지나면 대학 진학이라는 특정 목표에 맞춘 교육과정을 가동할 수밖에 없다. 아이들에게 맞는 교육과정을 찾아 행하는 것이 교사의 능력이다. 그리고 그게 맞아 떨어질 때 아이들은 깨어 있게 된다. 자기 수준과 관심에 맞는 수업이 이루어지는데 잠잘 아이가 어디 있겠는가. 서울 강남과 흑산도 아이들을 똑같은 책으로 동일한 내용을 가르친다면 그것은 불공평하다. 공부 잘하는 아이와 학습부진아가 같은 내용을 배운다면 그것 또한 불공평하다. 전자는 알아듣고, 후자는 못 알아듣는다면, 결국 후자는 전자의 성적을 올려주기 위해 존재하는 꼴이 되고 만다.

농구 하나만 잘하고, 악기 하나만 잘 다루어도 우수한 인재가 될 수 있다. 공부에 흥미를 갖지 못하고 어슬렁거리다가 우연히 배운 스켈레톤을 연마해 국가대표가 되거나, 관악부에 트롬본 자리가 비어 있어 음악 선생님에게 발탁되어 그거 하나 열심히 불다가 대학에 들어간 아이의 사례는 특별한 것도 아니다. 그는 현재 서울시향 연주자가 되었다. 그런 아이들은 학교 다닐 때 공부를 못했더라도 그때 공부 잘한 아이들보다 더 자부심이 넘쳐서 산다. 따라서 국영수 주요 교과보다 더 중요한 것은 아이들에게 희망을 찾아 주는 일이다.

형식에서 벗어나라. 교과서에서 자유로워져 자신만의 교육과정을 만들라. 그렇게 해서 자신이 나아갈 길과 세상으로 연결된 통로를 찾으면, 아이들은 즐거워하고 교사는 보람을 느끼게 된다. 물론 교육적 이상에 도달하기란 쉽지 않다. 그렇다 해도 자신의 세계관을 걸고 가르칠 때 아이들은 교사의 진정성을 읽어내고 조금씩 다가온다. 수업에는 언제나 교사의 세계관이 담기고, 그 세계관에서 확장된 해석 방식이 전해지고, 거기서 발전된 것들이 아이들의 세계관을 이룬다. 자기 관점으로 가르쳐라. 아이들은 스스로 판단하고 받아들인다. 자기 확신을 갖지 못하고, 자기 교수법을 갖지 못한 교사는 불행하다. 맞춤형 교육과정을 가져야 잠만 자는 아이들을 일으켜 세우고 분노조절장애를 일으키는 아이들을 안정시킨다.

자신만의 강의록을 책자로 묶어 아이들에게 제공하는 교사도 있다. 자신만의 교육과정을 가졌다는 의미로 좋게 받아들여진다. 하지만 그것은 반드시 참여 수업의 보조 자료이면서 준비물이고, 교과서 내용을 더욱 풍부하게 만드는 것이어야 한다. 또한 그것은 발표와 토론, 그리고 보고서 쓰기로 이어지게 하는 도구여야 한다. 그런 수업을 하면서 아이들에게 소논문 주제나 목차를 잡게 해주면, 그것은 전공을 정하는 데에도 도움을 줄 뿐만 아니라, 소논문이나 보고서를 쓰게 될 때에도 결정적인 역할을 한다.

가난한 동네라고 하더라도 대학 보낼 방법은 많다. 지원자보다 대학 정원이 더 많아진 시대다. 그리고 사회적 배려자나 기초생활수급자 같은 경우에도 대학에만 들어가면 장학금 혜택을 받을 수도 있다. 또한 대학을 들어가야 알바 자리도 잘 잡는다. 일하면서 공부해 대학 수업에 따라갈 수 있겠느냐고 걱정하는 교사가 있는데, 그것은 대학과 아이의 문제이지 고등학교 교사가 걱정할 일은 아니다. 훗날 대학 졸업 후에도 취직 못해 쩔쩔매는 일이 있더라도 기회를 주어야 한다. 우리 반 동녘이는 엄마, 아빠가 모두 청각

장애인이라서 부모와의 대화를 제대로 나누지도 못한 채 성장했지만 매사 적극적이라서 가능성이 풍부했다. 모의고사 성적은 좋지 않았지만 내신 성적은 상위권을 유지했고, 학교에서 시키는 것은 무엇이든 해냈다.

동녘이는 진로탐색 활동이건, 소논문 쓰기이건, 교내상이건, 야간 자기주도학습이건 최선을 다했다. 나는 그에게 '관악구와 연계된 협동조합'이라는 소논문 주제를 주었고, 그는 1학년 때 그것을 써냈다. 그는 고학년으로 올라갈수록 자신에게 맞는 활동을 해냈고, 연세대학교 경영학과에 들어갔다. 교사가 주어진 교육과정에 얽매이지 않고 아이의 상황과 기호, 그리고 수준을 파악하고, 그 아이의 이상을 함께 찾아낸다면, 아이의 공부는 본격적으로 시작된다. 나는 동녘이에게 협동조합을 공부해 보라고 말했는데, 그는 퀘벡과 몬드라곤의 성공 사례를 찾아보며 그것을 우리 동네와 어떻게 연결시킬 것인지 생각했다. 어쩌면 그는 앞으로도 협동조합이나 사회적 기업에 큰 관심을 가진 전문가로 성장할지 모른다. 그것이 동녘이가 만들어 보고 싶은 공동체였기 때문이다. 배움이란 일방적으로 전달하는 것이 아니라, 서로 관계 속에서 함께 찾아내는 것이다. 그러자면 상대를 이해하고 주체로서 존중하며 맞춤형으로 소통해야 한다. 방치된 아이, 뒤처진 아이, 산만한 아이에게도 삶의 기쁨을 누릴 기회를 찾아주어야 한다.

서울시 교육청은 교사 중심 수업에서 '학습자 중심' 수업으로 전환을 권장하면서 '자기 관리 역량, 지식정보처리 역량, 창의적 사고 역량, 심미적 감성 역량, 의사소통 역량, 공동체 역량' 등 6대 역량을 강조하고 있다. 그것들은 평가 중심의 주입식 수업으로는 이뤄낼 수 없는 것들이다. 어쩌면 그것은 교사들에게 교과서를 과감히 버리고 아이들의 참여를 유도하는 맞춤형 교육과정을 실행하라는 말처럼 들린다. 창의성, 심미성, 의사소통의 능력은 무언가 만들어보고 발표할 때, 친구들과 맞붙어 토론하고 반박하며 새로운 의견을 내놓을 때 생겨나는 것이다. 고정된 모든 것이 무너지는 시대다. 교사들이 기존의 사고 틀에 갇혀 아이들을 가르친다면 아이들이 이미 '무너진' 것들을 받아들이겠는가.

내가 교과를 가르치던 학급의 어떤 아이는 학교 다니는 것을 모욕으로 받아들였다. 그 아이 말만을 믿을 수는 없고, 3학년 4월초에 찾아와 학교를 그만두겠다고 말해서 그를 파악할 기회도 갖지 못했지만, 그는 학교에서 잠자는 아이들, 말 안 듣는 아이들, 야단치지 않을 줄 알고 선생님을 조롱하는 아이들, 듣지 않은 아이들을 포기한 채 서너 명의 아이들만 데리고 수업하는 선생님들을 만나고 싶지 않아 학교를 그만둔다고 말했다. 나는 우리 반도 아니라서 설득할 기회조차 가져보지 못했지만, 그 책임이 온통 나에게 있는 것처럼 부끄러웠다. 그는 자신에게 맞는 선생님이 단 한 사람도 없었고, 그것을 3학년이 되어서야 뒤늦게 깨닫고 학교를 그만둔다는 것이다. 사실상 검정고시를 보자면 2학년 때 그만두어야 했다. 그래서 더욱 대책 없이 느껴지던 그 아이가 맞춤형 교육과정을 한 번도 체험하지 못했다는 사실이 더 서글펐다. 나는 그가 학교 밖에 나가서 어떻게 살고 있는지 모른다. 하지만 적어도 자기 의견을 가지고 자기 자신에 대한 결정권을 가진 그 아이는 무엇을 하더라도 잘할 수 있으리라고 기대한다. 다만 학교도 다시 그런 희생자가 나오지 않도록 더 잘 대비해 더 나은 교육과정을 짜고 더는 부끄럽지 않은 교실 풍경을 이루어야 한다.

4. 다채로운 비교과 활동

김병욱 의원(더불어민주당)이 교육부로부터 제출받은 '2016년 고교별 교내상 수여 현황'에 따르면 2016년 전국 2271개 고교에서 6만 8277건의 교내 대회가 개최됐다. 총 수상자는 무려 166만 4914명에 달했다. 하지만 고교별 격차는 뚜렷했다. 즉 5개 고교는 교과・비교과 교내상이 하나도 없었다. 반면 문경 소재 한 여고는 교과 64개, 비교과 160개 등 1년에 224개의 상을 수여했다. 교내상을 교과와 비교과로 구분하면 37개 고교는 교과 관련 상을 한 개도 수여하지 않았고 130개 고교는 비교과 관련 상을 한 개도 수여하지 않았다. 또한 김 의원이 서울대로부터 제출받은 '2013년 ~2017년 서울대 수시 합격생 교내상 현황'에 따르면, 1인당 평균 교내상은 2013년 19개, 2014년 20개, 2015년 23개, 2016년 25개, 2017년 27개로 매년 증가했다. 특히 2017년 서울대 수시 합격생 가운데 1인당 최다 교내상 수상은 120개였다.[32]

이런 자료를 살펴볼 때 교내상이 남용되고 있는 것처럼 보이는 것은 사실이다. 하지만 대학에서 고교 프로파일과 학생부 내용을 검토하다 보면 교내상이 의미 있는 것인지, 형식적인 것인지 파악할 수 있다. 그리고 그것은 대학이 해야 할 일이지 고등학교가 해야 할 일은 아니다. 고등학교는 운영하고 대학은 판단하면 된다. 상을 남발하는 것도 문제지만, 상에 관심조차 없는 학교는 더 큰 문제이다. 비교과에서 상을 하나도 주지 않은 130개의 학교는 학교 활동이 하나도 없는 것이라고 말할 수도 있다. 그 학교들은 아이들이 성장하고 진학하는 것에 관심이 없는 것이다. 바로 그런 학교를 질타하고, 교내상의 모범적 사례를 제시하며, 내실화를 유도해야 한다.

여기서는 학교 활동의 절차와 방법에 대해 소개한다. 교사들은 아이들에게 적절한 상과 벌을 통해 훈육한다. 상을 통해 아이들에게 동기를 부여하고 참여한 의미를 확인하게 한다. 교내상은 만들기만 해서 될 일이 아니라 많은 아이들이 참여하도록 독려하고, 또 그 뒤에 피드백을 해주고, 나아가 그것을 다른 활동들과 연결시켜야 한다. 그러기 위해서는 준비를 철저히 해야 한다.

교내상을 통해 이루는 것이 많고, 생각한 것보다 더 큰 성과를 거둔다. 인문사회부와 과학부는 각각 인문계와 자연계의 교내상

---

32. 〈천차만별 고등학교 교내상, 하나도 없는 학교에서 224개나 주는 학교도 있어〉, 《경기남부신문》, 2017. 10. 12.

을 총괄하면서 아이들의 열정을 끌어내고, 1, 2, 3학년부에서는 자기 학년에 맞는 교내상을 계발하고, 창의체험부나 진로상담부에서도 동아리와 진로와 관련된 활동을 잘 진행시켜야 한다. 어떤 의도를 가지고 아이들에게 권유하느냐에 따라, 그것을 맡은 교사들이 어떻게 참여할 장치를 만드는지에 따라 참가자의 수는 달라진다. 또한 학교 활동을 한 뒤 보고서나 결과물을 남기면, 아이는 상을 받지 못해도 관련 교과와 학급 활동에서 두각을 나타내고, 교사는 그것을 보고서 기록하기 쉽게 된다.

나는 주로 학년부장과 담임을 해왔지만 다른 부장들에게 건의해 다양한 교내상을 만들어왔다. 그것들은 하나같이 아이들의 진로와 관련되고, 그것을 통해 전공 적합성을 발전시켜 나갈 수 있는 것들이다. 특히 기억에 남는 진로 관련 교내상으로는 '마을의 달인 찾기 대회', '진로포트폴리오 대회', '롤모델 노트대회', '소논문쓰기 대회' 등이 있다. 토론을 활성화시키기 위해 '디베이트 대회', '역사독서토론대회', '페임랩대회' 등을 만들었고, 그 외에도 '자기주도학습일지상', '멘토링일지상', '봉사활동수기상', '자기발전보고서(역경극복수기)상' 등을 만들어 아이들에게 다양한 활동을 유도했다. 그밖에 진로 강연이 있는 날에는 소감문 쓰기, 저자를 초청해 강연을 듣는 날에는 소감문 쓰기와 질문상까지 만들었다. 몇몇 아이들은 교내상 하나를 수상한 것을 계기로 자신감을 갖게 되는 모습을 보여주었다. 특히 강연회 소감문의 경우에는 1년 중 8회 진행되어도 한 아이가 하나 이상을 받을 수 없는 장치를 만들었고, 토론대회의 경우 1주일 간격으로 몇 개의 상을 배치한 뒤 한 아이가 하나의 상만 받을 수 있게 만들었다. 그런 결과 인헌 고 1학년들은 입학 초기에는 20여 명 정도만 학교 활동에 관심을 보였는데, 2학기가 되자 거의 모든 교내상에 백여 명 이상이 참여 하기 시작했다. 그렇게 학교 분위기가 살아나자 입학 후 첫 모의 고사 국영수 성적에서 1등급 받은 아이가 영어에서만 두 명 나왔 을 뿐인데, 2학기가 되자 총 18명이 골고루 1등급을 받았다. 아이 들이 교내 활동을 통해 자신감을 얻어가는 표시였다.

또한 아이들에게 상을 주는 것보다 중요한 것은 활동 전에 준비 작업을 시키는 것이고, 활동 후에 자신의 의식의 변화를 지켜보게 하는 일이다. 아이들은 활동 전에 왜 이 활동이 나에게 필요한지 알아보아야 했고, 활동 후에는 그것이 나에게 어떤 영향을 미쳤는 지 소감문을 써야 했다. 결과물은 언제나 보고서나 일지 형태로 남았다. 그것을 잘 활용해 학생부에 기록하면 입시에서 큰 성과를 거두었다. 멘토링 활동은 학급에서 10회 이상 하도록 했는데, 거 기에는 활동한 내용과 사진, 멘토 소감, 멘티 소감, 그리고 담임의 조언란까지 두어 내실을 갖도록 했다. 학급에서 공부 잘하는 아이 가 학습부진아와 공부하면, 아이들 성적도 향상될 뿐만 아니라 서 로 돕는 반 분위기가 만들어졌다. 한편 자기주도학습일지대회도 야자실에서 자발적으로 공부하는 아이들 대상으로 하되, 30회 이 상 정해진 플래너 양식대로 꼼꼼히 적으면서 오늘의 각오, 공부한 내용, 부족하다고 여긴 것들, 변화된 자신의 모습들을 적게 만들었다. 잠자는 시간, 게임하는 시간, 멍 때리는 시간, 운동하는 시간까지 꼼꼼히 적고, 자신의 하루 일과를 계획대로 보냈는지 확인하게 했다. 사실 30회만 꼼꼼히 자신의 일상을 기록해 보아도 그것은 좋은 습관을 들이는 데 충분했다.

모든 교내상은 현재 상황에 맞고 흥미를 느끼도록 바꾸었다. 백일장과 사생대회는 50년 전에도 그대로 그런 상이 있었다. 백일장은 운문부, 산문부로 나뉘어져 있었고, 사생대회는 풍경을 그리는 것이 전부였다. 그런데 실제로 그날은 그저 하루 쉬는 날이었다. 아이들은 모두 고궁이나 왕릉, 공원에 나가 실컷 놀다가, 시답시고 유행가 가사를 모방해 몇 자 적어 제출하는 게 고작이었다. 우리는 글쓰기 대회를 교내에서 하면서 다양한 장르를 만들었다. 산문부는 교과서 소설 패러디하기, 판타지 소설 쓰기, 자서전 동화 만들기, 왕따를 소재로 한 시나리오 쓰기 등으로 나누었고, 운문부는 교과서 시 패러디하기, 청소년의 사회적 분노를 노래로 만들기, 시 쓰고 시화 그리기 등의 형식을 주었다. 그 밖의 아이들에게는 '영화(환경영화) 보고 감상문 쓰기'를 시켰다. 사생대회도 풍경화만 그리는 게 아니라, 선생님(혹은 친구) 초상 그리기, 학교 로고 만들기, 교문 디자인하기, 축제 포스터 만들기, 4컷 만화 그리기, 웹툰 그리기 등의 분야를 두었다. 아이들은 강당에 모여 영화를 보고 함께 모여 의논하면서 그림을 그렸다. '시 쓰고 시화 그리기'는 백일장과 사생대회를 합한 행사였고 공동 수상도 가능했다. 흥미를 잃어가는 합창대회도 우수 학급만 표창하는 것이 아니라, 지휘상,

편곡상, 화음상, 인기상을 넣어 각 학급에 시상하고, 개별적으로 매너상(입 크게 벌린 학급), 무대상(춤과 동작이 좋은 학급), 협력상(많은 연습으로 색다른 모습을 보여준 학급) 등을 따로 시상했다. 교내상은 이름 붙여주기에 따라서 놀라운 반응을 일으켰다.

　진로탐색의 날이나 음성꽃동네 봉사 활동과 같은 경우에도 준비가 없으면 형식적인 행사로 끝나고 만다. 그럴 때 '활동 전 계획서'를 활용하고, 활동을 다녀온 뒤 소감문을 제출하게 하면 아이들의 진로를 탐색하고, 봉사 활동을 해야 하는 이유를 알게 된다. 봉사 활동 수기를 제출할 때에도 막연히 쓰라고 하는 것이 아니라 최소한 5장으로 갖추어야 할 형식을 주었다.

　※ 봉사 활동 소감문 양식
　1. 왜 우리에게 봉사 활동이 필요한가?
　2. 꽃동네에서 어떤 봉사 활동을 했는가?
　3. 봉사 활동에 대한 책, 영화, 다큐멘터리에서 배운 내용
　4. 봉사 활동을 한 뒤 자신의 의식이 어떻게 바뀌었는가?
　5. 병들고 소외된 사람들과 어떤 사회를 만들고 싶은가?

　대학 탐방을 갈 때에도 그렇다. 대부분 대학 정문에서 아이들을 풀어주고 탐방하라고 말하면 끝이다. 하지만 절실하게 준비한 아이들은 다르다. 거기 가서 무엇을 할 것인지 '활동 전 계획서'를 제출하게 한다. 미리 몇몇 학과 사무실과 연락해서 아이들과 약속 시간을 잡아주면 아이들이 할 일은 많아진다. 아이들은 자신이 정

할 학과와 전공에 대해 질문하고 싶은 것이 많다. 꼭 학과 교수를 만나지 않더라도 조교나 대학생에게 물을 수도 있다. 이 학과에 가자면 어떤 준비를 해야 하고, 교수님은 어떤 학생을 선발하고 싶어 하고, 무엇을 미리 공부하면 도움이 되는지 묻는 것이다. 그런 뒤 돌아와서 '활동 후 소감'을 적어 제출하게 만들면 아이들은 기를 쓰고 대학에서 질문한다. '활동 전 계획서'에는 다음 3번까지 적어 제출하게 하고, '활동 후 소감'도 3번까지 소감문을 쓰게 한다. 이 두 가지를 함께 제출한 아이들만 수상 대상자가 된다.

※ 활동 전 계획서
1. 나에게 이 대학은 어떤 의미가 있는가?
2. 어느 교수를 만나고 싶고, 왜 그 학과 사무실을 들르고 싶은 생각이 들었는가?
3. 내가 원하는 전공학과 교수를 만날 때 하고 싶은 질문 5가지.

※ 활동 후 소감
1. 누구를 만나 어떤 질문을 했는가?
2. 대학 탐방과 학과 탐색을 통해 새로 알게 된 내용
3. 대학 탐방 후 느낀 소감 및 의식의 변화

어떤 준비를 했느냐에 따라 행사와 활동의 질이 달라진다. 사회적 저명인사나 전공 탐색에 필요한 분들을 강연자로 불러올 때에도 세심한 질문지가 필요하다. 우리 학교에서는 국제분쟁담당기

자, IT계열 회사 CEO, 경제학과 교수, 줄기세포를 연구한 수의학과 교수, 혹은《생명이 있는 것은 다 아름답다》와《통섭의 식탁》을 쓴 최재천 교수를 모셔온 적이 있다. 최재천 교수의 경우 미리 책을 읽어온 아이들이 유리하겠지만, 다른 분들의 경우에도 아이들이 인터넷을 뒤져 강사의 프로필과 활동 내역을 알고 오면 더 기대감도 갖고 성의 있는 소감문을 쓰게 될 것이다. 여기서도 아이들에게 4~5개 정도의 질문을 주고 강연을 듣고 잘 생각해 적도록 하면 강사에게 질문하는 내용의 질이 달라진다.

　　※ 강연 질문지
　　1. 왜 이 분야(강연자)에 대해 관심을 갖게 되었는가?
　　2. 강연 중 어떤 내용이 기대되고 무엇을 중요하게 여겼는가?
　　3. 강연 중 가장 인상적인 부분은 무엇이고 어떤 내용을 더 알고 싶은가?
　　4. 이 분야에 대해 무엇을 더 발전시켜 보고 싶은가?
　　5. 강연을 듣고 나의 인식에 어떤 변화가 생겼는가?

　이런 정도의 질문지를 나누어주고 이것을 제출한 아이만 출석을 인정한다고 하면, 강연 듣는 태도도 좋아지고 강연이 끝난 뒤 질문하는 내용도 좋아진다. 심지어 강연을 들으면서 그만큼 성장하기도 한다. 그리고 그것은 수업 시간보다 훨씬 더 흥미로운 시간이 된다. 전문가나 명사의 이야기를 들으면서 수업에서 채우지 못한 것을 채워가는 순간, 지적 도약이 일어난다. 아이들은 2시간

강연이 끝나고서도 한 시간 가까이 남아 강연자를 붙들고 질문을 한다. 그리고 더 많은 아이들은 강연장 구석에 앉아 오늘 들은 강연의 소감문을 쓴다. 거기에 자기의 생각을 잘 담아낸 아이는 표창을 받게 된다.

'저자와의 만남'이라는 행사에 소설가 이기호 씨를 초청한 적이 있다. 나는 아이들이 단편소설에 흥미를 가질 뿐 장편소설을 거의 읽지 않는다는 사실을 알고서 출판된 지 얼마 되지 않은 《차남들의 세계사》라는 장편소설을 읽게 했고, 그것을 사온 아이들만 행사에 참여시킨다고 통지했다. 한 달 전부터 그것을 사서 읽은 200여 명의 아이들이 활동 전 기록지에 기록을 한 후 행사에 참석했다. 아이들은 소설가의 강연을 듣고 질문하며 활동 전 기록지와 소감문을 완성해 제출했다. 물론 강연이 끝난 뒤 이기호 소설가에게 부탁해 사인회를 가졌다. 아이들은 길게 줄을 서서 자기가 읽은 책에 서명해 주는 작가와 인사를 나누며 행복해했다. 강연은 대성공을 거두었고 강연자는 대학에서도 이런 활기찬 질문을 들어보지 못했다고 감탄했다.

※ 저자와의 만남 '활동 전 기록지'

1. 주인공의 삶에서 인상적인 부분에 대해 말하시오.

2. 평범한 시민을 간첩으로 몰아가는 사회, 그 하수인들이 어떻게 악인이 되어 가는지 쓰시오.

3. 소설의 형식이 소설의 내용에 미치는 영향에 대해 말하시오.

4. 이 소설을 쓰게 한 힘이 사회적 현실인지, 혹은 작가의 재능인지 말하시오.

5. 이 책을 읽고 작가에게 무엇을 질문하고 싶었는지 말하시오.

아무리 장편소설일지라도 이런 '활동 전 독서 기록지'를 써본 아이라면 대학생 못지않은 질문을 해낼 수 있다. 이미 작품의 내용을 꿰뚫어야 기록지의 질문에 답하며 소설의 사회적 역할, 형식의 문제, 독자 관점에서의 의미 등을 찾아내게 되고 그 의미를 변주하며 되씹게 된다. 어떤 아이는 작가의 사회적 역할에 대해 물었고, 또 다른 어떤 아이는 무지한 주인공이 러시아 간첩으로 누명을 쓰게 되는 과정이 너무 작위적이지 않느냐고 질문했다. 작가가 깜짝 놀랄 정도로 '저자와의 만남'은 작품을 꼼꼼히 읽은 아이들과 나누는 완벽한 교감의 시간이 되었다.

학교에서 하는 행사 중 '교육대토론회'와 '역사토론대회'가 있었다. 교육대토론회는 재학생 1, 2학년 중에서 찬/반 각각 3명씩이 예선을 거쳐 선발되고, 졸업한 선배와 학부모 대표, 그리고 교사가 찬/반으로 한 명씩 동원되어 열띤 토론을 벌인다. 그동안 영어 절대평가 문제부터 학점제 등 교육 현안 문제를 다뤘는데, 올해는 '18세 참정권'을 주제로 교육대토론회가 열렸다. 강당의 연단을 채운 찬/반 양쪽 12인과 사회자 앞에 마이크가 하나씩 놓였고, 강당 좌석에는 1, 2학년 학생들이 가득했다. 여기서 토론자로 나선 6명이 모두 상을 받게 된다(이들은 예선을 통과하는 어려운 과정을 거쳤다)는 것은 이해되지만, 강당에 앉아 경청하는 청중(1, 2학년) 중에서 질문자만 선택해 상을 주는 것은 조금 납득이 되지 않았다. 어떤 식으로든지 청중을 참여시키려면 이 문제에 더 깊이 들어간 소감문을 쓴 아이들에게 상을 주는 장치를 만들었다면 보다 많은 아이들이 깊이 공감하는 토론회가 되지 않았을까 하는 아쉬움이 있었다.

역사토론대회는 '고종은 망국의 왕인가, 개혁군주인가'라는 주제로 열렸는데, 이런 주제는 아이들이 식민사관을 거둬내고 우리만의 독자적 관점을 가질 수 있는 중요한 계기가 된다. 고종은 대원군의 쇄국정책과 명성황후의 시해 문제로 흥미 위주로 다뤄지는 경우가 많은데, 사실 그가 개화기에 행한 정책으로 돋보이는 것이 많고 애국 세력에게 지원한 흔적도 많다. '당나라의 지원을 받은 신라의 삼국통일은 긍정적인가, 부정적인가'에서도 우리 현실의 문제를 직시해 볼 수 있다. 김춘추는 고구려와 당나라에 가서 지원을 요청했지만, 고구려에게는 외면을 당했고 당나라의 지원을 받아 통일을 시킨다. 하지만 외세를 끌어들였다는 혐의에서는 자유롭지 못하다.

인문사회부에서 주관하는 이런 대회들을 같은 날에 열기 어렵다면, 1주일 간격으로 열어 각 대회의 최종 토론자가 중복되지만 않게 선발하면, 더 많은 아이들에게 무대 위에서 토론할 기회를 주게 될 것이다. 한편 청중석에 앉아서 경청하는 아이들은 토론문을 제출하지 않았지만 그래도 활동 전 기록으로 미리 자료를 찾아보고 생각을 정리했기에, 소감문의 내용이 토론자 못지않게 우수한 경우도 드물지 않고, 그런 소감문에 교내상을 주면 아이들의 사기도 진작시킬 수 있을 것이다. 물론 현장에서 질문한 내용이 플러스 점수로 들어간다면 참관 태도는 더욱 훌륭해질 것이다. 교사들이 머리를 맞대고 조금 더 의논하며 진행하면 토론대회가 더 충실해지고 청중들의 참여 열기도 대단해진다.

교내상을 적절히 만드는 것은 중요한 일이다. 하지만 더 많은 아이들이 참여하고, 그로 인해 학교생활에 새로운 전기를 만드는 것이 또한 중요하다. 한편 상이 골고루 돌아갈 수 있는 장치도 마련해야 한다. 강연대회 소감문은 한 부서에서 주관할 경우 1년에 하나만 상을 받을 수 있다. 토론대회의 경우 연단 위에 오른 결선 참가자만 상을 받는 것이 아니라 그것을 보고서 소감문을 쓴 학생들도 상을 받을 기회를 준다. 한편 '세다 토론'이나 '디베이트'처럼 경쟁을 통해 올라오는 과정을 보여주는 토론대회는 그럴 수 없지만, 그런 토론대회를 여는 가운데 학교 전체에 토론 분위기를 불러올 수 있다면 그보다 좋은 일이 어디 있겠는가. 아이들의 인식 수준은 놀랍게 성장할 것이다. 또한 모의 유엔, 모의 국회, 모의 재판과 같은 대회도 얼마든지 이와 유사한 방법으로 열 수 있다. 학교는 수업을 통해 아이들에게 지식을 제공하지만 사실상 더 많은 자기 지식을 이런 대회를 통해 얻게 된다. 스스로 자료를 찾아보고 보이지 않는 적과 싸우기 위해 혼신의 노력을 기울여 준비를 한 자에게만 수상의 영예가 돌아가기 때문이다. 그리고 무엇보다 이런 대회를 통해 학교에서 배운 지식이 사회로 연결되고 교과서와 다른 관점에서 생각해 보는 기회도 갖게 된다. 또한 이런 모든 대회가 아이들의 전공 영역과 관련될 때 그것은 입시에도 도움을 준다. 내가 만든 진로와 관련된 교내상은 특히 전공 적합성을 길러주며, 교사에게 만드는 과정을 점검받되 외부에서 만들어 와야 하는 것들이다. 이와 관련된 내용은 다음 장에서 상세히 밝힐 것이다.

- 진로포트폴리오 대회: 전공학과 소개, 인터뷰 2개 이상, 관련 서적 3권 소개, 소감
- 롤모델노트 대회: (저서를 가진) 롤모델 정하기, 저서 내용 소개, 자신에게 미친 영향
- 마을의 달인 찾기 대회: 동네에서 성공한 사람 인터뷰하기
- 1인 1프로젝트 대회: 지도교사에게 3회 이상 지도받을 것, 2인이나 4인 프로젝트도 가능함

물론 여기에 더해 UCC대회, NIE대회, 동아리(실험)발표대회, 페임랩대회 등을 만들되, 다만 중요한 것은 어떤 방식으로 만들어야 형식 차원에서 그치지 않을 것인지 생각하며, 최종적으로 몇 장으로 만들어야 하며, 사진은 각 페이지에 두 장 이상 들어가고, 활동계획서를 만들고 활동 후 의식의 변화 등을 밝히라는 등 구체적 형식을 주면, 아이들은 A4 용지 20장을 만들게 되더라도 어렵지 않게 생각한다. 더욱 중요한 것은 이 자료가 축적되면 다음 해에는 더 뛰어난 것들을 만들게 된다는 것이다.

나는 학년부장을 할 때 학년부 차원의 교내상을 만들고, 담임을 할 때에는 학년부장에게 건의를 해 몇 개씩의 교내상을 만들고는 했다. 그것이 아이들에게 입시에서 요구하는 것이 무엇인지 알려 주고, 그것에 대한 대비를 철저히 하게 만들었다. 자기만의 학년에 맞는 새로운 교내상을 만들면, 저절로 다양한 교내 활동이 이루어진다. 학종이란 사실상 면접관인 대학교수와 학생들을 지도하는 고교 교사 간의 싸움이다. 대학이 원하는 수준보다 한 단계 더 높은 것들을 고등학교에서 보여주면 대학은 감동한다. 대학교수란 결국 전공 이해가 훌륭하고 적극적으로 책을 읽고 발표할 줄 아는 아이들을 좋아할 수밖에 없다.

5. 토론으로 입 열기

수업의 주체는 아이들이어야 한다. 아이들이 관건이어야 한다. 아이들은 스스로 배울 수 있어야 하며 모든 관심의 중심에 서야 한다. (……) 경쟁은 아이들의 협동심을 파괴하고, 승자와 패자를 양산해 낼 뿐이다. 경쟁은 질투심 많은 경쟁자를 믿지 않게 만든다. 지속적인 긴장만 불러일으킨다. 경쟁은 관심의 집중을 막고, 우정과 협동을 방해한다. 협동 정신은 분명 더 나은 원리 원칙임에 틀림없다.[33]

---

33. 페에 치쉬, 《교실 혁명》, 이동용 옮김, 리좀, 2005, 43-44쪽.

페에 치쉬가 《교실 혁명》에서 말한다. 그는 교실에서 1등을 두고 경쟁하기보다 모두 승자가 되는 수업을 하기 바란다. 아이들이 수업의 중심이 되면 그것이 가능하다. 스스로 관심을 가지고 배워 나가는 수업. 참여 수업을 하면 진도가 느려지는 것 같지만 서로 협력하고 공감하며, 고정된 것들에 의문을 표해보고, 그것의 문제점을 찾아나가는 수업은 더 많은 것들을 얻게 만든다.

아이들은 피교육자이다. 그들에게는 아직 변변한 경험이나 지식이 없다. 그래서 그들 자신의 이야기를 끌어낼 줄 모른다. 어떤 아이는 영악하기도 하지만 많은 아이들은 조금 늦게, 혹은 느리게 성장한다. 그런데 그런 아이들도 아직 형성되지 않은 말, 가슴 속에 숨겨놓은 말을 끄집어내도록 분위기를 만들면, 간신히 참여했더라도 마침내 입을 열기 시작한다. 누구나 이야깃거리를 가지고 있지만 표현하는 요령을 몰랐다가, 한 번 기회를 얻은 이후로 봇물 터지듯 이야기하는 경우도 많다. 그래서 수업은 잘하는 아이보다 못하는 아이에게 맞추고서 그들을 목표에 맞게 끌어당겨야 한다.

여기서 나는 내 수업을 사례로 들면서 우리가 어떤 수업을 할 수 있는지 알아보고자 한다. 올해 고3 국어를 맡은 나는 '고전'이라는 교과서를 제대로 가르쳐 보자고 작정했다. 거기에는 플라톤의 《국가》, 호메로스의 《오디세이》, 도스토옙스키의 《죄와 벌》, 소로우의 《월든》, 레이첼 카슨의 《침묵의 봄》, 밀의 《자유론》, 롤스의 《정의론》, 맥루언의 《미디어의 이해》, 엘리아데의 《성과 속》 등의 목차가 나왔다. 주로 이 교과를 맡은 국어 교사는 교과서는 아예 제쳐두고 고전시가를 가르치거나 EBS 문제집을 풀었는데, 나는 수업을 함께 맡은 다른 교사와 협의해 교과서 진도를 나가기로 했다. 무엇보다 각 단원들이, 아이들이 읽어야 할 중요한 책을 소개하고 있다고 생각했기 때문이다. 대학교수들도 이 책을 읽었다고 한다면 반드시 질문하며 흥미를 보일 만한 내용이었다. 또한 그것은 입시 논술 제시문에 출제되고, 제시문 있는 구술면접에도 종종 나올 만한 주제였다.

※ 3학년 '고전' 《자유론》 발표수업

-공통 질문
1. 왜 J. S. 밀의 《자유론》이 중요한가?
2. 이 책이 후세에 어떤 영향을 미쳤는가?
3. 이 책의 중심 내용이 무엇인가?
4. 이 책을 '지금-여기', 우리 현실에 어떻게 적용할 수 있는가?
5. '독자-나'가 찾아낸, 따로 해석해 보고 싶은 내 삶과 관련된 내용을 말해 보자
6. 이 책을 나의 전공과 어떻게 연관 지을 수 있는가?
7. 상호텍스트적 맥락: 다른 저자, 이론, 실천과의 관계
8. 이 글을 통해 무엇을 배울 수 있는가?

- 세부 질문
① 자유와 평등(분배)의 문제는 어떻게 근대사에 영향을 미쳤는가?
② 통념과 여론으로 행해지는 다수의 횡포 속에서 자유를 어떻

게 지킬 것인가?

③ 자유라는 위대한 가치는 왜 포기할 수 없는 것인가?

④ 이 책의 자유와 공동체주의의 '자율'은 어떻게 다른가?

⑤ 자유가 인간을 억압하고 길들이고 고통을 준 사례는 없는가?

⑥ 소수자(동성애자, 군기피자)의 자유는 어디까지 허용해야 하는가?

⑦ 의식, 행동, 결사, 기호, 내면 등 자유의 기본 영역은 왜 그리 중요한가?

⑧ 우리가 추구하는 자유의 이상적 상태를 전공과 관련시켜 이야기해 보자.

[발표자: 2인 1조]

a. A4 용지 두 장 정도로 준비해와 칠판에 붙이고 발표한다.

b. 공통 질문과 세부 질문 중 2~3가지 정도씩 초점을 맞춰 발표한다.

c. 자기 전공과 관련시키고, 책의 내용을 정확히 요약해 글에 대한 이해를 높인다.

d. 파워포인트는 10장 이내로 하고, 발표할 사람은 미리 수업 전에 노트북을 가져와 설치한다.

　나는 공통 질문으로 저자에 대한 소개, 이 책이 출간되는 배경과 당시에 미친 영향, 대략적인 줄거리 등 8개 중에서 두세 개를 설명하게 하고, 세부 질문 8가지 중에서 두세 개를 택해 텍스트의 내용과 현재 적용 가능성에 대해 해석하게 했다. 그러면 아이들은 공통 질문과 텍스트 질문을 포함해 파워포인트로 10쪽 분량의 프레젠테이션 자료를 만들고, A4 한두 장의 요약문을 발표한 뒤에 제출했다. 한 팀에 두세 명이 함께 할 수 있고, 한 주제에 세 팀까지 발표할 수 있게 만들어 수업 한 시간을 잘 활용했다. 그러면 같은 책이라도 다양한 관심사가 나오고 여러 방향에서 주제에 접근할 수 있게 되고, 발표 팀이 적어도 교사인 나까지 토론에 참여해 질문하면 아이들이 중요한 내용을 스스로 짚어냈다. 이때 텍스트 질문을 참고서나 인터넷에도 잘 나오지 않을, 자기만의 해석을 요구하는 질문으로 만들면, 그것을 고심해서 정리한 아이들의 지적 성장은 놀라웠다. 《죄와 벌》이나 《오디세이》의 경우에는 이 내용과 관련된 음악, 혹은 미술 작품을 찾아오라고 말하기도 했다. 아이들은 자신이 아는 범주 내에서 그것들을 찾아온다. 그것이 적절한가는 다음 문제이고, 자신이 택해 온 자료를 설명하는 과정이 좋았다. 물론 뒤에 교사의 논평이 들어가니까 조금 잘못된 것도 교육적 효과를 줄 수 있었다.

이로써 인문계 학급에서 사회과학 계열에 관심 있는 아이들은 밀과 롤스의 책을 발표하고, 미디어와 관련된 학과에 가려는 아이들은 맥루언의 책을 읽었고, 환경 문제에 관심이 많은 아이들은 카슨과 소로우의 책을 읽고 발표했다. 무엇보다 그 책이 현재 우리에게 미치는 영향, 다른 텍스트와의 관련성, 자기 전공과 어떤 관계가 있는지 밝히는 장면은 다른 아이들에게도 큰 도움을 주었다. 이런 수업을 통해서 아이들이 2학년 때까지 행한 것들을 어느 정도 종합한다는 느낌이 들었다. 그리고 이런 활동에 참여한 아이들의 세특 내용을 적어주는 것도 부담스럽지 않았다. 이미 아이들의 요약문과 파워포인트 자료가 내 노트북에 그대로 있기 때문에 어려움은 전혀 없었다. 그 책을 다 읽지 않은 아이들도 그 내용을 거의 파악했고, 수시 원서 접수 후에 다시 읽어보는 아이들도 적지 않았다.

실제로 서울대 입시 면접에서 한 아이는 소로우의 《월든》과 레이첼 카슨의 《침묵의 봄》에 대해서 집중적인 질문을 받았다고 전했다. 그 아이는 소로우의 초월주의가 카슨의 생태주의에 어떤 영향을 주고, 그것들이 서로 어떻게 다른지 발표한 아이였고, 심지어 생태주의가 니체와 하이데거의 현대성 비판으로부터 이어진다는 것을 발표한 아이였다. 면접관은 그의 답변에 흡족한 표정을 지었고, 그는 실제로 합격했다. 한국외국어대와 동국대에서 면접을 본 아이도 교수들이 '고전' 수업 중에 벌어진 발표와 토론에 관심을 보였다는 소식을 전해왔다. 결국 대학교수는 자신이 관심을 가진 분야에 고등학생들이 어떻게 접근해 가고 있는지 학생부 세특을 읽으며 질문하고 싶은 충동을 느끼는 것이었다.

모든 수업은 아이들 입을 열게 하는 것으로부터 시작해야 한다. 그게 거꾸로 수업이건, 하브루타 수업이건, 월드카페나 디베이트, 혹은 배움의 공동체 방식의 수업이건 아이들이 직접 참여해 발표하고 토론하며 스스로 지식을 습득해야 했다. 아이들이 스스로 흥미를 가지고 자신의 잠재력을 계발하는 것은 주입식 수업으로는 불가능하다. 그런데 참여 수업을 하다 보면 교과서의 내용과 달리 자기 의견을 내놓고 싶은 충동을 갖게 된다. 거기서부터 발전해 책을 찾아 읽고 꽤 쓸 만한 보고서나 소논문에 도전해 볼 수도 있게 된다. 고등학생이 어떻게 그런 것을 할 수 있느냐고 물을 것이 아니라 방법을 찾아보고 교사 스스로 터득해야 한다. 보고서도 논문 형태로 길게 쓸 것이 아니라 A4 용지로 5장 정도로만 쓰게 해도 충분하다. 거기서도 아이들의 창의력이 얼마든지 꿈틀거릴 수 있다.

나는 수업을 하면서 아이들에게 교과와 관련된 내용 중에서 다루고 싶은 주제가 있으면 찾아내 발전시켜 보라고 말한다. 이것은 모든 교과와도 관련되는데, 아이들이 주입식 수업을 하는 선생님에게 찾아가 자신이 수업과 관련된 글쓰기를 했으니, 괜찮으면 학생부 세특에 기록해 달라고 요청할 수도 있는 것이다.

1. 교과 내용 정리와 그것과 관련된 사회 현상
2. 교과서와 다른 관점에서 볼 수 있는 내용
3. 그것이 다른 텍스트(영화, 책)에 미친 영향
4. 우리 현실에 적용해 볼 수 있는 문제
5. 거기서 떠오르는 '나'만의 생각, '나만'의 해석, 혹은 '나 찾기'

아이들이 발표와 토론 수업에서 자기 의견을 말할 때 교사는 그것의 방향을 잡아주고, 그것의 창의성과 분석력에 대해 의미를 부여 해주면 된다. 교과서의 내용, 사회 현상, 또는 다른 텍스트(책, 영화 등)와의 관계를 살펴보고, 현재성, '나만의 해석' 등을 고려하면 다양한 이야기가 나온다. 물론 이것은 꼭 이렇게 규정해서 질문할 필요가 없고 주제와 교사 재량에 따라 질문할 수 있다. 아직 우리나라에서 프랑스 바칼로레아 방식의 논술 시험이 시기상조라고 말하는 사람들이 많지만 사실상 그것은 어려운 일이 아니다. 설혹 가르치는 교사의 문제가 될 수는 있어도 학생의 문제는 아니다. 교사들이 지적 능력, 토론과 글쓰기의 능력을 기르면 저절로 그 문제는 해결되고 아이들은 그것에 따르게 되어 있다. 특히 학종이 도입되면서 이런 여건이 만들어졌다. 이제 아이들은 고등학생일지라도 수업 시간에 파워포인트 자료를 만들고 프레젠테이션을 하고 토론에 임하는 것이 자연스럽게 되었다. 그만큼 아이들은 적응력이 강하다. 그리고 앞의 질문에 답하다 보면 어떤 수업이건 듣고 보고서 5장을 쓰는 것은 일도 아니다. 다음은 프랑스 대학 입시 바칼로레아 철학 문제 중 일부 사례이다.

※ 바칼로레아 철학 문제
① 지금의 나는 내 과거의 총합인가?
② 죽음은 인간에게서 일체의 존재 의미를 박탈해 가는가?
③ 우리가 하고 있는 말에는 우리가 의식하고 있는 것만이 담기는가?
④ 역사는 인간에게 오는 것인가 인간에 의해 오는 것인가?
⑤ 예술이 인간과 현실과의 관계를 변화시킬 수 있는가?
⑥ 기술이 인간 조건을 바꿀 수 있는가?
⑦ 다름은 곧 불평등을 의미하는 것인가?

이런 질문은 모두 일반고 아이들도 토론을 벌일 수 있는 주제다. 다만 준비 과정이 필요하고 책을 읽거나 자료를 살펴보는 시간이 필요할 것이다. 무엇보다 이것은 앞의 보고서 쓰기에 필요한 내용이 될 수도 있다. ①과 ②는 존재론적 문제이고, 그 다음으로 심리학, 역사, 예술, 기술의 문제를 거론한다. ⑦은 포스트모더니즘의 핵심적 주제이다. 이것들은 모두 '나'의 문제로 바꿔볼 수 있고, 어떤 식으로든지 나만의 해석을 요구한다. 바로 이런 주제들을 수업 시간에 하나씩 받아들이면 훨씬 더 내용 풍부한 토론을 이끌어낼 수도 있을 것이다. 그리고 그것을 나만의 해석으로 이끌어낸다면 어설프게나마 꽤나 쓸 만한 보고서를 만들 수 있을 것이다. 교과 담당 교사는 그것을 읽고 교과 '세특'에 아이의 창의성을 적어주면 된다.

아이들은 무섭게 성장한다. 정신 능력이나 판단의 능력, 해석의 능력은 정말로 그렇다. 아이들에게 미리 토론 주제를 알려주면 적어도 그들은 인터넷에서 자료를 찾아보고 자신의 생각을 정리해 온다. 그것도 디베이트 방식으로 찬성과 반대를 정해 주면 더 열심히 준비한다. 다만 그것이 교과와 관련된 내용이면서 시사와도 관련되면 더욱 좋다. 그로 인해 아이들은 우리의 사회문제에 관여하게 되고, 시민의식과 역사의식을 가지고서 토론에 임하게 된다. 세계 어느 나라건 18세가 되면 선거권을 갖게 되고, 또한 고등학생의 나이면 사회 현실에 대해 판단하고 발언할 수 있다. 그런데 우리 아이들만 자신이 살아가는 사회와 유리된 채 입시에만 매달리는 경향도 없지 않다. 그런 아이들에게 다음과 같은 질문을 해 보자.

※ 시민의 사회적 권리
1. 무엇이 우리 사회를 지배하는가?
2. 우리 시대의 구조적(본질적) 특징은 무엇인가?
3. 시민으로서의 나는 어떤 권리와 책임을 가지는가?
4. 나는 어떤 방식으로 우리 사회의 주역이 될 수 있는가?
5. 우리 사회를 변화시키기 위해 나는 무엇을, 어떻게 할 수 있 는가?

이런 질문에서 어떤 정치적 성향을 읽어내려는 사람은 불순한 사람이다. 아이들이 자기 자신이 살아가는 사회를 올바르게 파악 하지 않고서 어떻게 살아간다는 말인가. 그들도 정확히 알아야 한 다. 다만 지금까지 진실을 땅에 묻고 독재자에게 빌붙어 살아온 기성세대들이 문제다. 아이들도 진실을 알아가면서 성장해야 하 지 않겠는가. 또한 이런 질문을 통해 교과와 관련된 글을 써서 제 출하면 사회학과, 행정학과, 정치외교학과, 사회복지학과 등의 아 이들에게 도움을 주었다. 사회 구조를 알아야 사회과학 분야에서 할 일을 찾아낸다.

국어 교사인 내가 문학을 가르칠 경우, 단편소설에서 김동인의 〈감자〉, 김승옥의 〈건〉, 이상의 〈날개〉를 택해 아이들과 함께 읽 어보고 다음의 질문들을 생각해 오게 한다. 아이들은 그 질문에 답해 보려고 노력하며 그것을 자기 방식으로 해석하고 현재성을 생각한다. 《학생부종합전형을 위한 고교생 필독 소설선》(서교출판)은 이런 글쓰기를 안내하는 책인데 세상에 둘도 없는 자기만의 〈감자〉와 〈건〉과 〈날개〉를 해석하게 만든다.

※ 소설에 대한 기초적 질문
질문1: 김동인의 〈감자〉에서 개돼지처럼 살아온 복녀의 욕망은 정당한가?
- 남편의 무능으로 빈민촌(칠성굴)에서 몸을 파는 복녀의 행위는 정당한가.
질문2: 김승옥의 〈건〉에서 주인공이 타락한 세계로 진입하는 것은 누구의 탓인가?
- 윤희 누나를 강간하도록 방조한 주인공의 행위는 무엇을 의미하는가.
질문3: 이상의 〈날개〉에서 주인공은 왜 아내에게 빌붙어 사는가?
- 〈날개〉의 주인공/아내를 나의 '내부/외부'로 보면 소설의 의미가 어떻게 바뀌는가.

이것들은 모두 텍스트에 대한 질문이지만 우리 시대의 문제, 혹은 '나'의 문제이기도 하다. 청소년들의 욕망, 타락한 세계, 의존적 삶은 우리 현실에서의 중요한 토론 주제이다. 게다가 주인공의 모순적 행위들은 더 많은 것을 생각하게 한다. 여기에서 한 걸음 더 나아가 한 편의 비평문을 쓰게 하려면, 앞의 질문에 이어 다음의 질문들을 계속해 나가면 된다. 그러면 자기 생각을 포함해 5개 단락의 글쓰기를 쓸 수 있게 된다.

※ 김동인 소설 〈감자〉에 대한 질문

1. 복녀를 양가집 출신으로 만든 이유는 무엇일까?
2. 이 소설에 나타난 가부장제를 어떻게 비판할 수 있는가?
3. 복녀의 행위와 자본주의의 도래를 연결시킬 수 있는가?
4. 독자인 '나'가 가진 욕망은 복녀의 욕망과 어떻게 다른가?

※ 김승옥 소설 〈건〉에 대한 질문

1. 주인공이 느낀 '현기증'은 무슨 의미인가?
2. 주인공이 왜 빨갱이의 시체에 침을 뱉었는가?
3. 저자는 왜 주인공이 윤희 누나를 '악당들'에게 넘기도록 만들었는가?
4. 독자인 '나'는 주인공과 유사한 행위를 한 적이 없는가?

※ 이상의 소설 〈날개〉에 대한 질문

1. 주인공의 5번의 외출의 의미는 어떻게 달라지는가?
2. 주인공은 왜 돈을 변소(화장실)에 버리는가?
3. 저자는 결말에서 주인공을 죽이고 싶었을까, 해방을 노래하려고 한 것일까?
4. 독자인 '나'가 '박제된 천재'라면 일제강점기에 어떤 저항을 했을까?

좋은 질문은 아이들을 생각하게 하고 글을 쓰게 만든다. 책을 읽고 이런 정도의 질문만 받아도 아이들이 5개 단락의 글을 쉽게 써서 제출한다. 그리고 그런 뒤 토론을 시키면 활발한 토론이 벌어진다. 교사가 좋은 질문을 찾아내고, 아이 스스로 질문할 수 있게 만들면 사실상 공부를 다한 것이나 다름없다.

하브루타는 둘이서 같은 장소에서 같은 텍스트로 질문하고 논쟁하는 학습법이다. 2인 1조로 친구에게 배우면서 친구를 가르치는 일종의 멘토링이라 할 수 있는데, 자기 생각을 말로 표현하고 친구에게 설명하는 과정에서 자신의 사고가 명확해진다. 작품을 읽고, 앞의 질문을 해보며 짝과 토론한다면 조금 더 다양한 이야기가 나올 수 있다. 하브루타 수업은 짝 활동이라서 빈둥거리는 무임승차자가 나타나지 않는다. 또한 강의를 들은 뒤 24시간 후에 5%를 기억한다면, 토론한 뒤에는 50%, 친구에게 설명한 뒤에는 90%를 기억한다고 하니, 그것의 효과는 엄청나다고 하겠다.

※ 고3 교실에서의 하브루타(2시간)

- 1차시
1. 작품 읽기(15분): 숙독 시간을 줌(미리 읽어온 아이들에게 주요 부분 다시 읽힘)
2. 교사 강의(10분): 작가와 배경을 설명함. 학생들은 활동지의 빈칸을 채워나감.
3. 복습하기(5분): 2인1조가 배운 내용을 반씩 나눠 복습함.
4. 친구 가르치기(5분): 이해한 내용을 서로 설명하기.

5. 개인별 질문 만들기(15분): 작품에 대해 두 사람이 좋은 질문 5개를 선택함.

- 2차시
1. 짝 활동(10분): 2개 짝(4명)이 각각 만든 질문을 검토하고 5개 질문 고르기.
2. 모둠 활동(10분): 4개 짝 모둠(8명)에서 하나의 주제로 통합할 수 있는 5개 질문 고르기.
3. 판서 및 발표(20분): 4개 조 조장이 나와 판서하고 각각 5분씩 자신들이 정한 질문들(목차)을 발표함.
4. 최고 질문 선정(10분): 판서한 목차 중 가장 뛰어난 것을 거수로 선택함. 교사 마무리.

이런 활동을 통해 노는 사람 없이 둘이서 이야기를 나누고, 거기서 다른 짝들과의 대화를 나누고, 다시 거기서 8인 모둠으로 나아가 대화를 통해 더 좋은 질문을 고를 때 누구라도 잠자거나 다른 짓을 하기 어렵다. 그런 뒤 가장 우수한 질문을 골라 칠판에 판서하고 설득하는데, 그것이 비평문이 될 수 있는 재료로서 질문이 되면 높은 평가를 받는다. 목차가 설득력이 있는지 검토한 뒤에는 4~5개 단락으로 보고서나 비평문을 쓰게 하면 수업이 완성된다.

6. 진로포트폴리오 만들기

　진로포트폴리오는 전공 탐색의 결정판이다. 누구나 그것을 3년간 만들어야 하는 것이지만 고2 때에는 수행평가나 교내상을 통해서 주어진 형식대로 만들어보게 하는 것이 좋다. 1, 2학년 때 '전공 탐색의 날'을 정하고 그날 전문가를 만나서 인터뷰하는 시간을 만들자. 인터뷰를 정하지 못한 아이들은 대학 탐방을 갈 수도 있고, 한국잡월드, 전공 관련 기업이나 연구소, 사회적 경제 지원 센터 등을 방문하거나 자신의 전공과 관련된 사람들을 만나러 가면 된다. 물론 모든 아이들은 계획서를 제출하고 누구를 만나서 무엇을 알아볼 것인지 설명할 수 있어야 한다. 그리고 그날 행한 일들을 사진을 첨부해 활동지로 만들어 제출해야 하는데, 찾아간 장소와 만난 사람과 찍은 사진을 실시간으로 SNS로 보내게 한다. 진로 탐색이 분명하고 인터뷰를 제대로 한 아이들에게 시상을 한다.

　이것은 진로포트폴리오를 만들기 위한 기초 작업이다. 진로포트폴리오란 예전에 입학사정관제에서 대학에 제출하는 자료인데 이제 특기자 전형 몇 곳에서 제출할 뿐 다 사라졌지만 그런 활동을 똑같이 해보자는 취지로 만들어졌다. 아이들이 가상으로나 대학에 제출하는 자료를 만들어본다는 것은 의미 있는 일이다. 그리고 담임이 아이들 활동 내역을 '진로활동'란에 적어주기도 용이하다. 다만 이전 선배들이 만든 모범적인 작품을 보여주면 아이들은 그것보다 더 잘 만든다. 나는 이 활동에 학년 전체를 참가하게 하면서 수행평가로 활용하기도 했다. 아이들 전체를 강당에 모이게 한 뒤 선배들의 작품을 보여주며 한 시간 동안 설명회를 가지면 아이들은 이것의 취지와 필요성을 이해했다.

먼저 아이들이 자신의 전공을 임의로 정해 학과를 탐색하고, 그 분야 전문가를 만나 인터뷰해 보면서 자기 진로를 확정해 가게 했는데, 학종으로 대학에 가려면 꼭 필요한 과정이다. 설혹 나중에 전공을 바꾸더라도 2학년 때까지 한번 자기 전공을 정해 그 분야 전문가들을 만나면 전공을 선택해야 할 필요성을 더 느꼈다. 그것은 담임이 아이의 진로를 파악하고 학생부에 전공을 중심으로 기록할 전략을 세우는 데에도 용이했다. 다만 엄격한 양식을 주고 그 틀에 맞추도록 했다. 표지부터 소감까지 15~20쪽으로 만들어야 했고, 쪽마다 사진을 두세 장씩 넣도록 했다. 학년 전체가 그것을 만들어 발표하고 제출하도록 했고, 그중에서 20%를 시상했다.

※ 진로포트폴리오 양식

1. 표지(1장): 자기 신념을 나타내는 멋진 제목[이름, 소속, 전공 명시]

2. 나의 길(1장): 가족과 학교 속에서 성장해 온 '지금의 나'

3. 학과 탐색(1장): 학과 개설 이유, 개설 강좌(커리큘럼), 졸업 후 전망

4. 학업 계획(1장): 4년간 학업 계획, 강의시간표, 희망 대학 전형 방법 소개.

5. 전문가 인터뷰(3~5장): 대학 교수, 대학(원)생, 연구원, 직업

전문인 2~3인 인터뷰

6. 전문가 추천 도서(1장): 전문가들이 권한 앞으로 읽을 책 3권
소개

7. 자율동아리 계획(1장): 앞으로 읽을 책을 선정하고 계획서 만
들기

8. 학교 활동(3~4장): 지금까지 행한 활동 정리. 리더십, 봉사
(멘토링), 동아리(예체능) 활동 등

9. 활동 계획(1장): 봉사(멘토링), 막간 연주, 소논문 쓰기, 교문
밖으로 진출할 계획 등

10. 활동 후 바뀐 것들(1장): 진로 목표, 의식의 전환. 교과 수업
전략

11. 활동 후 소감(1장)

[※ 각 장에 사진을 두 장 정도 넣고, 항목마다 한 장씩 늘릴 수
있되 총 20장을 넘기지 말 것. 자료는 출력해서 학년부 교무실
에 제출하고 담당 교사에게 이메일로도 제출할 것]

이 활동을 시키기에 앞서 같은 진로 성향을 가진 아이들끼리 팀
을 짜게 도와준다. 아직 무엇을 전공으로 삼을지 정하지 못한 아
이들이 많다. 그러니 문과의 경우 상경 계열, 사회과학 계열, 인문
계열, 예체능 계열 등으로 나누고서 그들이 함께 인터뷰 계획을
세우고 활동하도록 했다. 그러면 인터뷰 가서 해야 할 질문을 준
비하기도 좋고 서로 사진 찍고 녹음하는 역할을 정하기도 좋을 뿐
만 아니라 인터뷰 분위기도 부드러워졌다. 인터뷰를 마친 아이들
에게 파워포인트로 자료를 만들어 미리 발표시키면 아직 못한 아

이들은 만드는 방식에 대한 이해도를 높이고 팀별로 더욱 분발하게 된다. 개인이 따로 한 것도 있지만, 진로 강연자, 선배, 동네 어른들이 모두 동원되었다. 자신의 부모님이나 가족을 제외시켰기 때문에 자기 부모님을 다른 아이들에게 인터뷰 대상자로 소개시켜 주는 아이들이 많았다. 그리하여 전교생이 15장 이상의 포트폴리오를 만드는 일을 별로 어렵지 않게 해냈다.

전문가 3명을 인터뷰한 아이들도 많았다. 그 외에도 그동안 활동한 것들을 정리하고 인터넷에 들어가 전공 탐색을 하거나 그 분야의 학자나 전공 서적들을 캡처해 와 자료를 만들면 되었다. 20장을 넘기면 감점 요인이라 자기 활동을 압축해내는 훈련도 되었다. 그것은 다시 말해 사진을 첨부해서 만드는 자기소개서였다. 형식에 맞게, 남 보기에도 좋게, 만약 대학에서 그것을 보면 합격시켜줄 수밖에 없도록 만들자. 아이들은 활동의 의미를 파악했고, 그것을 만들면서 자신의 진로를 정하고 구체적인 직업을 생각하고 대학 들어간 뒤의 학업계획서와 활동 계획까지 생각해냈다. 나는 이 활동을 끝낸 뒤 모든 파일을 담임에게 넘겼다. 그러면 담임이 이 자료를 참고해 학생부의 진로활동 영역이나 개인별 세부 및 특기사항, 행동특성 및 종합의견란에 적어주었다.

전문가 인터뷰는 미리 준비시켰다. 지역이 어려운 동네에서는 주변에서 저술가나 대학교수를 찾기가 힘들다. 따라서 대학 학과 홈페이지에 들어있는 교수들의 이메일 주소로 편지를 보내게 했다. 정중하고 간절하게 편지를 쓰되, 인터뷰 희망 교수의 저술이

나 주요 활동 내역을 미리 알아보고 질문 내용도 미리 보내도록
했다. 여학생의 경우 3~5번 보내면 하나 정도 인터뷰 허락이 떨어
졌고, 남학생의 경우에는 5~7번을 보내야 하나씩 연락이 왔다. 그
런데 인터뷰를 할 때 혼자서 가지 않고 조별로 가기 때문에 놀랍
게도 전체의 2/3가 성공했다.

※ 전문가 인터뷰 방법
1. 전공 탐색: 대학 학과 홈페이지 방문, 관심 있는 분야의 커리
큘럼 조사.
2. 인터뷰 요청: 관심 분야 교수에게 이메일 보내기.
3. 인터뷰 전후에 해야 할 것
   a. 교수의 저서, 논문, 강의 내용, 관심 분야, 연구 활동 등을
      조사한다.
   b. 이메일을 보낼 때 대강의 질문 요지를 밝힌다.
     - 교수님께 관심을 갖게 된 경위를 밝힌다.
     - 그 분야에 진출하도록 영향을 미친 이론가에 대해 묻는다.
     - 어떤 자질과 소양을 갖춘 학생을 선발하고 싶은지 묻는다.
     - 추천하고 싶은 책에 대해 묻는다.(전공 서적 1권 포함)
     - 교수의 가치관과 강의 철학에 대해 묻는다.
   c. 명함, 친필 서명을 받고, 함께 사진을 찍는다.
   d. 훗날 감사 편지를 보낸다.
4. 자율학습동아리를 만들고 소개받은 책을 스터디 한다.

인터뷰는 학습의 연장이다. 미리 준비를 잘해야 좋은 인터뷰를

이끌어낸다. 인터뷰를 시작하면 녹음을 해도 되는지 허락을 받고, 상대방이 이야기를 풀어낼 수 있도록 자연스러운 분위기를 만든다. 어떻게 해서 그 분야에 나가게 되었고, 어떤 자세로 노력해 전문가가 되었는지 물으며, 인터뷰 대상자의 가치관을 알아 온다. 특히 교수님이 가장 중요하게 여기는 전공 서적, 가장 크게 영향을 미친 이론가가 누구인지 물으면, 전공 적합성을 기를 핵심 사항을 알게 된다. 또한 교수님 같으면 어떤 준비, 어떤 활동을 한 학생을 선발하겠느냐고 물어 그 분야에서 어떤 인재상을 선호하는지 파악한다. 인터뷰가 끝나면, 정중하게 인사를 하고 함께 기념사진을 찍으면서 거듭 고마움을 표시한다. 이런 인터뷰를 통해 무엇을 읽고 어떤 활동을 해야 하는지 알게 될 뿐만 아니라 자신의 진로에 대해 자신감을 갖게 된다.

교수 두 사람과 은행원을 인터뷰한 아이는 처음에는 은행원이 꿈이었지만 인터뷰 뒤에 경제연구원으로 바꾸다. 이 아이는 대단한 활동을 하지 않았지만 인터뷰에서 얻은 것을 잘 활용해 대학에 무난히 들어가게 되었다. 전공을 확정해 가는 과정이나 인터뷰 뒤에 책을 읽고 활동을 하면서 자아실현을 해나가는 모습이 인정받은 것이다.

적절한 인터뷰 대상을 찾지 못하면 그 학과 대학생이라도 만나서 취재를 해볼 필요가 있다. 대학 탐방을 갈 때에 그저 캠퍼스 구경 가는 것이 아니라 그 대학에서 누구를 만나고 어떤 질문을 할 것인지 명확히 하고 가면, 적어도 학과 사무실에서 조교나 대학생을 만나 이야기를 들을 수 있게 된다. 학교 차원에서 대학 탐방을 할 때에는 입학처에 이런 사실을 미리 알려 학과 사무실의 협조를 얻으면 더욱 좋다. 이런 때에도 인터뷰 하나를 성공한 셈이 된다.

전공 탐색과 전문가 인터뷰는 아이들의 성장에 큰 도움이 된다. 자신이 가고자 하는 길의 전문가를 만나고 와서 그분의 친절한 배려 덕분에 그 학교에 들어가겠다고 더욱 기를 쓰는 아이들이 생겼다. 그리고는 교수님이 추천해준 책을 읽는다고 학습 스터디를 만들고, 거기서 발표와 토론을 하고, 잘 모르는 아이들에게 멘토링을 해주고, 또 그것과 관련해서 글을 써서 관련 교과 교사에게 제출하는 일들이 벌어졌다. 이런 활동 하나가 아이의 의지를 바꾸고 삶의 태도를 바로잡아 주었다. 어떤 아이는 인터뷰에서 배운 개념 하나를 가지고 페임랩대회에 나가 발표했고, 그것을 발전시켜 소논문을 써서 상을 받기도 했다. 그게 완벽한 글쓰기가 되지 못한다고 하더라도 이런 노력 끝에 쓰는 보고서는 살아 있는 지식, 완벽한 자기 지식이 되었다. 이 모든 것은 전문가 인터뷰로부터 생겨난 일이었다. 그런 뒤 자신이 읽은 책을 프레젠테이션 하거나 한 학교 중앙 정원에서 개인 전시회를 벌이고 버스킹을 시도하는 아이도 생겼다.

진로포트폴리오는 전공과 관련된 결정적 자료가 된다. 학종 지원자들이 자기소개서를 쓸 때 요긴한 자료가 되고, 1차 합격하고 면접을 보게 될 때 가장 많이 질문받는 자료가 된다. 자신의 진로를 결정하고 의식이 전환되는 과정을 보여주는 일이야말로 면접관에게 보여줄 핵심 내용이다. 어떤 아이는 시를 배우는 문학 시간에 몇 년 동안 손 놓았던 클라리넷을 들고 나와 시의 내용에 맞추어 연주를 하고, 어떤 아이는 고3인데도 하프 마라톤대회에 참가하기도 했다. 어떤 아이는 무하마드 유누스의 《가난한 사람들을 위한 은행가》를 읽고 그에게 직접 이메일을 보내고 답장을 세 차례나 받아 가난한 사람들을 위해 살겠다는 삶의 자세를 확립했다. 진로포트폴리오는 전문가 인터뷰가 핵심적 내용인데 그것은 많은 아이들을 변화시켰다. 중요한 것은 자기를 만들어가는 것, 변화시켜 가는 것이다.

진로포트폴리오 제목(혹은 주제)을 다음과 같이 붙이도록 했다.

의지를 가지고 노력하니 (   )이/가 달라졌다

아이들은 괄호 안에 멋진 제목을 많이 붙였다. '세상을 보는 눈', '나의 목표', '삶의 방법'. 괄호를 채우는 것만으로도 훌륭한 제목이 되었고 아이들의 자존감을 살려주었다. '달라졌다' 자리에 '보였다', '갖게 되었다'를 넣기도 했다. 어떤 활동을 한 뒤에 어떻게 의식의 변화를 느꼈느냐가 중요하다. 그것도 자기 의지를 가지고 했다는 점이 더 중요하다.

7. 전공 적합성 완성하기

고3에 들어오면 진로 관련 활동이 줄어들고 전체적으로 EBS 문제집 풀이에 매달린다. 전통적으로 3학년은 수능 준비에 만전을 기해야 한다는 묵계가 있다. 그런 경향은 부분적으로는 맞지만, 학종으로 대학에 들어가기로 마음먹은 아이들에게는 맞지 않다. 물론 학종에도 수능 최저 등급이 있는 대학이 몇 곳 있다. 하지만 전체적으로는 수능보다 내신이 중요하고, 자신이 1, 2학년 때 한 학교 활동을 발전적으로 보완할 필요가 있다. 그래야 "내가 이런 성취를 보였다!"고 대학 면접관에게 전할 수 있게 되는 것이다.

따라서 고3이라고 해서 활동을 멈출 수는 없다. 3학년 1학기 내신은 절대적으로 집중해야 할 것이지만, 그밖에도 진로 영역에서 어떤 성장을 이뤄냈는지 증명할 필요가 있다. 혹은 두 가지 전공 영역에서 갈등을 하고 있다면 두 쪽에 다 지원을 해도 하자가 없을 정도로 학생부 활동 내역에 신경 써야 한다. 고3이지만 전공 관련 서적을 읽고, 발표하고, 스터디를 하고, 심지어 전문가를 찾아다니기도 해야 한다.

3학년부 교사들은 3학년만의 교내상을 만들어 아이들의 갈증을 해소할 수 있게 만들어야 한다. 2학년 때 진로포트폴리오대회를 했다면, 3학년 때에는 롤모델노트대회를 열고, 부족한 봉사 활동을 채우도록 하고, 아이들과 나눔과 배려를 할 수 있도록 멘토링일지대회를 열고, 그밖에 학습스터디발표대회, 프로젝트발표대회, 자기발전보고서대회 등을 열 필요가 있다. 이와 같은 대회들은 여름방학 때부터 써야 할 자기소개서의 중심 내용이 될 뿐만 아니라, 3학년 때에도 학생부 기록을 풍부하게 해준다.

1학기 중간고사 이후에 앞의 세 개 대회를 열고, 기말고사 직후에 뒤의 세 개 대회를 열었다. 이것들에는 명확한 조건이 붙어 있다. 봉사활동수기대회는 표지 포함 6매 이상으로 각 페이지에 사진을 첨부하고, 3학년 때 10시간 이상 봉사 활동을 한 사람이 그 내용을 쓰되, 봉사와 관련된 책이나 영화 한 편을 보고 그것에 대한 이야기까지 엮어, 봉사 활동의 필요성과 그것을 통해 배운 것들을 담아내야 했다.

멘토링일지대회는 표지와 전체 설명서를 포함해 총 12매로 멘토링을 10회(10시간 이상) 이상 행한 내용을 묶어 제출하는 것이다. 멘토링을 한 시간, 장소, 대상을 밝힌 뒤, 가르친 내용을 요약적으로 설명하고, 멘토와 멘티의 소감을 적고, 마지막에 담임교사의 지도 조언과 서명을 받아야 한다. 그리고 전체 설명서에는 이 활동을 통해 무슨 성과가 있었고 무엇을 배웠는지, 앞으로 어떤 삶의 태도를 갖고 싶은지 밝히면 된다.

자기주도학습일지대회는 주어진 양식에 따라 총 30회 이상 자기 주도 학습을 이뤄낸 경험을 일지에 담아내되, 하루에 자기 공부 6시간 이상 한 날을 점검해 보자는 것이고, 하루 일과를 꼼꼼히 적을 뿐만 아니라, 전공 관련 독서 및 활동 내역을 담고, 운동 및 게임, 혹은 멍 때린 시간까지 정확히 적으면서 자신이 어떤 생활을 하는지, 그것이 30회 지속되면서 어떤 변화를 보이는지 밝혀야 한다. 물론 이 일지도 표지와 전체적 소감을 따로 한 장씩 붙여야 하는데, 거기에도 담임의 조언과 서명이 들어가야 한다.

자기발전보고서대회는 대교협 자기소개서 쓰기를 변형시킨 것으로서 1학년부터 자신의 학업이나 전공 역량을 어떻게 발전시켜 왔으며, 전공 영역에 대한 4년간 시간표와 주요 활동 계획 및 취업 준비를 학업계획서로 쓰고, 전체적으로 역경을 극복한 활동을 중심으로 정신적으로 어떤 변화 과정을 거쳤는지 기술하게 한다. 이것들은 반드시 형식에 따라 사진과 엮어서 멋진 감동을 주도록 만들어야 한다. 그리고 자기발전보고서를 제출한 아이들을 중심으로 구술면접 지도를 하겠다고 말하면 참여하는 눈빛이 달라진다.

이런 대회는 만드는 것이 중요한 것이 아니라 많은 아이들을 참여시키는 것이 중요하다. 설령 수능으로 대학을 간다고 하더라도 자기주도학습일지를 만들어보고, 멘토링을 해보는 일은 생활 태도, 삶의 자세를 바꾸는 일이 된다. 특히 전공을 무엇으로 할 것인지는 원서 접수할 때 고민할 일이 아니라, 수시로 생각하면서 결정해 나가게 해야 할 일이다. 설혹 접수할 때에는 대학 이름 보고 간다고 하더라도 자기 전공을 막연하게 결정하는 아이는 끝내 불행해진다. 대학 가서 방황하게 되는 것이다.

그러니 3학년이 되어서도 롤모델을 정해 볼 필요가 있다. 누군가를 한번 자신의 롤모델로 정해 본다고 시간 빼앗기는 것도 아니고, 팀을 짜서 전공 관련 서적을 한 권쯤 읽는다고 해서 공부에 방해되는 것도 아니다. 오히려 학교 활동에 대한 중요성을 인식시키고, 자기 목표를 확인하게 하고, 서로 돕고 협력하며, 자기주도학습적 성취를 이루게 한다. 그뿐만 아니라 자신이 공부해야 하는 명확한 이유를 알게 한다. 심지어 3학년 학생부 기록의 방향을 결정하고, 면접관을 만났을 때 어떤 답변을 할 것인지 생각하게 한다. 특히 구술면접 지도에서는 교사들이 아이들의 학생부를 점검하고 아이들이 제대로 답변하기 어려운 내용들을 15개씩 추려내 학생부와 전공 영역 중심의 실전 모의 면접을 했는데 아이들은 자기소개서를 어떻게 써야 할지 다시 한 번 더 생각하고, 또한 그것으로 어떤 태도로 면접을 준비해야 할지, 아직 무엇이 부족한 것인지 자각하게 되었다. 그러면 아이들은 자기소개서의 미비한 점을 보완하고 전공 영역에 대한 자기 확신을 갖게 되었다.

롤모델노트대회에 더 깊이 들어가 보자. 이것은 2학년 때까지 수행한 진로 활동을 심화시키는 대회다. 전공을 탐색하고 전문가를 인터뷰해 보았으면 이제 어떤 각오로 전공 영역의 길을 갈 것인지 결정해야 했다. 그러기 위해 필요한 것이 롤모델이다. 다만 여기에 붙는 조건은, 자신이 전공 영역에서 읽은 책의 저자를 롤모델로 삼는 것이다. 학습 스터디를 한 책의 저자도 좋고, 고전적 내용이든, 현재 대학교수의 저서든 상관하지 않았다. '저술이 있는 롤모델'을 정해야 저자의 삶을 돌아보면서 한 권의 책을 요약하고 그 정신을 본받게 된다. 그리고 자신은 그 저자의 세계관을 어떤 점에서 따르고 싶고, 그것을 어떻게 변형시켜 실천할 것인지 밝히게 한다.

누군가 인생의 거울이 되어주고, 혹은 코칭을 해준다면 난관에 부딪혔을 때 어렵지 않게 일어날 수 있다. 적어도 롤모델의 책을 읽으면서 정해진 진로를 향해 나아간다면 저자가 살아간 방식대로 살아볼 수도 있고 위기를 극복할 수도 있다. 시대와 상황이 다르니 그대로 살아가기는 힘들다고 하더라도 롤모델이 있으니 크게 위로가 된다. 그러다가 자신만의 이론을 세우고 롤모델 이상의 활약을 하게 될지도 모른다. 혹은 그렇지 않다고 하더라도 어떤 저술가의 삶을 돌아보며 자신은 앞으로 어떻게 살 것인지 생각해볼 수도 있다. 그것은 결정적으로 자신의 삶을 변화시킨다. 게다가 롤모델을 가진 청소년은 다른 사람의 가치관 하나를 제대로 이해하고 있는 셈이어서 매사에 자신감이 넘치고 어떤 난관에서도 상황 대처 능력이 뛰어나다.

저자 중에서 롤모델을 고르자면 아이들은 이 책 저 책을 기웃거리게 된다. 그러면서 자신이 좋아하는 책, 공부하고 싶은 책, 가치관이 뚜렷한 책을 찾는다. 그중에서 자신에게 영향을 미친 저자라면 더욱 좋을 것이다. 누구나 자신이 본받고 싶은 사람, 극복하고 싶은 사람을 하나씩 가지고 있다. 그 사람을 제대로 공부하는 것은 자신의 가치관을 만드는 일이고 창의력의 보고 하나를 얻는 것이다. 자신이 롤모델로 삼은 저자의 책 한 권을 요약하고, 그것이 자신의 삶과 어떤 연관성을 지녔는지 설명하게 된다면, 그때부터 그 책은 자기 책이 될 것이다. 책 한 권 제대로 읽는 일은 그만큼 중요하다. 그리고 살아있는 저자와 인터뷰를 하고, 혹은 책만 남긴 저자와는 가상의 인터뷰를 하게 한다면, 아이들은 제법 고차원적인 대담을 나누게 된다.

나는 해마다 전공 관련 서적을 읽는 자율 동아리를 지도했다. 많을 때에는 3학년만 10개 동아리를 지도한 적도 있다. 아이들은 자신의 전공 역량을 강화하기 위해 4~10명씩 학습 동아리를 만들고 책 한 권을 선정해 교대로 발표하고 토론하고, 그것을 우리 현실에 적용해 보는 시간을 갖는다. 지도교사인 나는 그것을 일일이 찾아가서 지켜보는 것이 아니라 아이들이 자율적으로 하도록 돕는다. 지도교사가 하는 일이란, 그들이 제출한 계획서를 확인하고, 계획대로 10차례 만나 제대로 활동했는지 확인하면서 한두 마디 조언을 해주면 되는데, 그들이 만날 때마다 스터디 하는 사진과 발표문과 토론 요약문을 카톡이나 밴드로 보내게 하는 것이다. 그러면 같은 자리에 있지 않아도 실시간으로 아이들과 대화하며 확인할 수 있게 된다. 이것은 절박하게 무언가 하고자 하는 아이들에게 조금이라도 도움이 된다. 아이들이 학기 말에 활동한 자료를 묶어 제출하면 각자가 발표한 내용을 중심으로 학생부에 200자 정도씩 적어주는데, 그게 그렇게 힘든 일은 아니다.

교사가 어렵게 생각하면 아이들도 어렵다. 하지만 교사가 쉽게 생각하면 아이들도 잘 해낸다. 진로포트폴리오나 롤모델노트를 만들 때 선배들이 만든 작품을 한두 개 보여주면, 아이들은 그것보다 더 잘 해낸다. 그것을 만드는 과정 중에 잘하는 아이에게 발표를 미리 시키면 다른 아이들도 그것을 보고서 쉽게 해낸다. 글쓰기도 마찬가지다. 어렵다면 한없이 어렵지만, 쉽게 생각하면 별게 아니다. 진로포트폴리오 20장, 롤모델노트 10장을 만들어 본 아이는 대학에 들어가 어떤 보고서를 쓰든지 두렵지 않을 것이다. 책 한 권으로, 발표 한 번으로, 교내상 한 번 탄 것으로 인생이 바뀌는 일도 허다하다.

나는 '인문학 심화독서반'이나 '프로젝트 만들기반'이라는 방과후 수업을 개설하고는 했다. 이런 시간에는 아이들에게 전공을 확정짓고, 일상생활에서 찾아낸 주제를 결정하게 한 뒤, 책을 읽고 그것을 현실에 적용하거나 어떤 사건을 다른 관점에서 바라보게 한다. 책을 읽고 글을 쓰는 과정에서, 하나의 책의 이론으로 다른 책의 현상을 분석해 보게 해본다면, 그야말로 그것은 지적 성숙을 가능하게 한다. 저자의 핵심 사상을 추려내고 그것을 자신의 것으로 받아들인 뒤 우리의 사회현상을 분석하게 할 수도 있다. 그것이야말로 모든 연구의 기초가 되는 훈련이다. 그러면 어떤 책을 자신의 입장에서 비판하는 것이 아니라, 다른 저자의 입장에서 바라볼 수 있게 된다. 사실상 그것이 대학 논술 전형의 주제이고, 명문대 제시문이 있는 구술 면접의 주제이기도 하다. 따라서 이런 훈련은 3학년이더라도 얼마든지 가능하다. 그것은 학원에서 섣불리 덤벼들 수 없는 영역이기도 하다.

전공 관련 독서는 두세 권이면 충분한데, 그중에서 한 권을 이런 식으로 공부하면 그것은 대학에 가서도 큰 도움이 된다. 그게 개론서 이전의 책이거나, 아직 다 읽지 못하고 반절쯤만 읽었을지라도 아이들에게 확실한 도구 하나를 쥐어주는 꼴이 된다. 공부란 결국 아이들 스스로 터득해 나가는 과정이다. 자신이 고민하며 받아들인 것만 자신의 지식이 되고, 자신에게 영향을 미친다. 그리고 책 한 권을 이렇게 다양하게 분석하고, 저자의 가치관을 자신의 삶과 연관시키면, 그것은 대학에 가서도 큰 영향을 미친다. 대학은 고등학교에서 이런 인재가 들어오기를 바라지 않을까. 전공서적 한 권을 학습하고 자신이 할 일을 생각해 본다면 얼마나 남는 장사인가.

롤모델노트대회도 그렇다. 전공과 관련해 책 한 권을 제대로 읽고 저자에 대해서도 자신감 있게 말할 수 있게 되고, 그것이 자신에게 어떤 영향을 미쳤는지 말하게 될 때 입학사정관이나 면접관도 감탄할 것이다. 이 대회는 3학년인 점을 감안해서 총 10장을 넘지 않도록 지도했다.

　※ 롤모델노트 양식
　1. 표지: 제목, 목차, 제출자
　2. 롤모델(저자+책) 선택 이유
　3. 책 내용 요약
　4. 저자의 삶과 책 내용이 나에게 미친 영향
　5. 저자와의 가상 인터뷰(실제 인터뷰 혹은 이메일 인터뷰면 더욱 좋음)
　6. 이것과 관련해 활동한 내역

7. 롤모델의 관점으로 세상일을 해석해본 보고서 계획

8. 활동 후 변화된 의식 및 소감

먼저 조건을 명확하게 해주면 부담이 줄어든다. 이렇게 제시하면 8~12장의 제한이 주어지는데, 그것도 각 장에 사진을 두세 장 정도씩 붙인다면 내용이 많은 것이 아니다. 적잖은 내용을 인터넷에서 뒤져 붙인다고 할지라도 크게 문제될 것이 없다. 다만 저술의 내용을 요약하고 그것을 자기 것으로 만드는 작업이 어렵다. 그래도 책 한 권 제대로 읽고 자신이 어떻게 살 것인지 이야기해본다면 그것만으로도 큰 성과 아닌가. 무엇보다 가상 인터뷰를 통해 저자의 생각을 정리해 본다면 어떤 자리에서도 그 저자와 책에 대한 이야기를 할 수 있게 된다. '가상'이라고는 하지만, 저자를 모르고, 책의 내용을 모르면 할 수 없는 일이다. 책 한 권 읽는 것이 인생을 바꿀 정도로 결정적인 역할을 할 수도 있다. 또한 이런 활동이 대학 합격에 결정적인 영향을 미칠 수도 있다. 교내상을 하나 만들더라도 그것의 의미를 제대로 숙지시킬 때 아이들은 저절로 공부하게 되고 엄청나게 성장한다.

자연계 교사들이 주축이 되어 실시하는 페임랩(Fame Lab) 대회가 있다. 그것은 주로 3분 동안 벌이는 과학 토크로서 파워포인트 없이 진행된다. 단 한 개의 사물을 들고 나와 발표할 수 있고 4분간 질의응답을 받으면서, 어려운 과학을 대중화시키는 데 기여할 수 있다. 우리 학교에서는 자연계뿐만 아니라 인문계 학생들에게도 기회를 주었는데, 참가자들이 자신이 전공으로 삼고 싶은 분야에서 지적 호기심을 자극하는 내용이나 아이들이 잘 모르는 내용을 쉽게 풀어주며 관객과 소통하는 시간을 가졌다. 어떤 아이는 밥 딜런의 음악이 어떻게 셰익스피어의 문학과 맞닿아 있는지 기타를 들고 노래하면서 설명해 갈채를 받았고, 어떤 아이는 하이데거의 '본래성'이라는 개념이 생태 위기 시대의 철학과 어떻게 연결되는지 설명해 교사들을 감탄시켰다. 이 아이들은 연세대 영문학과와 서울대 자유전공학과에 들어갔다. 누구나 자신이 전공으로 삼고 싶은 것들을 인문학적 지식을 바탕으로 흥미롭게 풀어낼 때 스스로 자신의 비범함을 확인하게 된다.

사실상 사회에서 가장 변화가 늦은 곳이 학교다. 아이들의 인권이 개선되었지만 교육 활동은 활기를 잃고 아이들은 갈수록 무기력 속으로 깊이 빠져든다. 한국 학생이 핀란드 학생에 비해 공부를 두 배 이상을 해도 갈수록 성취도가 하락하는 것은 주입식 교육과 객관화된 평가 방식 때문이다. 대학 입시만 잘못된 것이 아니라 교육 자체가 늪에 빠졌다. 잘못된 시스템을 고치려는 노력이 부족하고 근본적인 대책을 내놓지 못한다. 또한 아무리 좋은 방식이 도입되어도 이내 도구화되어 버린다. 입학사정관제가 자리를 잡자 그것을 악용하는 극소수의 사람들도 생기고 또 그것을 트집 잡아 생채기 내며 폐지를 주장하는 사람들이 생겨난다. 그러면서 자꾸 입학사정관제가 공정성을 핑계로 도식화되다 보니 그럴수록 의미가 모호해진다. 핀란드나 싱가포르 교육을 받아들여도 우리 현실에서 그것이 자리 잡지 못하는 것도 그 때문이다. 어디에서도 '진짜' 교육이 일어나고 있지 못하다. 그런 가운데 일반고 아이들은 학습의 즐거움을 놓치고 나이에 걸맞은 삶의 기쁨을 놓치고 있지 않은지 생각해 보아야 할 일이다.

8. 1인 1 프로젝트: 논문 쓰기

대학생들에게도 논문 쓰기를 시키기 어렵다. 그런데 그것을 고등학교에서 시키니 사기라고 난리다. 사실상 그렇다. 주입식 교육이나 문제 풀이 교육만 받던 아이에게 논문을 쓰라고 하면 그것은 불가능하다. 하지만 수업을 변화시키고, 발표와 토론을 활성화시키고, 다양한 보고서 쓰는 일을 습관화한다면, 그게 불가능한 일이 아니다. 토론대회에 나간 아이들은 찬반양론의 입장에서 자기 의견을 구조화한다. 거기서 조금 더 발전한 것이 보고서이고 소논문이다. 그리고 수업 시간에 이상의 〈날개〉의 주인공이 행한 5차례의 외출에 대해 발표했다면 거기에서 조금 더 발전한 것을 써보면 소논문이 된다.

대학에 들어가면 파워포인트 자료를 만들어 발표하고 토론하는데 실제로 많은 고등학교에서도 그런 일이 벌어지고 있다. 얼마나 많은 아이들이 파워포인트를 훌륭하게 다루는지 모른다. 그들은 한두 차례만 친구들의 멋진 발표를 들어도, 이내 그 수준을 따라

잡는다. 그런 교육을 받아보지 않은 아이들은 대학에 들어가서 헤맬 것이다. 하지만 수행평가로 실험이나 토론, 보고서 발표를 해본 아이들에게 소논문 쓰기는 그렇게 어렵지 않다. 오히려 문제가 있다면 교사들이 그것을 너무 어려워한다는 점이다. 수업을 변화시키고 아이들과 함께 문제를 해결하기 위해 노력해본 교사라면 그것을 대수롭지 않게 생각할 수 있다. 그런데 그것을 실제로 행해 본 사람들은 많지 않다. 사실은 교사들이 그런 수업을 겁낸다. 또한 교사들은 독서와 글쓰기를 좋아하지 않는다. 그들도 고등학교나 대학 다닐 때 그런 교육을 받아보지 않았기 때문이다. 하지만 조금만 인식을 바꾸고 글 쓰는 원리를 생각해 본다면 논술이나 소논문 쓰기 지도를 어려워할 일만은 아니다.

학교마다 인문영재반, 인문아카데미, 혹은 소논문쓰기 방과 후 학습(보충수업)을 개설하고 있다. 이런 방과 후 학습이 즉흥적으로 실행되어서는 안 되고, 아이의 전공을 정하고, 어떤 분야에 관심을 갖는지 분명히 한 뒤 그것과 부합한 논문의 재료를 학교나 일상생활에서 구해 와야 한다. 아이들에게 대단한 논문을 기대할 수는 없지만, 공교육의 현장에서 발표와 토론 수업이 진행되고, 비판적 사고를 시도하며, 주변에서 벌어지는 일을 유심히 관찰할 때 해석해 보고 싶은 것이 생겨난다. 어떻게 해서든지 그것을 자신의 전공과 연결시키면 좋다. 학종을 준비하는 과정에서 필수적으로 따라와야 할 것이 글쓰기이다. 바칼로레아 방식으로 자기 의견을 만들어 쓰는 프랑스 학생들을 대단하게 여길 필요는 없다. 그런 교육을 하면 저절로 그렇게 된다. 우리도 그와 같은 일을 벌이면 아이들이 다 따라온다. 다만 교사들이 덜컥 겁을 집어먹는 것이 문제다. 하지만 그것은 교사 스스로 극복해야 할 문제이다.

1인 1 프로젝트를 결성하는 사전 작업으로, 아이들에게 왜 이 수업을 들어야 하는지, 이것이 자신에게 어떤 이득을 주는지 밝히라고 했다. 물론 그것도 '활동 전 기록지' 양식을 주어 쓰게 한다. 그러면 다 구구절절 자신이 이 수업을 들어야 하는 이유에 대해 밝힌다. 소논문이란 교사가 시켜서 쓸 수 있는 것이 아니라 아이 스스로 절박하게 이 일을 하고 싶다는 욕구가 솟아나야 도전할 수 있게 된다. 이유야 어떻든 대학 가기 위해서 대학생들도 잘 쓰지 않는 논문을 쓰겠다고 덤벼드는 아이들의 도전이다. 하지만 이미 많은 아이들은 전공 서적 스터디 활동을 했고, 그것과 관련해 토론을 하고 보고서를 썼고, 또한 어느 저자의 관점에서 다른 서적을 분석하는 시도를 행한 바 있다. 또한 수업 시간에 우리의 단편소설들을 분석해보는 시도를 했다면 그것은 더 이상 어려운 일이 아니다.

소논문의 주제가 자신의 관심사라면 어떤 것도 상관없겠지만 그래도 앞으로 선택할 전공과 관련된 것이면 좋다. 따라서 아직 전공을 정하지 않은 아이라면 임의로 전공을 정해 본 뒤, 그것과 관련해 무엇을 하고 싶은 것인지 이야기해 보면서, 맞춤형으로 주제를 잡으면 좋다. 1학년을 데리고 소논문을 쓰게 할 경우에는 먼저 전공학과를 정해 보는 일이 필요하다. 아직 몇 차례 더 바뀔 가능성이 많지만 막연한 대로 전공을 상경계, 사회과학계, 인문계 등의 범주로 나누고, 사범대나 교대 쪽으로 진학하려는 아이들에게는 세 분야의 주제에 '교육'을 덧붙이게 만들었다. 물론 여기에 예체능계가 하나 더 포함된다. 아이들은 깊은 사고를 하지 못하지만 곧잘 기발한 생각을 해내고 때로는 논리화하고 싶어 하는 욕구를 가지고 있다. 그것들에 대해 더 깊이 이야기해 보면서 그간 선배들이 썼던 제목들을 검토하다 보면 쓰고 싶은 것들이 떠오른다. 특히 생활과 밀착한 주제 중에서 떠올리거나 전공 역역 중에서 어려운 개념을 정리해 보는 방식도 좋은 소논문을 만들 가능성을 높인다.

어떤 주제로 글을 쓰건 다 의미가 있지만, 그래도 전공과 관련해서 글을 쓰고 확장 가능성이 있는 주제를 붙잡게 되면 3학년 때까지 계속해서 발전시켜 나갈 수 있게 된다. '탈식민주의', '심층생태학', '기축통화', '분식 회계', '문화마케팅', '공정무역', '블록체인' 등 어떤 어려운 개념도 아이가 관심을 가지고 조금 깊이 들어가면 자기만의 내용을 찾아내게 된다. '북한의 참여로 평창 동계올림픽에서 얻은 경제적 효과' 등과 같은 내용은 쉽지 않지만 '금강산과 설악산을 하나의 벨트로 묶어 호화유람선 관광객 유치하기' 같은 주제는 조금 더 쉬워지고, '북한과의 경제적 교류를 부정적으로 바라보는 청소년들의 의식 분석' 같은 주제는 아이들에게 몇 개 설문지만 잘 돌려도 나올 수 있는 논문이 된다. 이럴 경우에도 빈부격차 해소, 불평등 극복, 남북 화해와 통일, 강대국의 입김에서 벗어나기, 촛불 혁명의 위대함 등의 주제를 부각시키도록 했다. 아이들이 모티프를 잡아오면 그것의 방향성을 지도교사가 유도할 수 있는 것이다.

논문은 '방법론 A'로 '해석 대상 B'를 분석하는 글쓰기라 할 수 있다. 그래서 합리성의 옹호와 다원주의적 입장에서 하나를 선택하게 하고, 전자 쪽으로 마르크스, 호르크하이머, 아도르노, 마르쿠제, 하버마스 등을 소개하고, 후자 쪽으로 니체, 라캉, 푸코, 데리다, 들뢰즈 등을 소개하는 짧은 글들을 제공해 아이들이 하나씩 요약해 파워포인트로 발표하게 하고 질문하게 만들었다. 적어도 하나의 관점을 갖게 만들기 위해서였다. 그리고 학교와 계약을 맺은 디비피아에서 자기가 쓰고 싶은 주제와 관련된 논문 세 편을 다운받아 무엇을 쓰고 싶은지 발표하게 만들었다. 그러면서 그 논문의 어떤 점이 신선하고 자신과 어떤 점에서 생각이 다른지 발표하게 하면 곧잘 새로운 시각으로 논문 주제를 찾아내기도 했다.

여기서 읽은 자료와는 조금 색다른 관점을 가지고, 자기 목소리로 한 단계만 더 깊이 들어가도 그것은 논문이 된다. 또한 다른 관점으로 '대상 B'를 해석하게 하면 인간 중심(합리성 옹호)의 입장에서 생태환경의 위기를 바라보거나, 다원주의적 관점에서 인간 중심주의 자체를 비판하기도 한다. 나는 소논문이란 대단한 것이 아니라 어떤 저술가(A)의 관점에서 '대상 B'를 해석해 보는 글쓰기라고 생각한다. 쉽게 생각하면 별로 어렵지 않은 일이다. 그리고 지도교사가 전문가가 아니라고 할지라도 아이가 논문을 쓰겠다고 말하면 아이와 같이 이야기하면서 그것의 주제와 목차를 상식 차원에서 어떻게 끌어가면 될 것인지 의논해 보는 것이라고 생각한다. 아이의 아이디어를 살리고 터무니없는 것을 바로잡아 주기만 해도 아이가 그것을 이루어 나가는 과정을 지켜볼 수 있다.

소논문을 쓰려면 지도교사의 피드백을 세 차례 이상 받으면서 논문 진척 과정을 보여주어야 한다. 주제에 맞춰 어느 교사를 지도교사로 선택하건 상관이 없다. 다만 논문을 쓰기 시작하면 특정 교사에게 세 차례 이상 자신이 쓰고자 하는 글에 대해 검토받으라는 것이다. 그래야 남의 논문을 훔쳐오거나 대필해주는 것을 막을 수 있게 된다. 나중에 초록 발표를 시키면서, 아이가 어떻게 지도받고 그 내용을 발전시켰는지 설명하게 하면 쉽게 확인할 수 있다. 논문의 방향을 몇 차례 수정시키면서 서론에서 어떤 관점을 보여주고, 본론에서 어떤 대상을 어떻게 분석하라고 지시하면, 아이들은 그것을 그대로 따라야만 했다.

주제는 구체적이면 좋다. '시리아 내전에 대해서'는 너무 막연하고, '시리아 분쟁에서 악의 축은 누구인가' 방식으로 구체성을 띠게 되면 읽는 독자도 흥미를 느끼게 되고 글을 쓰는 아이도 명료해진다. 1) 독재자 아사드의 반군 숙청, 2) IS의 서구 기자 처형, 3) 이스라엘의 시리아 비행기 격추, 4) 터키의 쿠르드족 폭격 등에서는 모두 중동 분쟁의 근본적인 문제를 다루겠다는 의지를 보이고 있지만, 올바른 관점을 지닌 사람의 눈에는 다 문제가 있다. 이런 주제는 모의 유엔에서 시리아, 터키, 이스라엘, 미국, 러시아 등의 입장에 선 사람들이 가져볼 수 있는 주제이기도 하다. 여기에다가 미국과 러시아의 기축통화 문제, 시아파와 수니파의 문제, 중동에 38도 선을 긋듯이 찢어놓은 강대국의 음모 등을 밝히면 훨씬 심층적인 논문이 될 것이다.

한편 '관료주의가 학교에 미치는 부정적 영향', '왜 교사는 교실 붕괴 현상이 벌어져도 외면하는가', '교실에서 잠자는 아이들을 만든 것은 누구인가', '교사는 왜 공부 잘하는 아이에게만 관심을 가지는가' 등도 좋은 주제가 될 수 있다. 한편 '우리 학교 마케팅', '자기계발서에 담겨 있는 부정적 요소', '아빠가 외국인인 다문화 가정 아이가 겪는 교육적 피해 양상' 등도 좋은 주제라고 할 수 있다. 실제로 홍익대 미대 자유전공학과에 합격한 아이가 쓴 '자기계발서'에 관한 논문은 한 아이가 독후감대회에 제출한 자기계발서 비판의 글을 읽고 거기에 두 권의 책을 더해 '자기계발서가 젊은이의 의식에 미치는 영향'을 분석해 보라고 권해서 쓴 글이다. 한편 서울대 사회학과에 들어간 학생이 쓴 '남자가 외국인인 경우의 다문화 가정'에 관한 논문은 실제로 같이 공부하는 고토미라는 일본인 학생이 어머니가 한국인임에도 불구하고 다문화 가정 혜택을 전혀 받지 못한다는 사실을 분석해낸 글이다.

중요한 것은 대상에 대한 예리한 관찰력과 A라는 저자의 관점으로 세상을 바라보는 것이다. 그 관점에 포함되지 않는 것을 비판하고, 끝까지 자기 논리대로 밀고나가 보는 것이 논문이다. 더욱이 논문이란 시간이 지나면 노력한 만큼 완성도가 높아진다. 특히 'A라는 서적'의 관점으로 'B라는 사회적 현상'을 분석할 때 점점 자기만의 논리를 만들게 된다. 자신의 관점이란 고작해서 부모의 관점이거나 좋아하는 선생님의 관점, 혹은 어디서 읽은 책의 관점이기 쉽다. 그래서 아예 어느 책의 관점을 통해 현상을 분석해 보자는 것이다. 그럴 때 자기만의 관점이 만들어지기 시작하고, 조금 미숙해서 어느 책의 관점을 다른 관점으로 보더라도 새로운 주장이 만들어질 수 있는 것이다. 논문은 세상에 대한 자기 발언이다. 한편 A의 관점에서 B를 해석하면 서툴더라도 자기 관점이 만들어지기도 한다.

소논문을 쓸 때 자기 발언을 어떻게 해야 하는지 알게 되고, 지금까지의 고정관념을 무너뜨리고 비판적 관점에서 이야기할 수 있게 된다. 그로 인해 시야가 확대되고 조금 더 깊이 있는 말하기 능력을 갖추게 된다. 시간을 투자한 만큼, 좋은 자료를 찾아내어 읽게 되고 끈기와 집중력을 통해 중요한 성과를 얻게 된다. 그것은 자기만의 관점으로 세상과 사물을 바라보고, 그것에 대해 이야기하는 최초의 시간이 된다. 그리하여 자기만의 가치관을 갖게 된다.

김동인의 단편소설 〈감자〉로 논문을 쓴다고 하자. 먼저 주인공 '복녀'의 죽음에 대해 이야기할 수 있을 것이다. 그것이 복녀 개인의 문제인지, '칠성굴'이라는 지역과 남편의 문제인지, 사회 전체의 문제인지 생각해 볼 수 있다. 이것만으로도 한 쪽씩만 글을 쓰면 A4 용지 5장 안팎의 비평문 보고서가 된다.

※ 〈감자〉의 주인공 복녀의 죽음에서 살펴본 죽음의 의미의 변화

① 시대 상황과 죽음의 의미

② 자본주의 도래와 복녀 개인의 인식 변화 문제

③ 집안(남편)과 주변 환경의 문제: 가부장제, 신분상 문제

④ 나라를 잃은 상황과 제국주의의 억압에서 발생한 문제

⑤ 작가는 복녀의 죽음을 통해 무엇을 고발하는가?

　　〈감자〉는 시대성과 상관없이 짐승과 다름없는 한 여인의 생애를 다룬 글이라고 말할 수도 있다. 하지만 그것을 ②개인, ③공동체, ④국가 문제로 확대해 나가면서 '자본주의의 도래'와 '제국주의의 억압'의 문제까지 밝히면, 작가가 의도했건 안 했건 가부장제 문제, 유교에서 자본주의로 이행의 문제, 탈식민성의 문제까지 볼 수 있게 된다. 물론 가장 쉬운 글쓰기는 '개인-지역-국가' 문제로 확장시켜 가며 죽음의 원인을 분석해 보는 일이다. 그런데 국가조차 없다 보니, 조선의 풍속까지 무너뜨린 제국주의적 침략의 문제, 그리고 복녀의 타락을 개인적인 일로 취급해 버리는 문제들까지 비판할 수 있게 된다. 그렇다면 〈감자〉에 대한 비평문을 조금 더 확장시켜 보자.

　　1) 서두: 세계, 문제제기, 큰 내용

　- 〈감자〉의 빈곤 상황

　- 인간은 자신을 둘러싼 '틀'을 벗어날 수 있는가?

　- 죽음의 확장된 의미

2) 개인, 동물

- 복녀라는 주인공의 개인적 문제는 무엇인가?

- 그녀는 동물인가, 현대적 인간인가?

- 기호의 해석(우리 주변의 이상한 현상)

3) 집단, 식물

- 우리의 무의식, 혹은 문화를 지배하는 힘은 무엇인가?

- 죽음으로 나타난 현상 속에 보이지 않는 진실이 숨어 있는 것
인가?

- 복녀를 그렇게 만든 가정, 지역사회의 문제는 무엇인가?

4) 국가, 인간

- 제국주의적 억압과 이데올로기는 어떻게 작동되고 있는가?

- 관습, 문화, 틀은 복녀에게 어떻게 작용했는가?

- 복녀를 죽음에 이르게 한 국가의 책임은 무엇인가?

5) 마무리(결론): 개인 '나', 주체의 문제

- 복녀의 죽음이 보여주는 진실은 무엇인가?

- 틀 속에서 붕괴된 복녀의 주체성은 '나'와 어떻게 다른가?

- 김동인이 복녀의 죽음을 통해 전달하고자 하는 것은 무엇인가?

이런 정도로 이야기를 진행해 나가면 A4 용지 10장 가까이를 쓰
는 것은 문제가 되지 않는다. 특히 A의 관점에서 B인 〈감자〉를 이
야기할 때, 호미 바바의 탈식민성의 개념이나 에드워드 사이드의
오리엔탈리즘이라는 개념을 설명해주면, 아이들이 쓰고자 하는
내용에 일관성이 생기고 주제가 깊어진다. 그러면서 여성으로서
당하는 이중의 피해, 주체로 크지 못하게 막는 요소들을 분석하게

하면 훨씬 더 그럴듯한 글이 될 것이다. 아이들에게 이 짧은 글을 읽고 이런 과정의 글쓰기를 시킬 때 다음 작업은 비교적 세련된 모습을 보이게 된다. 그것을 해소하기 위해 이상의 〈날개〉에 대해 한 번 더 글쓰기를 시켜볼 필요가 있다.

※ 이상의 〈날개〉가 우리에게 주는 해방감
① 시대적 상황과 작가 이상의 절망
② 절망적 상황에 대한 주인공의 끝없는 탐색: 외출
  -5차례 외출이 주는 '나'의 정신적 변화 과정
③ 사육되는 공간: 누에고치로서의 삶
  -천재는 어떻게 사육되는가?
④ 포기할 수 없는 사랑: 사랑의 무차별성
  -연심이 주인공을 지켜주기 위해 자신의 몸까지 팔았다고 생
   각할 수 없는가?
⑤ 억압에서 해방으로: 날개의 상징적 의미

아이들이 이런 과정을 받아들이도록 토론을 시킬 필요가 있다. 그러면 〈날개〉 해석을 시도하며 다양한 관점에서 자기 의견을 말할 것이다. 특히 그것들을 조금 더 그럴 듯한 장치로 말하자면, 그것과 관련될 수 있는 개념이나 이론을 가져와 보는 것이다.

- 〈날개〉의 주인공은 니체의 위버맨쉬(초인, 의지적 인간)를 꿈꾼다고 말할 수 있는가?

- 아내는 푸코가 말한 파놉티콘의 감시탑에서 남편을 감시한다
고 말할 수 있는가?
- 주인공의 돋보기 놀이는 데리다의 놀이 개념과 어떤 관계가
있는가?

이런 질문들을 던져주면 몇 명의 아이들은 자료를 찾아본 뒤 자기 이야기를 시작하기도 한다. 아달린, 금붕어, 정오의 사이렌, 푸드덕거리는 날개 등의 기호에서 어떤 상징을 읽어낼 수 있는가 물으면, 다양한 해석이 쏟아진다. 어떤 아이는 '돋보기 놀이'와 '동전 버리기'를 저항의 차원에서 이야기하기도 한다. 아이들은 그런 방식으로 소설을 해석해 보려고 시도하고, 여기서 자신을 얻어 다른 소설을 분석하며 비평적 소논문을 쓰겠다고 덤벼들기도 했다.

이런 과정을 통해 왜 선생님들은 공부 잘하는 아이들만 좋아하는지, 학교 시스템이 어떻게 아이들을 잠자게 만드는지, 시험이라는 제도가 아이들의 창의성을 어떻게 말살하는지 설명하는 아이들이 생겨났다. 아이들에게는 본래 그런 비판 의식이 있었는데, 객관식 평가에 길들여져 그것을 발휘할 기회를 갖지 못했고, 사고를 마비당한 채 체제 순응적 존재가 되었던 것이다. 그런 아이들이 학습이 부진한 아이에게 멘토링을 해주고, 학습 스터디(혹은 자율 동아리)의 팀을 이끌어가고, 그것과 관련된 봉사 활동이나 예체능 활동을 하는데 대학이 탐내지 않을 수 있을까.

결국 아이들의 지적 성숙은 독서와 토론과 글쓰기를 통해 이루어진다. 이런 노력들이 나타날 때 교과 담당 교사는 그 내용을 학

생부에 상세히 기록하면 된다. 그러면 아이의 학생부는 어떤 통일성을 갖게 되면서 빛날 것이다. 배운 것을 현실에 적용해 보는 것은 다른 교과 시간에서만 할 수 있는 것이 아니라 때로는 피켓을 들고 밖으로 나가거나 자기가 그린 포스터들을 전시하고, 때로는 악기를 들고 버스킹을 하는 사태로 이어지기도 했다.

이런 방식으로 주체가 되어 자기 길을 찾은 아이들은 자기 삶의 방식에 자부심을 드러내고, 자기 의견을 펼쳐나가야 할 때 주저하지 않는다. 대학에서도 그들은 자기주도적인 리더십을 가지고 자기 삶을 만들어 나간다. 다양한 사람들과 교류하며 중요한 가치를 추구하며 결국 자신이 꿈꾸는 대의를 이루어낸다. 그것은 우리에게 새로운 인간형을 기대하게 만든다.

9. 날자, 날자꾸나

조벽은 《명강의 노트》에서 선생님이 질문하고 스스로 답하는 강의는 최하급 강의이고, 선생님이 질문하고 학생이 답하면 조금 발전한 강의, 학생이 한 질문에 선생님이 답하면 바람직한 강의, 최상급 강의는 학생이 한 질문에 다른 학생이 답하도록 유도하는 것이라고 말한다.

어떻게 수업하느냐는 교사에게 언제나 고민이 되는 문제다. 많은 것들을 '알려주는' 방법과 '알게 하는' 방법이 있다. 이 두 가지는 병행되어야 하는 것이지만 학습자 중심의 '알게 하는' 방법이 더 필요한 시대다. 아이들에게 동기를 부여하지 않고 수학여행을 데리고 가거나 대학 답사를 하게 되면 남는 것이 전혀 없다. 심지어 어디를 갔는지도 모른다. 하지만 '왜 이 대학을 답사하고 싶은가?', '누구를 만나고 싶은가?', '가서 무엇을 물어보고 싶은가?' 등의 질문지를 나눠주고 그것을 채운 아이들만 데리고 간다면, 그 아이들의 눈빛은 달라진다. 그들은 어느 학과 사무실에 직접 방문해 교수나 조교, 혹은 학과 선배를 만나 질문하고 답변을 듣고 온다.

중요한 것은 아이들에게 내적 동기부여를 하고 그 활동의 소감을 밝히게 하는 것이다. 어느 학교에서 '빡세게 독서(빡독)'를 기획했다고 하자. 2018년 가락고에서 1학년부장 김계숙 선생님이 1학기 학기말고사가 끝난 뒤 금요일 밤 9시에서 다음 날 아침까지 진행한 행사다. 아이들이 교사와 함께 밤새워 도서관에 있는 책을 읽는 프로그램인데, 참석할 신청자를 미리 받고 무슨 책을 읽을 것인지, 왜 참여하려고 하는지 밝히라고 하고서 면담한다. 그리고 아이의 희망에 맞추되 너무 가벼운 책을 선택했으면 조금 비중 있는 책으로, 너무 어려운 책을 선택했으면 조금 쉽게 읽을 수 있는 책으로 바꿔 읽도록 권한다. 총 33명이 참가했다. 책을 읽다가 달밤에 운동장에 나와 지도교사와 함께 걷는다. 스트레칭도 하고 잠깐 동안 대화를 나누기도 한다. 출출할 땐 친구와 컵라면으로 허기를 달래기도 한다. 그렇게 눈을 비벼가며 여명이 밝아오는 시간을 감동적으로 맞이한 아이들의 마음이 어떠했을까. 그들 모두의 가슴에 자부심이 차올랐을 것이다. 아이들은 평균 3권의 책을 읽었고, 소감문에는 책 읽기의 즐거움을 찾은 감동이 가득했을 것이다.

아이들은 이런 시간을 사랑하고 오래 기억한다. 어쩌면 아이의 삶이 바뀌는 중요한 순간이 될 수도 있다. 이 아이들 중에서 21명이 '아침 테드'를 하겠다고 나섰다. 함께 밤을 새워 책을 읽었던 서로 잘 모르는 다양한 아이들이 그 공동의 경험을 통해 새로운 공동체를 이루겠다고 나선 것이다. 2학기부터 시작되는 아침 테드를 1주일에 한 편씩 골라 아침마다 함께 듣고 함께 토론하는 과정에서 저절로 인문학, 사회과학, 자연과학을 아우르는 통합적 사고력을 덤으로 얻게 된다.

사실 아침 테드반은 중화고 1학년부장 이현주 선생님이 먼저 시도한 프로그램이다. 이 선생님은 '흙수저 영어 장벽'을 걷어내자는 의도로, 테드 강연을 들으며 진로를 모색하고 영어로 꺾인 아이들의 자존감을 회복시켜 주겠다는 생각이었다. 학년마다 영어 1등급이 한두 명에 그칠 정도로 영어 해독에 어려움을 겪던 아이들이 30분 먼저 등교해서 테드 한 편씩을 듣고 놀랍게 변화했다. 처음에는 쩔쩔매던 아이들에게 한 편을 다섯 번씩 반복적으로 듣게 하고, 한 달쯤 지나서는 세 번씩 듣게 하자, 조금씩 아이들의 귀가 열리고 영어 듣기에 익숙해지면서, 제법 영어로 표현할 줄 알게 된 것이다. 그래서 학기 말에는 아이들에게 직접 대본을 만들어 '테드 시연'을 하게 했다. 저희끼리 대본을 구상해 작문하고 연습해서 발표하는 프로그램을 만든 것이다. 반드시 한두 군데 아이들이

웃을 수 있는 장치를 넣게 했다. 그러자 아이들의 반응은 폭발적이었다. 교사가 아이들을 가르치려고 들지 않고 아이들과 함께 세상의 변화를 받아들이면서 어떤 삶을 살 것인지 함께 모색해 보았다는 점에서 큰 의의가 있었지만, 무엇보다 아이들의 영어 실력이 늘었고 마침내 영어를 좋아하게 되었다는 점에서 놀라웠다. 중화고 교사들은 이것을 발전시켜 '책두레 프로그램'도 진행한다. 학년마다 교사 한 사람이 아이들과 책 한 권을 같이 읽고 토론하는 멘토링 프로그램인데, 아이들의 참여 열기가 뜨겁다. 이런 수업들은 다른 교과들과의 융합 수업으로 연결되어 아이들이 독서와 공부에 제대로 진입하게 된다.

인헌고에서 실행한 독서카페도 그렇다. 조지 오웰의 《1984》와 위화의 《허삼관 매혈기》, 그리고 《협동조합, 참 좋다》 등의 책을 선정해 1, 2학년 50명 정도가 도서관에서 읽게 했다. 학기마다 3회씩 하되, 미리 6인 1조로 팀을 짜주었고, 각 조장에게는 소설의 줄거리 요약, 상징적 단어 소개, 전체주의와 관료들의 역할, 우리 현실과 대응되는 역사 조작 등의 내용을 발표하게 했다. 그리고 팀별로 의견을 나눈 내용을 호스트 중심으로 4절지에 그림을 그리거나 나뭇가지 형태로 스티커를 붙이거나 제각각 메모하게 했다. 그런 뒤 각 호스트는 자신의 팀에서 나온 이야기를 다른 팀에 가서 설명하고, 다른 팀 호스트가 오면 남은 5명이 우리 팀에서 어떤 이야기가 나왔는지 설명한다. 이런 과정을 거쳐 마지막에 팀에서 두 명씩 4절지를 들고 나와 우리 팀에서는 작품을 어떻게 해석하게 되었는지 밝히는 시간을 갖는다. 이런 과정을 거친 아이들의 독서 능력, 인식 능력, 해석 능력은 어느 우수한 집단의 아이들보다 뛰어났다.

대학에서는 이런 수업을 받은 아이들, 발표와 토론 수업을 통해 성장한 아이들을 원한다. 그들은 정답을 알지는 못하지만 어느 누구 앞에서도 《1984》 읽은 이야기를 해줄 수 있게 된다. 그리고 다시 읽으면 더 풍부한 해석을 해낼 수 있으리라는 것을 안다. 그런데 아직 많은 학교는 이런 수업을 시도하지 못하고, 일방적인 주입식 교육이나 형식만 남은 행사를 실행하고 있다. 그나마 한 학기에 한 차례씩 수행평가를 위해 발표 수업을 시키는 것은 그래도 나은 편이다. 대부분의 교사는 진도 나가기에 바쁘고, 학교에서 세특 기록에 신경 쓰라고 하니까 아이들이 수업과 관련해서 임의적으로 만든 보고서를 제출하게 해 기록해 줄 따름이다.

나는 제안한다. 교사는 20분만 수업하고 30분은 아이들이 직접 말하게 하라. 디베이트나 하브루타 수업, ㄷ자로 앉아서 하는 배움의 공동체 수업, 조별로 주제를 탐구하고 멘토링해 주는 '월드 카페' 방식의 수업을 시도하라. 물론 이 방식을 습득한 뒤에는 자기 방식으로 변형시켜야 한다. 처음에는 어설프더라도 계속하다 보면 아이들이 생각보다 훨씬 잘 따른다. 사실상 아이들은 말하고 싶어 한다. 말할 기회를 주지 않고, 말하면 진도 방해한다고 야단칠까봐 웅크리고 있을 뿐이다. 언제까지나 강독식 수업을 하고 진도만 나가려는가. 뭔가 획기적으로 바꾸지 않는 한 우리 교육에는 미래가 없다.

사토 마나부는 "교사의 탐구가 아이의 배움을 뒷받침한다."고 말한다. 참여 수업 방식을 터득하면 수업이 편해진다. 잠자는 아이들이 줄어들고 아이들의 성장을 지켜볼 수 있게 된다. 그렇다고 수업을 편하게 하고 끝내라는 말이 아니다. 교사는 전문성을 키우기 위해 끊임없이 연구해야 참여 수업을 만들어 갈 수 있다. 아이들에게 그냥 시키는 것이 아니라 철저한 준비를 통해 몇몇 아이들에게 사전 지시를 내리고, 약간 어려운 주제를 다양한 각도에서 접근해 볼 수 있도록 만들어야 한다.

자주 하는 수업 하나를 사례로 들어보겠다. 이상의 〈날개〉는 해석의 다양성을 지녔고, 열린 결말을 가졌을 뿐만 아니라, 현대적 감각으로도 충격과 감동을 주는 작품이다.

1. 〈날개〉의 주인공이 미스코시 백화점 옥상에서 '날자, 날자꾸나, 한번만 더 날아보자꾸나!'라고 소리치는데, 그것은 '자살'을 의미하는가, 새로운 삶으로의 도약을 의미하는가?(반드시 두 가지 태도 중에서 하나를 택해야 한다.)
2. 공통 질문
   a) 작품 전체 줄거리 소개
   b) 광의의 모더니즘과 이상의 모더니즘 소개
   c) 작가 이상과 그의 시대 소개(a, b, c 중에서 한 개 소개)
3. 작품 분석: 10가지 질문 중 3가지를 선택하고, 파워포인트는 총 10장을 넘기지 말 것.

1) 돈의 의미와 자본주의의 도래, 식민지 상황 고려할 것.

2) 〈날개〉와 어울리는 음악을 소개해 보자.

3) 〈날개〉와 어울리는 '모더니즘' 미술을 찾아보자.

4) 80년 전 작품이 현대에도 공감을 주는 이유는?

5) 대입 준비생인 고3 학생에게 적용시켜 본다면?

6) 배경: 33번지와 5차례 외출하는 장소의 의미.

7) 안방(아내)과 골방(나)을 한 인간의 외면과 내면으로 볼 수 없는가?

8) 주인공의 행위와 잠을 누에고치 속의 애벌레로 본다면 '날개'는 어떻게 해석되는가?

9) 백화점의 어항, 날개의 푸드덕거림, 정오의 사이렌 등은 무엇을 나타내는가?

10) 도대체 의식의 흐름은 어떻게 나타나는가?

먼저 한 시간 동안 〈날개〉를 모두 같이 읽는다. 그리고 이 과제를 해온 조별(4인 1조)로 나와 발표하고 질문을 받는다. 결말 해석을 '자살/부활'로 나눠 토론을 벌인 뒤에 조별로 한 편의 대본을 어떻게 만들 것인지 정한다. 그리고 모든 아이들은 주어진 질문을 보면서 5개 단락의 비평문을 쓰게 한다. 거기에는 자기만의 관점이 담겨야 하고 날카로운 해석이 있어야 한다. 그리고 실제로 이런 주제로 중간고사 문제를 낸 뒤 5개 단락으로 논술형의 답을 쓰게 한다. 왜 우리나라 학생들은 한 문제만 낸 논술형 시험을 풀 수 없다고 생각하는가? 수업에 참여한 아이들은 얼마든지 쓸 수 있고, 심지어 뒷장까지 빽빽이 쓰는 아이들도 제법 많다. 아이들은 흥미로운 수업을 했기 때문에 5개 단락 만들기가 전혀 어렵지 않은 것이다. 생각보다 아이들이 〈날개〉의 현대적 적용을 잘하고 거기에 자기 정체성이 이루어지는 과정도 잘 쓴다. 시험 문제를 풀지 않고 OMR카드에 한 번호로 답을 죽 긋거나 서답형 답안지를 백지로 제출하는 아이들도 제법 답안지를 채운다. 뭔가 잘 몰라도 자기 이야기를 쓰면 되기 때문이다. 그러면 5단계로 나눠 점수를 주고, 맞춤법과 비문에서 1점씩 감점을 실시하면 일반적 선다형 평가보다 변별력도 있고, 점수를 확인하러 온 아이들에게 감점 요인을 보여주면 100% 수긍한다.

다음으로 〈날개〉를 패러디해 현대적 연극을 만들어본 사례다. 수업 중에 5분간 시간을 주고 조원들끼리 상의해 어떤 내용으로 〈날개〉를 각색시켜 현대물로 만들 것인지 구두로 발표하게한다. 그런 뒤 대본은 대표자를 정해 집에서 써오게 하고, 교실에서 공연할 때 무대 중앙에 의자 하나를 소도구로 갖다 놓고서, 주인공이 그 위에서 '날자, 날자꾸나, 한번만 더 날아보자꾸나!'라는 절규를 공통적으로 하도록 한다. 그때 조원들은 모두 나와 춤과 노래로 마무리한다. 아이들은 그런 원칙 아래에서 요즘 본 영화나 드라마를 응용해 〈날개〉를 고등학교 현실로 바꾸어 표현해 낸다.

이런 일들이 쉽게 이루어지지 않지만 조장을 불러 사전 작업으로 귀띔을 해주면 곧잘 해낸다. 교사가 많은 설명을 하지 않더라도 방향을 잡아주면 아이들은 풍부한 해석과 아이디어를 내놓는다. 인터넷을 뒤져 나올 수 있는 내용이 아니라 아이들의 상상력을 통해 만들 수 있는 것이면 더 좋다. 혹은 〈날개〉를 읽기 전에 5개의 질문을 미리 주어 줄거리를 파악하고, 시간적 공간적 이동을 파악하고, 어떤 재미와 의미를 주었는지 밝히게 하고, 현재성으로 무엇을 적용해 볼 수 있는지 논의해 본 뒤라면 대본은 더 좋아진다. 수업 시간에 교사는 20분 이내로 발언을 줄이지만 아이들을 사전 작업으로 꾸준히 점검하면 아이들끼리 숙의하면서 곧잘 뛰어난 발상을 해낸다. 한편 교실 공연이 끝났을 때 심사를 해서 1위 작품과 공연을 고른다. 그 뒤에 두 작품을 중심으로 학급의 뮤지컬 대본을 만들어 학급 대항 뮤지컬 경연대회에 나가게 한다.

교과와 아이를 장악하지 못한 수업은 폭우 후 강물에 떠밀려 내려온 폐기물처럼 둥둥 떠다닌다. 교재연구를 제대로 하지 못하고 자신의 전공 분야에 대한 확신을 보여주지 못할 때 아이들은 교사의 말을 듣지 않는다. 아이들은 교과서에 나오는 내용 이상을 설명하지 못할 때 교사를 신뢰하지 않는다. 그 단원의 구조를 넘어 통시적·공시적 상황까지 적절히 설명해야 교사를 받아들인다. 적어도 사교육 기관에서 가르치는 것 이상을 가르쳐야 한다. 파머는 말한다. "훌륭한 교사는 자신의 자아, 학과, 학생을 생명의 그물 속으로 한데 촘촘히 엮어 들인다."[34]

교사는 자신의 능력을 보여주려는 연기로 학생을 유혹한다. 하지만 그게 뜻대로 되지 않을 때 공포감을 갖게 된다. 저 아이들이

34.파커 J. 파머, 《가르칠 수 있는 용기》, 이종인 옮김, 한문화, 2013, 29쪽.

나를 바보로 보지 않을까 하는 교실에서의 공포.

 1. 내가 얼마나 똑똑한 교사인가?
 2. 나는 얼마나 많은 지식을 제대로 알고 있는가?
 3. 수업 준비를 얼마나 충실히 했는가?

　이런 반성적 인식도 필요하지만, 기술적으로 아이들에게 접근할 필요도 있다. 사교육에서는 일방적으로 구조화된 지식을 제공할 수밖에 없다. 하지만 공교육에서는 얼마든지 자유롭게 탐구하고 토론하고 서로 다른 견해를 수긍하며 새로운 견해를 만들 수 있다. 교사는 토론을 시키지만 아이들보다 그 주제에 대해 한 걸음 더 들어가 조사하고, 다양한 각도로 생각해 보아야 한다. 그래야 아이들의 창의성을 끌어낼 수 있다. 내가 정답을 말하는 것은 아니지만 그래도 아이가 가야 할 다양한 길을 제시해야 충실한 수업이 이루어지는 것이다.

　그런데 어떤 아이들은 대학을 가자고, 이제 공부할 때라고 말하면 화를 낸다. 낙오할 것이 분명하고 자기 의지로 극복할 방법을 찾지 못했는데, 어설픈 유인책을 내놓는 것이 불쾌한 것이다. 그럴 때 차라리, 지금 정상으로 보이는 많은 것들을 의심하자고 말하면 조금 관심을 기울인다. 정상적인 일에 이의를 제기하고, 친숙한 것을 낯설게 바라보자면, 집중이 필요하다. 그때 아이들에게 짓누르는 억압적 구조의 실체를 보여주자.

너희는 대량생산, 반복 생산의 컨베이어벨트에서 빠져나와 전체를 볼 수 있는 시대로 들어왔는데, 아무런 준비도 없고, 훈련도 되지 않아 다시 컨베이어벨트 속으로 빨려들어갈 위기이다. 1학년에 내신을 놓치고, 2학년에 학교 활동을 놓치고, 마침내 3학년에 와서 악전고투를 하지만 모의고사까지 놓치게 되니, 그래 너희는 잠자는 것 말고 뭐 할 일이 있겠니? 한번 쓰러진 자는 죽음에서 벗어날 수 없다. 영화 〈배틀로얄〉에서는 오직 한 사람만이 살아남아 모든 것을 차지한다. 알겠니, 바보들?

이제 '잉여인간'들은 몸을 일으킬 기운도 없다. 적자생존에서 살아남지 못한 자의 비애다. 이런 말을 듣고도 계속해서 잠을 잔다면 그의 무기력은 질병에 해당한다. 그런데 자신이 잠자는 이유를 생각해 본 아이라면 부스스 눈을 비비고 일어나 자신은 낙오자가 아니라고, 그런 식으로 살려는 것은 아니라고 발악할 수도 있다.

무엇을 가르치느냐보다 어떻게 가르치느냐가 더 중요해진 시대다. 공부방에서 밑줄치고 암기하며 혼자서 공부하는 것보다 친구끼리 모여서 묻고 설명하며 소란스럽게 공부하는 것이 학습 성과가 더 높다는 견해도 있다. 유대인의 하브루타 수업이 그렇고, 그것을 응용한 월드카페 수업의 성과도 그렇다. 일방적 강의보다 아이들을 4인 1조로 나눠 조장이 이해한 내용을 조원들에게 숙지시키고, 묻고 토론하게 하고, 그것을 다른 조에 가서 설명하고, 설명을 듣고 와 다시 설명하는 소란스러운 공부법은 공부한 내용을 거의 자기 것으로 만들 수 있게 한다. 실제로 같은 내용을 가르쳐도 월드카페 방식으로 수업을 한 학생들의 성적이 강독식 수업을 받은 학급보다 훨씬 더 높다. 공부의 주체가 누구였느냐에 따라 성과가 달라지는 것이다. 내가 관심을 가진 내용을 스스로 의문을 가지고서 묻고 찾아볼 때 나의 지식이 될 가능성은 많아진다. 혼자서 공부한 아이들보다 멘토링하면서 공부한 아이들 성적이 훨씬 더 좋은 이유다.

시대의 변화에 대처하기 위해서는 혼자 공부하는 것보다 함께 하는 편이 훨씬 낫다. 지식의 양은 인공지능에게 맡기고 그것을 활용해 새로운 아이디어를 내놓는 방법을 배워야 한다. 그것은 암기식 수업으로 해결되지 않는다. 하나의 주제에 대한 다양한 생각을 모을 줄 알아야 하고, 어떤 문제가 생겼을 때 경쟁보다 협력을 통해 어떻게 대처할지 방법을 찾아낼 줄 알아야 한다. 또한 멘토링을 통해 친구의 실력을 높여주고, 그 지식의 구조를 내면화함으로써 응용 능력을 키워야 한다. 그것은 나중에 아이디어를 내고 창의성을 발휘하는 데 결정적인 역할을 할 것이다.

중요한 것은 세계를 보는 관점이다. 우리는 그간 담론에, 이데올로기에, 식민성에 수없이 예속되어 왔다. 우리 시대의 이슈에 대해 토론할 때, 서구중심주의에서 벗어나 우리 자신을 보아야 하고, 복잡성 이론이나 해체론과 독자반응비평 등이 현대인의 의식 구조에 미치는 영향도 알아야 한다. 또한 내 수업을 통해 이상의 〈날개〉만을 집중적으로 배웠을지라도 연극과 뮤지컬의 대본을 써보고, 실제로 그것을 공연했을 때 어떤 문학 수업보다 큰 것을 얻었으리라고 생각한다. 이상의 〈날개〉 정도를 이해하고, 재미있게 생각하고, 충격이나 감동까지 받는다면, 그는 사실상 고등학교에서 문학 교육을 다 받은 셈이다. 그런 아이와 최인훈의 《광장》이나 조지 오웰의 《1984》와 같은 소설을 가지고 같이 수업한다면, 이제 그는 모의고사 국어 성적이 좋은 어떤 아이보다 국어와 문학에 대해서 풍부한 해석 능력을 갖추게 된다. 실제로 이런 시간을 통해 몇 명의 아이들이 소설가가 되었고, 비평가가 되었고, 박사학위를 받고 자신의 분야에서 전문가로 이름을 떨치고 있는 경우도 있다.

좋은 텍스트란 무엇일까? "학생들은 옳은 질문을 제기한 다음 옳은 답변을 내놓는, 완벽한 교과서에서는 많은 것을 배우지 못한다. 그러나 단절과 애매모호함을 담고 있는 텍스트는 우리의 호기심과 관심을 자극하고, 학생들에게 담론의 장을 마련해 주며, 독특한 생각을 풀어나가도록 자극을 준다."[35] 내가 김동인의 〈감자〉나 이상의 〈날개〉, 김승옥의 〈건〉과 같은 작품을 선택하는 이유다. 그리고 장편소설로 최인훈의 《광장》과 조지 오웰의 《1984》를 택하는 것도 그 때문이다. 그것들은 하나의 답으로 유도될 수 없는 무수한 질문을 지니고 있다. 〈날개〉와 《광장》의 주인공은 자살했는지, 부활했는지, 혹은 비극적으로 죽었는지, 자유를 향해 해방되었는지 판단해야 한다. 《1984》의 주인공은 사랑을 한 건지, 그리고 그의 자기 부정과 죽음은 끝난 것인지, 의미 있는 것인지 밝혀

---

35. 파커 J. 파머, 앞의 책, 138쪽.

야 한다. 〈감자〉의 복녀는 근대적 정신에 이르지 못한 짐승들의 삶을 산 것인지, 식민지와 가난과 가부장제에서 버려진 여성의 삶을 살았는지 선택해야 한다. 한편 《1984》에서 보여준 전체주의적 요소가 블랙리스트로 시민들을 감시한 이명박, 박근혜 체제와 어떤 차이를 보이는지 살펴볼 줄 알아야 한다.

내가 다소 수준 높은 작품을 선호하는 것은 그것이 뛰어난 작품이기도 하지만 다양한 해석 가능성 때문이다. 그것들로 월드카페, 디베이트, 배움의 공동체 수업 방식으로 실행하면 풍부한 의견들이 나온다. 그동안 아이들이 재미를 못 붙였던 것이지 이런 작품에 한번 맛을 들이면 갑자기 수준이 한 단계 올라간다. 〈날개〉와 《광장》의 결말이 어떤 점에서 비슷한 구조를 지녔는지, 《광장》의 이명준이 현재 촛불 시위를 보면서 무어라고 말할 것인지 말하라고 하면, 아이들은 교실에서 사회로 빠져나가는 통로를 찾아내기도 한다.

이제 〈날개〉로 뮤지컬을 만들 일만 남았다. 그것은 학급별로 이루어져야 하고, 음악, 미술, 기술 교과 선생님과 담임들의 적극적인 협조가 필요하다. 〈날개〉로 뮤지컬 만들기를 단순화시키면 다음과 같다.

1. 〈날개〉를 읽고, 독후 활동을 한 뒤 발표와 토론을 한다.
2. 조별로 〈날개〉를 패러디해 현재화된 대본으로 각색한다.
3. 대본의 마지막 장면에서 학급 전원이 무대에 올라 노래하고 춤추게 한다.
4. '날자, 날자꾸나, 한번만 더 날아보자꾸나'를 절망/해방 중에

서 한 쪽을 골라 해석하게 한다.

5. 음악, 춤, 각색, 연기, 가창, 인기 등의 분야에서 교내상을 시
상한다.

어떻게 뮤지컬을 만들어야 할지 쩔쩔매던 아이들이 여름방학이
끝나자 다급해졌다. 9월 5일에 공연을 하기로 했으니 2주가량 남
은 것이다. 아이들이 대본을 확정짓고, 선곡을 하고, 안무를 선택
해야 했다. 아이들이 욕심을 내기 시작하자 대본을 수정하는 데 많
은 시간을 빼앗겼고, 선곡과 안무를 선택하는 과정에서도 우왕좌
왕했다. 하지만 시간이 얼마 남지 않고 다급해지자 뭔가를 결정하
고 호흡을 맞추기 시작했다. 음악 선생님은 수업 시간에 준비 목록
대로 잘 진행되는지 점검했고, 미술 선생님은 아이들에게 학급 포
스터를 그리게 했다. 기술 선생님은 무대 진행에 대해 궁리하고 아
이들 좌석 배열이나 공연이 다른 반으로 넘어가는 상황에서 혼란
스럽지 않을 방법을 찾아냈다. 이렇게 모두가 협조하는 가운데, 배
우들은 의상을 맞춰 입고 연습했고 스태프들과 더불어 음악과 소
도구를 어떻게 사용할지 계획을 짰다. 음악 선생님은 한 차례 리허
설을 시켰다. 교장 선생님은 상금으로 20만 원을 쾌척했다.

무대에는 광목 휘장이 드리워지고, 거기에 학생들이 준비한 영
상이 배경으로 비쳐졌다. 스태프들은 음악과 영상을 맞추었고, 무
대 앞에 앉아 있는 보조 스태프들은 소도구를 빼거나 넣으면서 뮤
지컬의 진행을 도왔다. 마침내 공연이 시작되고 피날레를 할 때에

〈날개〉로 뮤지컬 만들기(인헌고등학교 2014년)

반	뮤지컬 제목	내용
1	한강의 거짓말	망상에 사로잡힌 한 사람이 자신의 문제점을 자각하는 과정
2	죽일 놈	부인을 죽인 사람이 내면속 천사와 악마의 갈등을 풀어가는 과정
3	풍문으로 들었소	순수한 사랑을 갈구하는 주인공이 삼각관계에 빠지면서 벌어지는 일들과 그것을 해결하려는 과정에서 벌어지는 반전!
4	범수와 아이들	사랑하는 이의 변심으로 정신분열증에 빠진 주인공의 절규
5	애벌레의 꿈	누에고치가 되기 싫어 하지만 나비가 되고 싶어 하는 청소년들의 꿈
6	안개꽃	순수한 사랑에 빠진 주인공과 돈이 필요해 부자를 만나는 연인의 진심 알기
7	날아라 2014	공부에 짓눌려 사는 청소년과 성적에만 신경 쓰는 부모 사이에서의 갈등
8	대한 날개	일제강점기 일본군에게 저항하는 독립투사들의 절망과 희망

는 학급 아이들 전원이 나와 춤을 추며 노래를 불렀다. 대체로 이 상의 〈날개〉를 억압에서 해방으로 나아가는 것으로 해석했다. 이 런 광경을 뭐라고 해야 하나? 단순히 고1 학생들의 이벤트라기보 다 수업을 통해 그들의 의식이 발전하며, 지적 성숙을 이뤄내는 모 습이 장관이었고, 하나의 학급 공동체에서 모진 난관을 극복하면 서 협력의 장을 이뤄내는 모습은 그야말로 아름다웠다. 특히 학급 전체의 학생들이 춤추고 노래하는 피날레 장면은 감동적이었다.

뮤지컬 공연은 대성공을 거두었고, 그것을 함께 한 아이들뿐만 아니라 그것을 지켜본 교사, 학부모 모두가 깊은 감동에 빠졌다. 이 행사 이후에 아이들은 자신의 학교에 더 긍지를 가지고 더 열 심히 활동했다는 '전설'이 만들어졌다.

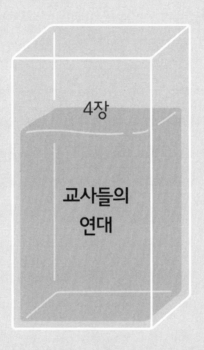

4장

교사들의
연대

1. 교사가 사라졌다

우리나라 교사는 상대적으로 높은 사회적 선호도를 누리지만 사회적 지위도 낮고 자기 효능감(self-efficiency)을 누리지도 못한다. 우수한 인재들이 교편을 잡으나 직업 만족도가 낮은 것이다. 그것은 교실 붕괴와 교권 추락에서 비롯된다. 이제 아이들은 수업을 열심히 듣지 않는다. 이미 학원에서 다 듣고 와 재미없는 내용이거나 너무 어렵고 혹은 전혀 알 필요가 없는 내용이라고 생각하기 때문이다. 게다가 교사들은 아이들을 장악하지 못한다. 공부를 손에서 놓아버린 아이를 휘어잡을 방법이 없는 것이다. 모범적으로 성장한 젊은 교사들이 가난한 동네의 아이들을 잘 이해하지 못하고, 공부를 손에서 놓은 아이들에게 억지로 공부만 시키려고 달려드니 상태를 악화시키게 된다. 졸업장만 받으면 되는 아이들은 출석 일수만 채우면 되기 때문에 무단결석을 밥 먹듯이 하면서도 4교시 끝날 무렵에 학교 와서 점심 먹고 조퇴한다. 이런 경우에 어떻게 교육해야 하는가.

교사들의 고립은 함정이다. 학교는 교실에 교사 혼자서 들어가지만 교사들이 협력해서 이끌어가는 곳이다. 그런데 홀로 그 깊은 늪에 빠지면 벗어나지 못한 채 허우적거린다. 차단된 교실에서 수업하다가 아이들에게 망신당한 교사는 다시는 자기 페이스로 수업을 진행하지 못한다. 다른 교사에게 고백하거나 상의하지도 못한다. 거기서 받는 스트레스란 엄청나다. 그리고 시간이 조금 경과하면 해결할 방법을 영 놓친다. 그것은 깊은 늪 속에서 더 허우적거리는 일이다. 그 후로 아이들은 '넓은 아량'으로 아무것도 간섭하지 않는 교사를 받아들이지만, 그 대신에 교실은 무법 지대가 된다. 교사들이 공동으로 대응하면 별일 아닌 것이 대책 없이 아수라장이 된 것이다.

고등학교가 대학과 같은 학점 선택제로 바뀌지 않는 한, 각 학년의 아이들은 비슷한 교육과정을 배운다. 대학은 커리큘럼이 있더라도 교수가 개별적으로 가르칠 뿐이지만 고등학교는 담임을 중심으로 아이들을 관리하되 교과에 따라 교사들이 협의하면서 진도를 조절하고 평가를 객관화하면서 이끌어간다. 모든 문제는 어떤 교사가 동료 교사를 외면하고 고립될 때부터 발생한다.

학교 시스템에서는 공부를 가르치는 것만 중요한 것이 아니라 질서를 지키고 예절 바르게 행동하며 타인에게 배려하는 태도 또한 가르쳐야 한다. 실제로 학교에서 어설픈 지식만 습득해 졸업한 뒤에 사회에 나가 범죄를 저지른다면 그것이 겉으로 부각되지는 않더라도 학교와 교사가 그 책임에서 자유로울 수 없다.

생활지도와 상담 기법도 전문성에 해당된다. 교사가 자기에게 맞는 방식을 습득해야 아이들을 지도하고 상담할 수 있다. 같은 부서 교사들, 같은 학년 담임들이 의논해 규칙을 정하고 그것들을 정확하게 실행할 때 아이들은 규칙에 수긍하고 따른다. 하지만 어떤 교사가 자기 편한 방식으로 규칙을 변형시켜 몇몇 아이들을 봐주기 시작하면, 그 규칙의 위력은 금세 사라진다. 교사들이 단합

된 노력으로 규칙을 지켜야 그것의 권한도 지속되는 것이다.

어떤 관현악단에서 규칙을 지키지 않고 삑 소리를 내는 사람이 있다고 하자. 그는 바로 추방당해야 한다. 담임을 오케스트라 단원을 이끄는 지휘자라고 할 때, 말 안 듣는 단원들은 학급의 아이들이다. 관객석에는 지역사회 주민과 학부모가 앉아 있다. 지휘자가 개별적으로 연주를 시키면서 잘못을 지적하면 연주자들의 소리는 하나씩 바로잡힌다. 잘못된 것들은 반복 연습을 통해 고쳐진다. 화음이 잘못된 경우에는 톤을 낮추게 하거나 시간을 조절하면서 누군가 튀지 못하게 할 것이다. 그런 가운데 단원들은 자기 소리를 찾고 관객들을 만족시키게 된다. 여기서도 규칙의 중요성은 절대적이다. 그런데 학교는 그런 권한도 누리지 못한다. 학교 시스템은 교사 혼자서 만드는 것이 아니라 다른 교사들과 힘을 합해 만드는 것이고, 아이들이 노력해 그것을 지키려고 할 때 완성된 '화음'을 내게 된다. 또 그래야 주민과 학부모의 지원을 받게 되고 갈채를 받는다.

교사는 고기를 잡아 주는 사람이 아니라 고기 잡는 법을 가르쳐 주는 사람이다. 그 방법은 저마다 다르지만 개인의 능력에 따라 다르고 전문성의 습득 여부에 따라 다르다. 교사들이 협력할 때 미숙함은 곧바로 해소된다. 하지만 혼자서 행할 때 전문성을 가졌더라도 실수하게 된다. 아이들과 합창대회를 준비할 때 음악 교사 혼자서 하는 것이 아니다. 학급 대항 뮤지컬 경연대회를 연다면 음악, 미술, 국어, 기술 담당 교사는 물론 담임의 역할도 절대적으로 중요하다. 혼자서는 못하지만 서로 자기 일을 맡아 협력하다 보면 저절로 일이 이루어진다.

그런데 자폐증에 걸린 듯 혼자의 세계로만 도피하는 교사가 늘어나는 현실이다. 그것이 현대의 특성이라고 해도 학교라는 곳이 집단지성이 만들어가는 곳이라면, 교사들이 서로 소통해야만 그들의 학교를 만들어갈 수 있다. 사람과 어울리고 사람을 모으는 것도 개인의 능력이다. 좋은 교육이란 특별한 교사가 이뤄내는 것이 아니라 '교사들'이 협력해서 만드는 것이다. 그런 점에서도 교사들이 뜻을 모아야만 학교를 변화시킨다.

대학 입시 준비도 그렇다. 교사들의 협력 없이 아이들을 대학 보내기는 어렵다. 특히 어떤 아이를 학종으로 진학시키고자 할 때 교과 담당 교사들이 참여 수업을 하고, 동아리, 진로 담당 교사들이 다양한 프로그램을 진행해야 그 아이의 학생부를 만들 수 있다. 그만큼 사제동행해 활동해야 학생을 대학에 보낼 수 있다는 말이다. 또한 생활지도부 교사들이 자치와 리더십을 훈련시키고, 사서와 교과 담당 교사들의 독서 지도에 힘을 쏟을 때 하나의 작품이 완성되듯 한 아이가 대학에 진학하게 된다. 그것은 학교 전체 계획 속에서 치밀하게 준비된 인재 기르기 프로젝트의 성과인 셈이다.

그런데 교사들이 사라졌다. 교육적 이상을 실천하고 학교를 변화시키려는 의욕을 가진 교사들이 줄어드는 것이다. 취미 활동은 열심히 하면서도 학교 변화에는 민감하게 반응하는 교사들이 많다. 특히 아이들의 활동 내역을 학생부에 적어주자는 말에 발끈하는 교사들이 그렇다. 그게 교육 외적 일이라나. 그리고 1등급 아이들만 적어주면 된다는 것이다. 주입식으로 가르친 교사가 1등급 받은 아이에게 '총명하고 모범적'이라고 몇 자 적어준 것이 무슨 도움이 될까. 그 자신만 그게 아무런 도움이 되지 않는다는 것을 모른다. 결국 그는 시대에 뒤떨어진 교사일 따름이다. 그는 학생부만 제대로 기록해 주어도 대학 갈 수 있는 아이가 많다는 걸 모르는 것이다. 그는 그저 작년처럼, 지금까지 해왔던 것처럼, 그렇게 하면 되는 것을, 왜 복잡하게 일을 만드느냐고 따지는데, 그렇다면 당신이 맡은 아이를 대학 보내자는 것이 잘못되었다는 말인가? 되묻고 싶다. 게다가 학교에서 그들은 세력을 이루고 있어 학교 변화를 불가능하게 만든다. 그런 사람들은 왜 교사가 되었을까? 그런 교사를 지켜주기 위해 학교가 존재하는 것이 아닌데 그들로 인해 사라진 교사를 다시 불러오기도 쉽지 않다.

학교에서 회의는 수업 이상으로 중요하다. 많은 학교들이 전체 교직원회의를 한 달에 한 번 정도로 축소하고 있지만, 부장 회의, 담임 회의, 부서 회의, 진학전략팀 회의 등은 일주일에 한 번씩 열려야 한다. 어떤 일이 진행되고 어떤 규칙을 지켜야 하고 아이들을 어떻게 이끌지 준비하자면 그렇다. 교사들의 회의를 보면 그 학교 돌아가는 상황을 알게 된다. 좋은 학교는 교사들이 의사결정권을 가지고 무언가를 선택하는 과정에서 적극적으로 발언한다. 그것은 자신이 하는 일에 직접적인 영향을 미치기 때문이다. 그런데 나쁜 학교는 교사들이 기존의 시스템을 그대로 따르며 그저 묵묵히

주어진 일만 한다. 그리고 회의 자체를 싫어하기 때문에 주로 부장이 시키는 일만 하고 그것도 담당자 혼자서 끙끙 앓으며 일을 한다. 그런 분위기에서는 누구도 적극적으로 일하지 않고 일하지 않는 것을 부끄러워하지도 않는다. 특히 부장이나 담임을 하지 않으면 직원 회의, 부서 회의, 담임 회의를 남의 일처럼 여긴다. 그런데 아이들에게 무언가 해주자고 하면 거기서 결의된 것을 하나도 놓쳐서는 안 되고, 거기서 진행된 부조리한 것들을 뜯어고쳐야 한다. 하지만 그것도 동료 교사들의 지원이 없으면 해낼 수 없다.

　어떤 아이라도 대학 가서 학교 못 다녔다는 말은 들어본 적이 없다. 그것은 그 아이가 극복할 문제이고, 대학에서 책임질 문제이지 고교 교사가 걱정할 일이 아니다. 그런 아이들이라도 보내주면 잘 키워보겠다고 고등학교를 방문해서 사정하는 대학은 또 얼마나 많은가. 나는 미혼모로부터 버려져 보육원에서 성장한 아이가 한양대에 들어가 잘 적응하는 경우를 보았고, 부모에게 버림받은 아이가 동생과 함께 보육원에 들어가 잘 성장해 상명대에 들어간 경우를 지켜보았다. 그들이 대학 들어가는 시점에서 학력이 다소 뒤처졌을 수 있지만 그들이 대학 가서 따라가지 못할 정도로 실력 차이가 나는 것은 아니다. 그들은 어렵게 성장했기에 편하게 성장한 아이들보다 영어 성적이 뒤떨어질 수는 있지만 더 큰 저력을 지니고 있다. 나는 졸업 후 그들의 취업 소식도 종종 듣고 있다. 모두가 대학 가는 세상이다. 그것이 문제라고 탓하기에 앞서 대학을 보내야 한다. 그럴 정도로 우리나라는 학력 사회다. 그래도 학종이 생긴 이후로 맹목적으로 입시 준비를 하기보다 학교를 살리면 대학을 보낸다는 등식이 생겨났다.

아직도 교사는 누군가에게 꿈과 희망을 줄 수 있는 유일한 직업이다. 영혼을 고양시키고 의지를 불어넣고 그리하여 마침내 인류애를 실현시키게 하는 일. 적어도 교사는 아이들을 진실 되고 상식적이고 협력하며 살아가게 만든다. 우리나라의 교사는 단순히 지식을 제공할 뿐만 아니라 아이들의 꿈과 삶의 태도를 디자인할 수 있는 것이다. 누구나 배우고 싶어 한다. 하지만 해 보려고 해도 되지 않고, 이미 너무 뒤처져 포기할 수밖에 없기 때문에 포기할 따름이다. 아무리 문제라고 하더라도, 배움의 욕구까지 사라진 것이 아니다. 그들을 구제하기 위해 뛰어들면 그 누구라도 변화시킬 수 있다. 그렇다고 쉬운 일만은 아니다. 적게는 3년, 많게는 중학교까지 합해 6년간 엎드려 잠자던 아이를 깨우기는 어렵다.

서울 A고를 방문해 5일간 교사 체험(2018. 11. 26.~11. 30.)을 한 교육감의 수업 소감을 들어보자. "수업 시간에 많은 아이들이 엎드려 잤다. 수업에 피해를 주는 행동을 하는 이이들도 있었다. 교사가 도저히 관리할 수 없는 지점도 있다는 것을 느꼈다. 학생 인권에는 넓은 의미에서 학습권도 포함이 되는 것이다. 학생들의 학습권을 보호하기 위한 고민이 필요한 시점 같다."[36] A고는 혁신

---

36. 윤근혁, 〈닷새간 교사 생활한 조희연 '진보적 교권 강화 방법 찾아야'〉, 《오마이뉴스》, 2018.12.3.

학교로 성공을 거둔 학교다. 그 학교의 활기찬 변화와는 달리 여전히 잠자는 아이들은 존재하고, 어느 누군가의 일방적 수업으로도 치유될 수 없는 상태임은 자명하다. 그래도 잠자는 아이들을 일으켜 세울 장치를 만드는 일을 포기할 수 없다.

학교를 바꾸겠다는 의지를 가진 교사들이 돌아와야 한다. 방임하지 않고 방법을 찾고, 자신이 처한 학교에 대해 책임감을 느끼는 교사가 있다면 학교가 바뀐다. 교사 말고 누가 그런 역할을 하겠는가. 아이들과 뒤엉켜 배워가며 삶의 태도를 갖추면 그들의 운명이 바뀐다. 적어도 미래로 연결되는 통로를 열게 된다. 교사가 자발적 의지로 교육이념을 실현한다면 그 사회는 희망적이다. 교사가 무책임하다면 그가 가르친 아이들이 사회의 그늘에서 좀비처럼 어슬렁거릴 것이다. 교사들이 뭉쳐 학교를 변화시킬 때, 교사 또한 자기 삶을 긍정하게 될 것이다.

2. 주체가 되는 길

자유 못지않게 숭고한 가치는 자율이다. 자율로 자유에 이른다. 자유는 누리지만 자율은 그것을 이루기까지 행한다. 따라서 자율 없는 자유란 존재할 수 없다. 공동체의 주체가 되기 위해서는 자율이 필요하다. 공동체의 결속 원리인 자율이 있어야 자유로운 학교가 만들어지는 것이다.

교사는 선망하는 직업 1위이지만, 일반고 교사들은 직업에 심한 회의감을 가지고 살아간다. 아이들에게 몇 번 봉변을 당해 보라. 누구나 명예퇴직을 생각하게 된다. 학교는 점점 부랑자 집단이 되어가고 있다. 욕망이 길을 잘못 들어 고여 있다가 터지기 직전이라고나 할까. 언제 터질지 모르고 누가 봉변을 당할지 모르는 상황이다. 그래서 무언가 시도해야 하는데 그 무엇을 행하기가 어렵다. 모든 일반고가 그런 것은 아니지만 앞으로도 상황은 더 좋아질 것 같지 않다. 구조상 그럴 수밖에 없다. 성적이 좋은 아이들은 과학고, 특목고, 자사고, 선택형 고교에 진학하고, 성적이 나쁜 아이들만 일반고와 특성화고로 모여든다. 게다가 결손가정, 빈곤층 아이들이 다수를 차지하면 학업 격차가 크게 벌어져 수업을 진행하기 어렵다. 그래도 일반고가 대학 진학을 목표로 삼고 있다면 아이들을 경쟁시키고 성적으로 줄 세워야 한다. 그런데 학교 내신이 3등급(23%)에서 벗어나면 수시로 도전하기가 힘들어진다.

　모두가 어려운 여건이다. 하지만 시대와 환경을 탓하는 것만큼 공소한 말도 없다. 그 어느 시절이 어렵지 않았던가. 누구나 잘 버텨 나왔다. 다만 변화에 대처하지 못하는 사람들이 문제일 따름이다. 아이들이 있기 때문에 교사라는 직업이 존재한다. 그래서 그들이 어떤 상태이더라도 교사는 그들을 가르치고 뜯어고치고 살아남게 만들어야 한다. 그러자면 그들의 상황을 분석하고, 그들에게 필요한 것이 무엇인지 알아야 한다. 그런데 그런 노력을 다했다고 말할 수 있는가.

아이들에게는 죄가 없다. 단지 그런 상황에 처했을 따름이다. 그들이 다세대주택 반지하에 세 들어 사는 아이들이고, 기초생활수급자나 한부모 가정에 해당하고, 심지어 보육원에서 성장한 아이들이라고 해서 문제가 되는 것은 아니다. 오히려 그들은 사교육을 제대로 받아본 적이 없어 교사의 손길이 가는 대로 변화될 수 있는 좋은 '재료'이다. 그렇다면 비선호 학교일수록 시도해 볼 일이 많아진다. 그들을 맡아 의욕만 가진다면 뭔가 시도해 볼 수 있고, 대학 가는 방법을 알려주고, 문화적 혜택을 누리게 하고, 사람의 따뜻한 손길을 느끼게 해줄 수 있다. 그렇게 된다면 교사란 정말로 보람찬 직업이 될 것이다.

우리는 그동안 남의 탓만 해왔다. 자신이 스스로 잘해 볼 생각을 하지 않고 상황만 탓한 것이다. 교사는 학부모의 헛된 교육열을 탓하고, 학부모는 교사들의 낡은 의식, 낮은 헌신을 탓한다. 교육운동가는 정부의 교육정책에 대해 공격하고, 교육부는 문제제기하는 교사들의 '대안 없음'을 질타한다. 모두 자신들의 경험을 바탕으로 우리 교육을 진단하지만, 사실상 남 탓만 할 뿐 자기 들보를 보지 못한다.

권위주의적 정부에서는 의식 있는 교사를 '종북'으로 몰고, 국정화교과서로 잘못된 역사를 강요하고, 노골적으로 교사노조 파괴 공작을 일삼았다. 학교 관리자는 학교를 변화시켜 보려는 교사를 체제 전복 세력으로 몰아 의도적으로 배제했다. 이런 것들이 쌓여 학교가 구제불능의 상태에 이른 것이다. 그동안 우리 현실은 교육적 사명감이나 의욕을 가진 교사들을 응원하기보다 불순 세력으로 몰아갔다. 그러니 자기 검열을 하며 선뜻 일을 시작하지 못하는 것이다. 자기 안위만 생각하는 관리자는 대책이 없고, 한 자리 차지하려고 그런 이를 따르는 추종자는 최악의 학교를 최상이라고 칭한다. 그로 인해 변화의 추동력은 사라지고 눈치껏 일하는 사람들만 판치게 되었다. 힘들다고 아우성치는 교사는 대개 그런 사람들이다. 억지로 싫은 일을 하니 그럴 만도 하다.

하지만 그런 가운데 많은 교사들이 참교육 운동을 하고, 혁신학교를 뿌리내렸다는 것은 놀라운 일이다. 힘든 것을 아랑곳하지 않고 즐겁게 일해 보려는 교사가 적지 않았던 것이다. 앤디 하그리브스는《학교교육 제4의 길》에서 교사의 행복을 좌우하는 세 가지 요소를 밝힌다.

1) 목적이 분명하고 성취 가능하며, 그것이 자기 자신의 것일 때 행복을 느낀다.
2) 권한을 부여받고 자신이 그 역할을 주도할 때 행복하다고 느낀다.
3) 동료와의 긍정적인 관계 속에서 삶의 목적을 계발하고 달성하는 과정에서 행복을 느낀다.[37]

이러한 항목들의 주체가 교사라면 자발성이 거듭 강조되는 것

---

37. 앤디 하그리브스, 《학교교육 제4의 길(1)》, 앞의 책, 177쪽.

임을 알 수 있다. 중요한 역할을 맡아 일하고, 멋진 수업을 이루어 내고, 아이들을 살아 있게 만들 수 있는 것이 교사인 것이다. 그러기 위해 교사들에게는 공동의 목표가 있어야 하는데 그것을 이루자면 다른 교사들과 협력해야 한다. 그것이 자기 일이라는 생각을 하게 되면, 공동의 목표를 달성할 때까지 힘들고 손해를 보더라도 맡은 일에 집중한다. 그런 이들은 협력하는 동료들에게 고마움을 느끼고 일 자체에 행복을 느낀다. 그러고는 판을 깨지 않기 위해 한없이 자신을 낮춘다.

관리자는 그런 교사들을 왜 싫어할까. 뭔가 도모해 보고자 교사가 학교 변화와 관련된 일에 발 벗고 나설 때 자신의 실체가 폭로되기 때문이다. 교사는 아이들과의 영향 관계에서 지식을 제공하는 입장에서 벗어나 서로 함께 지식을 만들어가는 관계로 변했다. 아이가 자유롭게 사고하고 토론하면서 교사를 신뢰한다면 신바람 나고 주체가 된다. 종속적 처지에서 벗어나 교사와 대등한 관계에 놓이게 되고 그물망의 매듭 위치에서 자기 존재를 즐기게 된다. 성적으로 좌절하고, 무기력에 빠진 아이들이 모든 문을 걸어 잠그고 두문불출하다가 불쑥 일어나게 되는 것은, 그 자신이 주체로 인정받고 공동의 영역에서 할 일이 생겼기 때문이다.

'여기 들어서는 자는 희망을 버릴지어다.' 단테 지옥편에 나오는 이 말처럼, 학교를 다니는 아이는 프로크루테스의 침대에 눕혀 긴 발을 절단당할 위기에 놓여 있다. 교육 시스템과 학교가 하루하루 시들어가는 아이들을 더 짓밟아 다시는 일어날 기회를 주지 않는다. 일반고 교실에 들어가 보라. 반 넘게 자는 아이들은 깨어나지 않고 몇몇 아이들은 교실을 돌아다닌다. 다시 말해 수업을 거부하는 다수의 아이들과 혼자서 수업을 하는 교사가 대치 중인데, 그것은 질서와 예절 교육에 관한 문제라고 말하기에 앞서 교육의 본질을 놓치고 있는 것이다. 교사들이 협력해 규칙을 만들고, 규칙을 어기는 아이들을 처벌하고, 그 학교만의 질서를 세울 때 그 학교도 존재 의미를 갖게 된다. 자율은 공동체 일원들이 협력을 통해 만드는 것인데, 자칫 그것을 무시하면 전체가 붕괴된다.

'도대체 어떻게 수업을 하란 말이야?' 교실 붕괴가 가정교육, 사회적 방임, 평가제도, 대학입시와 학벌사회 등의 문제에서 출현했다고 하는 태도도 문제다. 무엇보다도 학교 자체에서 문제의 원인을 찾아야 한다. 학교장의 리더십과 교사의 헌신성 부족이 문제라고 먼저 지적해야 문제의 핵심에 다가갈 수 있다. 교사들이 모여 협력하고 머리를 짜보면 학교는 달라진다. 학종이 생긴 이후로 문제 풀이형 인재보다 학교 활동에 충실한 아이들이 대학에 더 많이 들어가고 있다. 대학에서는 수능 국어 영역에서 만점을 받은 학생보다 독서와 토론과 글쓰기를 좋아하는 아이가 훨씬 뛰어나다는 사실을 알게 된 것이다.

그러니 관습을 물리치고 교사가 나서야 한다. '자, 일어나, 시작하자!' 아이들을 잠에서 깨우고 방법을 제시해야 한다. 학종이 지속되는 한 학교가 혁신될 수 있다. 학종 1차 합격자 발표 후 면접할 때, 아이들은 면접관에게 어려운 이웃을 돕고, 서로 협력해서 더 큰 꿈을 이뤄내겠다고 이야기한다. 맞다. 상대와 대화하고 서로 돕는 마음을 가질 때 아름다운 공동체를 만들게 되고 세상에 나갈 수 있게 된다. 아직 혁신이 형식적인 면에 그치고 있어도 그것의 핵심을 학교에서 받아들이게 된다면 인재 양성 방법은 완전히 달라진다.

3. 교사로서 전문성의 공유

독일 소설가 에리히 케스트너는 《하늘을 나는 교실》에서 말한다.

> 선생님에게는 스스로 변화하는 자세를 갖추어야 할 의무와 책임이 있어. 그렇지 않으면 학생들은 아침에 침대에 누운 채로 녹음기를 틀어놓고 그걸 듣는 게 수업에 나가는 것보다 차라리 나아. 아냐, 우리에게 필요한 것은 인간으로서의 선생님이지, 다리가 두 개 달린 통조림 깡통이 필요한 게 아니라고! 우리에게 필요한 선생님은 학생들을 성장시키기 위해서 자신도 성장하려는 노력이 필요하다고 생각하는 진짜 선생님이야.[38]

교사가 연구하고 변화되지 않는 한, 아이들은 교사를 받아들이지 않는다. 아이들만 성장하는 것이 아니라 교사들도 함께 성장해

---

38. 에리히 케스트너, 《하늘을 나는 교실》, 문성원 옮김, 시공주니어, 2000, 120쪽.

야 한다. 아이들은 지역, 학교, 교실 상황에 따라 각기 다른 것을 배우고 싶어 하고, 해가 바뀌면 또 다른 것을 요구한다. 그래서 공부하지 않는 교사는 아이들을 제대로 가르치지 못한다. 달라진 상황에 대한 공부 없이 누구를 가르친다는 것인가. 아이들은 본래 완성을 향해 나아가는 결함투성이 인격체이다. 그들은 학습 의욕을 가졌더라도 입맛이 맞지 않으면 뱉어내고 배반하는 변덕스러운 존재이다. 그들을 모아 올바른 방향으로 이끄는 직업이 교사이다. 그러자면 언제나 어떻게 가르칠지 연구해야 한다. 특히 학습자 중심의 교수법에 대한 연구 없이 복잡성 시대의 아이들을 가르칠 수 없다.

최근 사람들은 교사에게 선의의 눈길을 보내지 않는다. 그만큼 학교가 망쳐졌기 때문이다. 누군가는 교사들이 철밥통에 안주하며 살아 간다고 질타한다. 또한 주어진 것만 가르칠 뿐 연구하지 않으면서 언제나 지옥으로 떨어진 아이들만 탓한다고 비판한다. 당신은 아이들을 제대로 가르쳤는가? 시대감각을 제시하고, 올바른 인성을 지도하고, 공동체 의식을 심어주고, 삶의 기쁨을 누리게 만들었는가? 자신의 교과에 대한 전문성뿐만 아니라 교수법, 멀티미디어 활용 방법, 진로와 입시에 대한 전문적 소양을 보여주었는가? 시대정신과 역사의식의 바탕 위에서 아이들과 함께 새로운 지식을 추구하고 또 이상향을 찾아나갔는가? 아무리 훌륭한 교사이더라도 이렇듯 '과연 내가 잘 가르치고 있는가?' 반성하지 않으면, 곧바로 시대에 뒤떨어지며 아이들에게서 멀어진다. 모든 교육은 전통 속에서 현재에 맞게 적용되어야 한다.

어떤 교사는 1년에 책 한 권도 읽지 않으면서, 동료 교사와 시장통 수준만도 못한 대화를 나누면서도, 자신의 직업적 권리에 대해서만 큰소리를 친다. 그들은 21세기 교육의 중심 명제인 비판적 사고와 문제해결력, 의사소통과 협동 정신, 혁신 역량과 창의력을 자신의 교과에 어떻게 담아낼지 고민한 적도 없다. 또 그것을 현재화시켜 아이들에게 제공할 방법을 강구한 적이 없다. 많은 교사들은 교사가 된 이후로 교재연구를 위해 교사용 지도서나 참고서를 훑어볼 뿐이지 자신이 가르칠 내용을 다양한 관점에서 연구하지 않는다. 제도적으로 최고의 교사를 선발했으나, 그들은 현장에서 전문성을 습득하면서 최고의 활력을 불어넣지 못하고 있다. 교사는 끊임없이 지적으로 발전하고, 다양한 형태의 교수법을 습득하고, 아이들과 소통할 수 있는 방법을 찾아내야 한다. 자기만의 교수법이나 생활지도법을 다른 교사들 앞에서 발표하고 동료들과 공유해 학교 내에서 새로운 문화를 만든다면 그것도 높이 평가하는 방안을 구상해 보아야 한다.

교육은 닫힌 교실에서 혼자 하는 것이 아니라 열린 교실에서 함께 모색하는 것이다. 누구나 참여하고 관찰해 교사가 납득할 만한 교육을 실현하고 있다는 사실을 인정할 수 있어야 한다. 어떤 아이들이 잠자거나 돌아다닐 수 있지만 그들이 학습에 동참하도록 최대한의 노력이 뒤따르지 않는다면 그것은 교사의 직무유기다. 어떤 교사가 그것을 극복한 사례를 보고하면, 동료 교사들은 그것에 대해 숙고하고 질문하고 토론하면서 자기 방식화할 것을 고민해야 한다. 물론 교사의 세계관과 지식의 양, 관점, 열정에 따라 그것은 다른 방식으로 받아들여질 것이다. 또 그런 뒤에 다른 교사가 그것을 어떻게 받아들였는지 발표하면, 누구나 그 교수법을 참고한 자기 교수법을 터득하게 될 것이다. 교사들이 모여 학습자 중심의 교수법에 대해 토론하고 평가를 한다면 수업 혁신의 분위기는 더 빨리 자리 잡게 될 것이다.

PCK(Pedagogical Content Knowledge)는 학생들이 수업 내용을 잘 받아들일 수 있도록 특정한 방식으로 가르치는 방법에 대한 지식이다. 그것은 교과 지식과 교수법 지식을 통합적인 관점에서 이야기하는데, 설먼(Lee S. Shulman, 1987)이 교사의 전문성을 신장하기 위해 교과 내용과 교수법을 결합해야 한다[39]고 말했다면, 그로스먼(Pamela L. Grossman, 1989)은 PCK의 구성 요소로 '교과 내용의 교수 목적에 대한 지식과 신념', '학생 이해에 대한 지식', '교육 과정 지식', '특정 주제에 대한 교수 전략 및 표상에 대한 지식' 등 네 가지를 꼽았다.[40] 여기서는 교육과정과 학생 파악 능력까지 교사의 전문성에 넣고 있다.

분명한 것은 교사는 단순히 지식을 전달하는 사람이 아니라 새로운 지식을 받아들이고, 그 이후로 나올 지식을 학생들과 함께

---

39. Shulman, L.(1987). Knowledge teaching: Foundations of the new reform, Harvard Education Review, 57, p.22.

탐구하는 '지식 변환자'라는 점이다. 교사는 문화와 관습을 전달하면서 새로운 이론을 소개하고, 그것을 아이들이 비판적으로 검토하도록 교육과정을 구성해야 한다. 아이들도 참여 수업에서 자기 역할을 맡지 못하면 변환된 지식의 새로운 내용을 알지 못한 채 뒤처지게 된다.

앤디 하그리브스는 《학교교육 제4의 길》에서 "학교 변화에 함께 책임질 수 있는 교사, 동료 교사를 존중하면서도 도전을 멈추지 않는 관계, 수업 참관과 경험 공유를 통해 교수학습의 방법을 개선시켜야 한다."[41]고 말한다. 학교의 특성을 파악하고 교사들과 함께 공부해야 학교를 변화시킬 수 있는 것이다. 그래야 아이들에게 신뢰받는다. 아이들은 다른 방식으로 가르치며 새로운 것을 제공하는 교사를 따른다. 천편일률로 문제 풀이를 하는 것보다 세계사적 흐름과 시대적 관점을 이야기해주면서 다양한 관점에서 토론하게 하고, 그것의 현재성을 파악하게 해줄 때 아이들은 그 교사를 따른다.

교사는 자기만의 방식으로 참여 수업을 하되, 새롭고 수준 높은

---

40. Grossman, P.(1989). A Study in Contrast: Sources of Pedagogical Content Knowledge for Secondary English, Journal of Teacher Education, vol. 40, p. 31. PCK의 다른 견해로 다음과 같은 것들이 있다. Marks(1990)는 특정 교과의 내용을 수업 상황에 맞게 변환시키는 능력과 특정 상황의 특정 교과 내용에 알맞게 교수법을 변환시키는 지식을 전문성이라고 보았다. 또한 Cochran(1993)은 구성주의 이론에 기초하여 PCKg라는 용어를 만들어 교수법 지식, 교과 지식, 학습자 지식, 학습 환경 맥락에 대한 지식을 들어 학습자와 학습 환경에 대한 이해까지 파악해야 한다고 말했다.

41. 앤디 하그리브스, 앞의 책, 215쪽.

것을 제공해야 한다. 그러면, 아이들은 새로운 관점으로 세계를 해석하고자 한다. 교과서와 연계된 새로운 책들도 읽고 싶어 하고, 거기서 다른 교과로 어떻게 넘어가는지도 알고 싶어 한다. 따라서 교사는 교사 학습공동체나 독서 모임을 만들어 꾸준히 자기 실력을 연마하면서, 적어도 저 선생님의 말에는 무언가 있다, 하는 생각을 하게 만들어야 한다. 브렌트 데이비스는 말한다.

> 교육은 과거를 다루되 거기에 매여서는 안 되며, 미래를 전망하되 어떤 정답을 가지고 그것을 바라보아서는 안 된다. 교육은 현재 발생하고 있는 삶을 이해하는 사고방식이다. 학교교육은 삶에 대한 준비가 아니라 '삶 그 자체'이다.[42]

여기서도 말하듯이 미리 정답을 가지고서 가르치는 것은 어리석은 일이다. 지금은 이데올로기 시대가 아니라서 지식을 관점에 따라 새롭게 볼 수 있다. 그러니 가르치는 시점의 사회와 현실을 돌아보면서 그것의 관계를 따질 때 새로운 지식은 발견된다.

학종의 도입은 그런 점에서 획기적이다. 그것은 미국의 입학사정관제에서 본 따온 것이지만, 가난한 동네의 한부모 가정 아이들에게도 희망을 줄 수 있다는 점에서 훌륭한 전형이다. 무엇보다 교사가 학종에 대한 전문성을 기르게 되면, 아이들에게 수업 혁신

---

42. 브랜트 데이비스, 《마음과 학습》, 한승희 옮김, 교육과학사, 2017, 43쪽.

을 시도하고 활동 프로그램을 진행하면서 지적 성숙을 도울 수 있다. 실제로 많은 학교들이 '인문학 독서 심화 과정'이나 '한국소설의 비평문 쓰기'나 '프로젝트 만들기'와 같은 것을 방과 후 학습으로 개설하고 있다. '인서울' 대학들이 학종으로 50% 넘겨 선발한다면, 아이들에게 특화된 전공 적합성, 학업 역량, 자기주도성을 길러주기 위해 그런 전문성이 더 많이 요청된다.

4. 역설을 실천하기: 싱가포르 교육을 보며 떠오른 생각

싱가포르 교육은 우리에게 시사하는 바가 많다. 유교문화권의 전통을 지니고 있는 싱가포르는 교육으로 국가 발전을 이룬 점에서 우리와 비슷하다. 그 나라는 아직 정치적으로는 권위주의적이지만 적어도 교육 면에서는 우리보다 앞선 것처럼 보인다. OECD 국가 중에서 학업성취도뿐만 아니라 학습 흥미도까지 다 붙잡은 것이다. 여기서는 싱가포르 교육정책을 검토해 보면서 우리가 배워야 할 점들을 살펴보고자 한다.

싱가포르에서는 교사 양성 교육을 철저히 하면서 교사를 적극적으로 지원한다. 교사에게 투자하고 재량권을 주면서 제도적으로 전문가로 만든다. 반면 우리나라는 대학에 교원 양성을 맡기고, 임용고사만 관리할 뿐, 교사에 대한 특별한 교육을 하지 않는다. 교사는 자신이 가르칠 교과와 교육 원리 못지않게, 자신의 교육관을 세우고 학교를 바꾸고 수업을 혁신하고 학생의 타성을 뜯어고쳐 핵심 역량을 만들 책임이 있다. 그런데 그것이 지켜지는 경우를 찾아보기 어렵다.

임용고시에 합격한 초임 교사가 곧바로 교실 붕괴 현장에 던져졌을 때 막막함을 생각해 보았는가. 그는 물론 그 상황을 극복해 나갈 것이다. 하지만 한 교실에서 아이들이 반 넘게 잠자고 있다면, 그 아이들과 뒤엉켜 무엇인가를 하기에는 한계를 느낄 것이다. 개별 아이들에 대한 이해와 학부모의 성향, 그들의 진로·진학에 대한 생각까지 조사하지 않으면 그들을 제대로 지도할 방법을 찾기 힘들다. 모범생으로 주입식 수업만 받으면서 성장한 초임 교사는 자신이 맞닥뜨린 상황을 이해하지 못하고, 수준 차 큰 교실에서 잠자는 아이들을 깨워 무엇인가 도모하기에는 역량이 딸리는 것을 깨달을 것이다. 이럴 때 교육청에서 적극적인 지원을 해주고 선배 교사들이 함께 협의하면서 대책을 의논하다 보면 새로운 아이디어가 떠오르기도 할 것이다. 하지만 발령받은 학교에서는 모두 자기 일에 바쁘고 누구도 관여하려고 하지 않는다. 그러다 보니 초임 교사는 자신의 상황을 극복하기보다 회피하거나 수동적 차원으로 대처한다.

권위주의 정권 아래서 우리는 이데올로기 교육을 받으며 교과서의 내용을 절대적인 것인 양 주입식으로 가르쳤고 주어진 교육과정을 따르느라 교사 자신의 교수법이나 평가 방법을 개별적으로 펼쳐본 일이 거의 없다. 그래야 자리 보전하고 인정받고 높은 자리에 올라갈 수 있었던 것이다. 그럼에도 불구하고 교사의 비판 의식과 자기반성은 노조를 만들고 참교육과 혁신학교 운동을 해 냈다는 점에서 놀랍다. 그것은 1987년 6월 항쟁의 정신 속에서 잘 못된 권력을 인정하지 않고, 학교에서 교사들이 새롭게 이니셔티 브를 쥐고 무언가 해보고자 하는 열망에서 비롯된 것이다. 하지만 그 운동이 자발적으로 계획을 세워 학교를 바꾸는 데까지 이르지 못했다. 최근에 전국적으로 진보 교육감이 당선되고 입시가 학교 변화를 뒷받침해 주고 있으나 교육정책의 차원에서 그것을 제대 로 이끌지 못하고 있다.

싱가포르는 1997년에서 2011년까지 교원 능력 개발에 총력을 기울이고, 2012년부터 학생 중심으로 생각하고 아이들 스스로 지 식을 구축하는 수업을 채택해 핀란드와 더불어 세계 최고의 교육 입국을 만들었다. 그 결과로 교사는 국가에서 최고로 인정받는 지 식인 집단이 되었고, 학생들은 스트레스를 받지 않고서 공부하고 학교생활을 즐기고 자신의 역량을 키울 수 있게 되었다.

싱가포르의 '생각하는 학교'에서 모든 교육과정은 교사 구성원 에 맞추어 맞춤형으로 손질되고 실생활과 연결되어 마을과도 부 합하는 방식으로 진행된다. 교육청에서 어떤 지시가 내려와도 '왜 우리가 이것을 받아들여야 하는가' 검토하고 고민하면서, 협의를 통해 자기 학교에 맞는 방식을 찾아내거나 그렇지 못할 경우에 거 부하는데, 대체로 학교 자체에서 세운 계획을 위로 올려 승인을 받으면서 그것을 실행한다. 이때 교사들은 일방적으로 아이들을 가르치는 것이 아니라 아이들과 함께 질문하고 새로운 가능성을 찾으면서 자신만의 지식을 구축해 나가고, 교육청은 그런 그들을 적극적으로 지원해 주는 것이다. 그러다 보니 싱가포르 교사들의 전문성은 갈수록 커진다. 그들이 우리도 고민하는 난제를 극복해 낸 사례들을 살펴보자.

역설로 시작해 보자. '가르치려고 하지 말라.' 교사가 이런 화두를 사회적으로 받았다고 하자. 고정관념을 바꾸지 않는 한 그것을 받아들이기 어렵다. 아무리 교사의 지적 능력이 뛰어나도 아이들을 주입식으로 가르치려고 할 때, 그것을 전혀 이해하지 못하거나, 이미 그것에 관심 없는 아이들의 흥미를 끌어낼 수는 없다. 잠자는 아이들도 결코 일어나지 않을 것이다. 오히려 그들에게 생각할 기회를 주고, 뒤집어서 자기 입장에서 말하게 한다면, 비로소 아이들은 그 주제에 대해 관심을 갖게 될 것이다. 자신이 잠자는 이유, 혹은 공부하기 싫은 이유를 함께 찾아내고 자기 논리로 해명하게 한다면, 적어도 그는 그 부분에서 자기 지식을 갖게 된다. 그렇게 해서 자기 처지를 이해하고 그것에 대한 자기 의견을 갖게 되면 자신의 삶을 어떻게 만들어나갈지 생각하게 된다. 자신과 관련된 공부가 시작되는 것이다.

자기 관심사를 발전시켜 나가는 일처럼 즐거운 공부는 없다. 어떤 아이는 한 번 발표한 것만으로 새로운 인생을 경험하기도 한다. 그런 것을 위해서라도 가르치려고 하지 말라. 그래도 꼭 해야 하겠걸랑 50분 수업 중에서 20분만 가르쳐라. 그 뒤로는 아이들이 스스로 말하고, 정리하고, 다른 아이를 납득시키고, 평가하게 하라. 그러면서 왜 이 개념이 필요하고, 어떻게 활용될 수 있으며, 어떤 관점에서 비판받을 수 있는지 말할 수 있게 하라. 그렇게 된다면, 더 이상 가르칠 게 뭐가 있겠는가. 그때부터 아이들은 혼자서 공부하며, 친구들과 함께 스터디를 하며, 교사에게는 작은 지원만을 받기 원한다. 자기가 관심을 가진 정보를 자기 관점에서 말할 수 있게 될 때부터 새로운 지식에 대한 갈망이 생겨나고, 실제로 토론을 통해 자기가 소화한 원리의 이상한 점을 찾아내고, 그것이 어디서부터 잘못되었는지 점검하면서 자신만의 원리를 구축해 나가게 된다. 그렇게 해서 새로운 지식이 만들어진다.

싱가포르에서는 교사에게 요구한다. '적게 가르치되 성취도를 올려라.' 교과서에 나온 내용을 어느 정도 습득했는지 절대평가로 물어보는 수준으로만 그치고, 그것과 관련된 내용을 토론시키고 자기 관점에서 글로 써보게 할 때, 적게 배운 것 같지만 더 많은 것을 알게 된다. 우리나라 아이들처럼 지겹도록 문제 풀이에 매달리지 않고서도 교과서를 자기 방식대로 이해하고 그것을 다른 관점으로 적용할 수 있게 되는 것이다. 디베이트만 잘 시켜도 심화된 견해나 새로운 해석을 할 수 있게 된다. 참여 수업을 활성화시켜 책을 찾아 읽고 그에 관해 토론하며 글을 써보게 할 때 교과서의 내용을 쉽게 자기 것으로 만들 수 있다. 공부를 조금 시키되 성취도를 올리라는 주문은 이렇게 해서 실현된다. 통상적으로 공부 잘하는 아이는 집중력이 높고, 뒤떨어진 아이는 산만하다. 그러나 이런 참여 수업을 통해 호스트가 조원들을 납득시키며 관심을 지속시키기 때문에 뒤늦게 깨어 성적이 급상승하는 아이가 생겨난다.

잠자는 아이도 공부하고 싶어 한다. 다만 기회를 놓쳤을 뿐이다. 누구도 자신을 기다려주지 않아, 하면 할수록 격차가 벌어졌을 뿐, 결코 공부를 포기한 것이 아니다. 그런 아이라고 할지라도 뭔가 배우고 싶고, 어떤 의욕을 갖고 싶다. 다만 주입식 수업에서는 그것을 얻을 수 없었다. 자기 역할이 없는 것이다. 그런데 조별 발표에서 자료 조사의 책임을 맡고 친구들이 그것을 정리하며, 어떻게 발표할지 의논하는 과정을 지켜보면서, 그 아이는 자신이 맡은 역할 이상의 것을 배운다. 나도 누군가와 같이 할 수 있다는 사실, 그리고 나의 발표에 다른 아이들이 반응한다는 사실은 그의 자신감을 회복시켜 준다. 그리고 그런 일이 한두 차례 계속될 때, 그 아이에게 자긍심이 생겨난다. 난 할 수 있어. 이런 생각만으로도 그는 성공한 삶을 시작하게 된다.

어떤 아이가 흥미를 갖는 분야가 하나라도 생겼다면, 그게 그 아이를 패배의식에서 벗어나 새롭게 살게 할지 모른다. 나도 '할 수 있다, 해볼 만하다'는 생각이 들 때 아이들은 몰입하게 된다. 그리고 거기서 얻은 작은 성과를 가지고 자신의 꿈을 키워나간다. 재능이란 사소한 일로부터 발견되어 배움의 즐거움을 통해 더욱 발전해나가게 되고 그것을 자기 진로로 만드는 것이다. 어떤 주제를 끝까지 밀고 나가면 자기 의견이 생기고, 그것을 현실에 적용해 보는 저력이 생긴다. 그런 가운데 아이가 성장하면서 학업 성취도뿐만 아니라 학습 흥미도도 붙잡게 된다. 덜 가르치되 더 많이 배우게 하라는 '역설'은 이로써 실현된다.

또 다른 역설을 생각해 보자. '전통을 지키되 변화를 수용하라.' 겉으로는 모순적인 내용처럼 보이지만 그 속에 진리를 함축하고 있다. 사실상 전통이라는 것도 시대의 변화에 따라 발전해 나가는 것이라면 그리 고루하게만 생각할 것도 아니다. 예전의 것만 고수해서는 변화에 대처하지 못한다. 새로운 전통은 계속해서 만들어진다. 따라서 우리는 전통을 형태가 변하지 않는 '고체'로 생각할 것이 아니라, 그것을 하나의 '흐름', 즉 유동적인 것으로 볼 필요가 있다. 그리되면 전통의 현대적 수용도 얼마든지 가능해진다. 다만 전통을 지키려는 자들이 현대적 변용을 전통으로 받아들이지 못하는 것이 문제이다. 하지만, 발상의 전환만 이룬다면, 꼭 한복 입고 대금 부는 것만 전통이 아니라, 그것을 현대 가요, 연극, 심지어 뮤지컬에 적용해도 전통이라고 말할 수 있게 된다.

다른 이야기로 들어가 보자. 우리는 3.1운동의 전통을 가지고 있다. 그것은 4.19혁명과 5.18광주민주화운동과 6월 항쟁과 촛불혁명으로 계승되어나갔다. 우리는 독재자와 친일파, 그리고 부패세력과 싸우는 전통을 가지고 있다. 나아가서 그것은 일본군의 총에 맞서 농기구를 들고 나와 싸운 동학혁명의 정신으로부터 비롯된 것이다. 몸을 던져 투쟁하는 고결한 정신이야말로 우리의 전통이고, 그것이 바로 경제적 성과와 민주주의를 이루는 원동력이 되었다. 적어도 썩은 물을 갈아치우는 정신, 또는 열심히 일하고 신명나게 놀면서 사회적 변화를 이루어낸 전통이 현재의 우리를 만들었다. 그런데 그것이 유동적인 것이라서 언제든지 새로운 모습으로 나타날 수 있다는 사실이 우리를 즐겁게 만든다.

전통을 지키되 새로움을 창출하라. 전통과 변화가 별개가 아니다. 오히려 전통을 바탕으로 삼아 외부의 것을 받아들일 때 새로운 것이 만들어진다. 따라서 변화를 받아들이더라도 자기 문화를 놓치지 않으면서 받아들여야 한다. 다시 말해 전통에 기대어 새 것이 창조되고 혁신이 이루어진다. 전통을 자신의 내부에서 살아있게 만들지 못한 사람은 새로운 것을 이뤄낼 수 없다. 오히려 제국주의 논리에 놀아나고 정신적 식민성에서 벗어나지 못할 가능성이 많다. 우리는 지금도 친일 식민사관으로 조선을 폄하하고 서양적 관점에서 우리를 계몽해야 할 존재로 보는 경향이 있다. 그래서는 우리의 주체성을 갖기 어렵다. 우리는 그것 말고도 가진자의 관점, 맑시즘적 관점, 지역주의 관점, 남성우월주의 관점 등에 오염되어 있다.

이제 수업에서의 전통 문제를 생각해 보자. 조선 시대에는 서당, 향교, 서원, 성균관 등이 교육기관으로서 기능했다. 특히 양반은 세습되었지만 개인의 능력을 발휘해야 관료로 등용되고 그래야만 신분을 유지할 수 있었다. 학문적인 소양을 가지고 토론을 통해 사회 제도를 개혁하고 자신의 이상을 실천하는 자만이 학자나 관료로 인정받았다. 이런 점들은 현대적 관점으로 보아도 낡지 않은 전통이다. 더욱이 가르치되 풍속을 바르게 하기, 당대 최고

석학들을 '겸교관'으로 모셔와 수업을 들은 것 등은 현대 교육에서도 많이 배워야 할 점이다. 서당식 수업의 방식도 지나간 것으로만 생각할 일이 아니다. 마을 단위로 유학자가 후학을 가르치는 서당식 방식은 마을의 풍속을 바로잡았다. 또한 전국적으로 수많은 향교와 서원들은 우리의 선비들이 인재를 발굴하기 위해 얼마나 노심초사했는지 알게 한다. 높은 학업 수준과 교화를 동시에 이룬 우리나라 교육제도는 세계에서도 앞서갔다고 말할 수 있다.

우리나라는 담임제를 고수하고 있어 담임 한 사람의 헌신을 강요하는 측면이 있다. 헌데 그것이 오랜 전통으로부터 비롯되는 것이라면, 기왕에 그 제도가 실효성을 거둘 수 있도록 제도를 보완하고, 훌륭한 담임 사례를 모으고, 그것에 대한 연수가 진행되어야 한다. 담임들은 학급 자치를 통한 생활 규범 만들기, 작은 음악회와 삼겹살 파티 등의 활동을 배우고, 학종 연수를 받고 학생부 기록 방법을 제대로 습득해, 아이들을 체계적으로 지도할 필요가 있다. 또한 가능하다면 학년제를 실시해 같은 학년 담임들을 한 교무실에서 근무하게 해 협의를 통해 담임 업무를 극대화시켜 나가게 해야 한다. 인헌고에서는 '담임'과 '업무'를 나누어도 업무를 하겠다는 사람이 더 많았다. 그만큼 담임을 제대로 하는 일이 힘들었던 것이다. 기왕에 조선 시대 교육 전통을 우리의 담임 시스템과 연결시킬 수 있다면 현대적으로도 담임 제도의 '인정과 교화'의 전통을 받아들여 소외된 아이들에게 위로와 희망을 주는 방식으로 정착하면 좋겠다.

역설을 실행하기란 쉽지 않다. 그러나 그것이 불가능하지만은 않다. 직접 부딪치면서 고정관념을 깨고 기존의 방식을 혁신해본 교사들은 불가능을 가능한 기획으로 바꾼다. 일반고의 경우 변화의 가능성은 무궁무진하다. 가난한 아이들이라서, 학력이 부족한 아이들이라서 교사의 손길을 기다리고, 그렇기 때문에 일정한 정도로만 정성을 쏟아도 아이들은 바뀐다. 교사 몇 사람이 힘을 합해 무력감에 젖은 아이들을 일으켜 세우고, 학교를 즐겁게 만들고, 책을 읽는 행복감에 빠지게 만들 수 있다. 인헌고에서 사서 교사 중심으로 월드카페 방식의 '독서 카페'를 실시하자 아이들이 책을 읽고 정리해서 발표하며 그것을 현실에 적용하는 능력이 놀랄 정도로 급상승했다. 가능성이 있는 아이들에게 기회를 주면 엄청난 변화를 가져올 수도 있는 것이다. 학력이 떨어지는 아이들을 데리고 소논문 지도를 한다고 했을 때 심지어 동료 교사들도 어이없는 일이라며 비웃었다. 하지만 30여 명의 아이들이 1학년 때부터 지도를 받아 그 나름대로 쓸 만한 내용의 보고서를 써냈다. 가르쳐 보지 않고서 안 된다고 하는 것은 패배주의다. 아이들은 겉보기와 달리 무한한 잠재 능력을 지니고 있다. 그것을 찾아 계발해 주는 것이 교사다. 결국 지역과 학교와 관련된 아이디어로 논문을 쓴 아이들은 대부분 면접관의 질문에 막힘없이 답변을 하고 대학에 입학했다. 불가능이라고 생각하면 불가능하지만 가능하다고 생각하면 가능한 것이 교육이다. 교사들이 앞에서 끌고 뒤에서 밀어주면 어떤 일이건 해볼 만하다. 역설의 실천이란 그런 가운데 완성된다.

5. '작은 학교' 만들기

뜻이 맞는 동료 교사들이 있어야 학교를 변화시킨다. 학교에서 혼자 할 수 있는 일이란 별로 없다. 뭔가 의욕을 가져보더라도 불평분자가 될 뿐이다. 그 때문에 동료성이 더욱 중요해진다. 서로 마음을 주고받을 동료가 있을 때 무언가 도모해 볼 수 있다. 그렇지 않다면 학교에서 버티기 어렵다. 아무리 입 바른 소리를 해도 돈키호테 취급을 받고 뱉은 언어는 휘발되어 버리는 것이다. 따라서 자기 의견을 진지하게 받아주고 확장시켜줄 수 있는 동료를 만들어야 한다.

무슨 모임이건 좋다. 적극적으로 모임을 만들자. 어느 곳, 어느 분야건 뜻이 맞는 동료가 있을 것이다. 노조 활동이나 학년 모임, 부서 모임도 좋지만, 독서 모임, 취미 모임을 만들어 다원화된 핵의 위치를 차지하자. 그 어느 자리에서건 학교를 변화시킬 방법을 찾아낼 수 있다. 친구를 찾아내는 것이 어렵지, 뜻을 맞출 사람들과 모이게 되면 학교의 부조리한 면, 윗사람에 대한 지적, 입시에 대한 정보 등을 다양하게 나눌 수 있다. 교직이란 혼자서 실천하는 세계가 아니라 동료들과 함께 고민하고 의논하면서 만들어가는 세계다. 특히 학교 변화의 핵심에 서자고 할 때에는 더욱 그렇다. 같이 일할 개혁 세력 없이 변화를 추동해 낸다는 것은 불가능하다.

나는 총 8개 학교를 거치면서 30년 이상 독서 모임을 지속했다.

그저 읽고 싶은 책을 나누는 것이었지만, 거기서 만난 교사들과 밤새 술 마시고 토론만 한 것이 아니라 평생 우정을 나누고 있다. 1987년 6월 항쟁 때에는 사회과학 서적을 읽은 뒤 미문화원과 민정당사, 그리고 광화문과 시청 앞 광장을 휩쓸려 돌아다녔고, 베를린 장벽이 붕괴된 이후로는 포스트모더니즘과 해체철학에 대한 독서를 하며 논쟁을 벌였다. 거기서부터 발전해 많은 동료들이 석박사 과정을 밟거나 평론가로 활동하고 있다. 최근에는 학교 혁신과 수업 혁신에 대해 관심을 기울이다가, 마침내 인헌고에서는 서울형 혁신학교를 실현해 보기도 했다. 독서 모임을 하다가 발전시킨 일이라고만 말할 수는 없겠지만, 우리의 의식이 어느 정도 깨어 있다 보니 저절로 그리 갔다고 말할 수 있다. 지금도 만나는 이전 학교 선생님들은 학교 혁신을 위해 헌신하고 있고 교사로서 놀라울 정도로 발전된 전문성을 보여주고 있다.

독서 모임은 세계의 변화를 이해하게 해주었다. 올해가 교사로서의 마지막 해임에도 한 달에 한 번씩 모여 이야기를 나눈다. 바쁜 가운데 허둥거리며 책을 읽더라도 그 시간이 아깝다는 생각이 들지 않는다. 최근 서울고에 와서 읽은 책들만 해도 유발 하라리의 《사피엔스》, 《호모 데우스》, 제프리 베넷의 《우리는 모두 외계인이다》, 민음사 한국사 시리즈 《15세기》, 김용옥의 《로마서 강해》, 수전 손택의 《타인의 고통》, 한강의 《채식주의자》, 이기호의 《차남들의 세계사》, 최은영의 《쇼코의 미소》, 함민복의 시집 《모든 경계에는 꽃이 핀다》, 위화의 《사람의 목소리는 빛보다 멀리 간다》 등이 있다. 참석자의 추천에 따라 최근의 과학, 역사, 교육, 문학 등의 책을 읽는 것이다. 이런 책들을 읽다 보면 저절로 시국과 교육 현장에 대해 이야기하게 된다. 그러다 보면 마음이 열리고 자신의 교육이념을 나눌 수도 있게 된다.

이런 동료들이 합하면 함께 할 일이 저절로 찾아진다. 나는 몇 개의 학교에서 교사들과 힘을 합해 학교 변화를 도모했다. 인헌고에서는 교사들과 주축이 되어 혁신학교를 실현시켰지만, 그 전 연신중학교나 자양고등학교에서도 개혁 분위기를 만드는 중요한 역할을 했다. 또 몇 개의 학교에서는 관리자들에 대한 견제 세력으로 중요한 역할을 하기도 했다. 그런데 관리자를 비판하기는 쉬워도 직접 대안을 제시하기는 어려웠다. 뭔가 일해 본 경험이 없기 때문이다.

그래서 우리는 비판 세력으로만 머물지 말고 대안 세력이 되어 보자고 의견을 모았다. 누군가는 교장에게 프로그램을 제시하고 그것을 실천하기 위해 노력했고, 승진을 생각하지 않는 사람도 기회가 되면 부장 자리를 맡아 적극적으로 일했다. 누구나 나이가 들면 부장도 하게 되고, 또 그러다 보면 좋은 동료들이 모여 일할 부서가 필요했다. 교장도 막상 일을 시키자니 부장 신청자도 별로 없을 뿐만 아니라, 또한 학교를 굴러가게 하자면 자기 소신을 가지고 프로그램을 준비하는 교사를 중용하지 않을 수 없다.

학교운영은 주로 부장 회의에서 다뤄진다. 어떤 학교에서는 교장만 지시하고 회의가 끝나기도 하지만 대부분 부장들의 이야기를 경청하며 학교 사업을 진행한다. 그러니 자신과 뜻을 같이하는 교사 중에서 부장이 한 사람이라도 나오지 않으면 갈 곳이 없어지는 사람들도 생긴다. 그럴 바엔 교장에게 프로그램을 제시하고 부장을 맡겠다고 나서는 편이 낫다. 아무리 교사들의 파편화 현상이 진행되어도 내부 회의에서 중요한 것들이 결정되면 그것을 따라야 하므로 교사들이 서로 교류를 끊고 살기가 어려워진다. 그것이 자기 실천과 관련되면 교사들도 회의에 참석해 자기 의견을 말하기 시작한다. 정시 퇴근하고 자신의 가정을 지키는 것만을 가장 중요하게 생각하는 교사도 자신의 권한과 관련되는 일에는 발언한다. 자기 학교 문제를 외면하면서 교사의 책무를 다했다고 말할 수 없다. 이런 회의들은 뿔뿔이 흩어진 개인들을 다시 모이게 하고, 어느 사항에 울분이 찬 교사는 다른 교사의 동의를 구하기 위해 쿨메신저로 긴 자기 의견을 보내기도 한다.

그런데 교사 모임이나 교원단체의 힘을 빌리지 않으면 그의 의견이 '소음'으로 사라지고 만다. 그래서 그런 일을 하자면 사전에 서로의 의견 교환이 있어야 하고 서로 지원 사격을 해줄 준비가 되어 있어야 한다. 몇 사람이라도 박자를 맞춰주면 그것이 '찻잔 속의 미풍'으로 끝날지라도 교사들 가슴속에 작은 불을 지피게 된다. 그리고 적어도 누군가 정당하고 중요한 제안을 했다는 사실이 사람들의 가슴속에 남게 된다. 그럴 때 학교는 태풍 전야처럼 고요하더라도 곧 휘몰아칠 태풍의 핵심에 놓이게 된다.

교사들은 활동 반경이 대개 교실로 제한되어 있어서 교사들 사이에서는 개인주의, 혁신을 싫어하는 보수주의, 눈앞의 목표에 갇혀 있는 '현재주의' 등의 문화가 양산되기 쉽다. 장기적 계획 결정은 대개 행정가와 정책 결정자의 전유물이기 때문에 여기에서 배제되는 교사들은 오로지 당일의 업무와 즉각적이고 구체적인 보상에만 집중하게 된다. 교사들의 혁신 노력은 대개 일시적이고 피상적으로 흘렀고 교장이나 동료들의 관심과 지지도 얻지 못하곤 했다. 관료주의와 무관심 속에서 교사는 자신의 교실 속으로 숨어들어 가곤 했다.[43]

이런 것을 제도적·정책적으로 보완해야 교사들은 자신만의 공간에서 나온다. 하지만 한 학교에서 몇 명의 교사들만 힘을 합해도 '작은 학교'를 기획해볼 수 있다. '작은 학교'는 학교 전체를 바꾸지 못할 때 자기가 맡은 학년부를 중심으로 담임들이 힘을 합해 한 학년에 적용해 보는 일이다. 담임 혼자서는 무슨 일을 도모하기 어렵지만 그것이 한 학년의 단위가 되면 거의 독립적인 학교 조직을 갖게 된다. 과학부, 인문사회부, 창체부 같은 부서에서 그들을 지원해 준다면 금상첨화다. 교사들이 힘을 합해 아이들을 돌보면 아이들도 훌륭한 습성을 기르게 되고 열심히 활동해 대학 갈 준비도 잘하게 된다. 특히 담임은 아이들 학생부에 3000자 이상 기록해줄 수 있기 때문에 막강한 힘을 갖는다. 1, 2학년 부장을 하

---

43. 앤디 히그리브스, 앞의 책, 213쪽.

게 되면 담임들과 협의해 독자적인 '학년 왕국'을 만들 수 있다. 중요한 것은 그만큼 미리 준비를 잘해야 한다는 것이다.

부장으로 임명되면 다음 학년도 1년 동안 무엇을 할 것인지 계획을 짜야 한다. 모든 것은 담임 회의에서 결정되지만, 1년 계획이 미리 만들어지면 담임 회의에서 심의하되 크게 문제가 없는 한 교사들이 받아들인다. 그러면 힘을 받아 1년간 아이들 규율과 인성 확립, 그리고 진로 진학에 대한 대비, 또는 다양한 교내상 행사를 시도할 수 있게 된다. 담임들은 아이들을 위하고 자신의 자긍심을 챙겨주는 문제라면 기꺼이 받아들인다. 다만 중요한 것은 학기 전에 미리 세밀하게 준비되어야지 학기 중에 추가되는 것에 대해서는 누군가 극렬하게 반발할 수 있다. 왜냐하면 자신이 과도하게 일한다는 것을 느낄 때 별일이 아니더라도 피로감을 호소하고 싶어지는 것이다. 그것이 자칫 잘못하면 극도의 불쾌감을 드러내는 것으로 발전한다. 물론 담임 회의에서 모든 중요한 것들이 결정되고, 그것은 결정적인 효력을 갖는다. 부장이 미리 정해진 결정들을 학기 중에 하고자 할 때 담임들도 잘 따르지만, 그것이 부당하다고 여겨지거나 새로 제안하는 것이라면 문제가 발생할 수 있다. 따라서 2월 업무 분장 직후 담임 모임을 통해 1년 계획을 알리고 아무리 늦어도 3월 중순 이전에 그 계획안을 확정해야 한다.

교사들은 일이 많아도 그것이 자기 할 일이라고 생각하면 기꺼이 행한다. 학급별 수학여행이건, 학급 대항 뮤지컬 경연이건 묵묵히 따른다. 담임 회의에서 2반 담임이 핸드폰을 한번 엄격하게 걷어보자고 건의했다. 우리는 핸드폰 수합 가방을 행정실에 신청하고 조회 때 내지 않은 아이들에게 벌점 5점을 주기로 결정한다. 다른 학년들은 시행하지 않더라도 1학년만은 제대로 지켜보자고 결의했다. 어느 반은 봐주고 어느 반은 봐주지 않는다면 이 규칙은 금방 유명무실해지고 말 것이다. 그러니 그게 누구든 제출하지 않고, 쉬는 시간이나 점심시간에 가지고 있더라도 엄격하게 벌점을 주기 시작했다. 물론 수합한 핸드폰은 학년부에 비치하고 필요한 경우에만 수업 중에 사용할 수 있게 했다. 그리고 빼앗긴 핸드폰은 한 달간 금고에 넣어두었다. 그 사실을 학부모에게도 전체 문자로 알렸기 때문에 혼란은 빚어지지 않았고 모두가 좋아했다. 아이들은 비로소 점심시간과 쉬는 시간에 저희끼리 모여 이야기를 하고 함께 모여 공놀이를 했다. 물론 수업 시간의 집중도도 높아졌다.

신입생 엠티 때 6반 담임이 이상의 〈날개〉로 공연을 해보고 싶다고 말했다. 나는 너무나 신이 나, "걱정 말라, 대본은 내가 다 준비시키겠다."라고 말하자 음악 선생이 자신이 선곡, 안무 등을 도맡아 지도하겠다고 말했다. 다른 담임들도 자신이 도울 수 있는 일을 찾아보겠다고 말했다. 나는 담임들의 그런 마음만 있어도 반은 성공한 것이라고 말했다. 국어 교사인 내가 아이들과 〈날개〉를 같이 읽고 그것에 대해 분석하고 토론하면서, 현대적 대본을 쓰게 했다. 대회는 1학기 말 방학 직전에 하든지, 8월 축제가 끝나고 8월 말 즈음에 하기로 했다. 만약 이것을 내가 제안했다면 담임들이 거부했을지 모른다. 하지만 음악 교사가 제안하자 일이 일사천리로 진행되었다.

세월호 참사가 발생했을 때 4반 담임이 학급별 수학여행을 가는 게 어떠냐고 물었다. 나는 그게 좋겠다고 답했다. 아이들도 성장했으니 저희끼리 여정을 짜고 숙소와 할 일을 계획하는 것도 의미 있을 것이라고 생각한 것이다. 지원하는 아이들에게 여행 장소와 일정을 짜오게 하고, 담임은 그것을 아이들과 함께 검토만 하면 되었다. 심지어 아이들은 숙소와 식당까지 알아보았다. 담임은 거기에 조금만 더 관심을 기울이면서 의미 있는 여행이 될 수 있도록 돕고, 답사만 잘 다녀오면 되었다. 버스 대절이나 숙소 예약은 행정실에서 도맡아 해주었다. 아이들이 스스로 결정한 것이기 때문에 불만을 가질 이유가 없었다. 그리고 스스로 정한 여행이니 잘 해보자는 의욕까지 보였다. 우리 반은 목포와 해남 일원을 목적지로 정해 논의하기 시작했다. 수학여행 다녀온 후에 이루어진 설문조사에 의하면 학생과 교사의 만족도가 90%를 상회했다. 이것은 그 지난 해 조사보다 20% 이상 올라간 수치다. 아이들 자신이 만들어낸 여행이라서 더 의미 있었던 것이다.

교사들은 각자 자신의 꿈을 지니고 있다. 교편을 잡고서 해보지 못한 일에 대한 아쉬움을 가지고 있고, 꼭 해보고 싶은 일도 한두 개씩 가지고 있다. 하지만 차일피일 미루다가, 혹은 그런 분위기가 아니라서, 가슴속 깊이 감춰둔 경우가 많다. 내가 1학년부장이 되어 2월 업무 분장을 한 다음 날 담임들과 모여 우리가 1년간 할 일들을 밝히고 내가 하고 싶은 계획들을 조심스럽게 꺼냈다. 거기에는 다른 학년과는 전혀 다른 규칙, 행사, 대회 등이 포함되어 있었다. 다른 학년 담임보다 훨씬 많은 시간을 빼앗기리라고 예상되었지만 그것에 대해 지적하는 담임은 없었다. 오히려 미리 담임이 할 일들을 알려주어 고맙다고 말하는 사람도 있었다. 나도 기분이 좋아졌다. 우리 방식대로 우리가 맡은 학년을 제대로 만들어보자고 말했다.

누구나 교사를 하다 보면 뭔가 학교 일을 제대로 해보고 싶은 갈증을 느낀다. 그게 뜻대로 되지 않을 수도 있고, 하다가 주저앉는 일도 발생할 것이지만, 그래도 후회 없게 한 번 시도라도 해보자는 것이다. 모두 좋다고 호응했다. 그때처럼 나는 일이 즐거웠던 적이 없다. 1주일에 한 차례씩 담임 회의를 하며 우리가 해나가는 일에 어떤 문제가 있는지 살폈다. 나는 10개 정도의 교내상을 신설했다. 기왕에 있던 것과 더불어 아이들의 의욕을 불 지필 생각이었다. 나는 교내상 때문에 담임들에게 고통을 주지 않고, 시상별로 한두 명씩 담당자를 두어 협조를 얻어 해결했다. 그러다가 부장 쓰러지는 것 아니냐고 6반 담임이 말했다. 나는 내가 생각한 여러 가지를 시도할 수 있고, 당신처럼 도와주는 사람이 있어 정말로 행복하다고 답했다. 학교 혁신의 한복판에서 고생을 했지만 '작은 학교'를 만들었을 때의 행복감은 지금도 잊을 수 없다.

6. 1/n의 교장들, 교장학 연습

　교사들이 의견을 내면 권위에 대한 도전으로 보는 교장이 적지 않다. 학교에 대한 개선책을 자신의 잘못을 지적하는 것으로 곡해하고 불쾌하게 여기는 것이다. 그게 설령 학교를 발전시킬 방안이라고 할지라도 교장은 학교를 해방구로 만들 수는 없다고 생각한다. 그래서 의견을 내는 교사를 불순분자로 몰아 일단 맥을 끊어놓는다. 그런 가운데 사라지는 수많은 아이디어들. 물론 그것들이 실행되어도 많은 시행착오를 겪었을지 모른다. 하지만 그런 가운데 학교에는 활기가 넘쳐났을 텐데, 가슴 아픈 일은 교사의 의욕이 뿌리째 꺾인 것이다.

　학교는 변화되지 않고, 세상이 아무리 바뀌어도 백 년 전 교실 모습 그대로 수업이 진행되고 있다. 그것은 식민지 교육과 이데올로기 교육 이후에도 교장의 가치관이 바뀌지 않았기 때문이다. 리더가 제대로 이끌지 못하면 그 아랫사람들은 오합지졸이 된다. 교장이 자기 철학이 없고 학교를 이끌 준비를 하지 않으면 교사는 움직이지 않는다. 개혁 의지를 가지고 뭔가 도모해 보고자 하는 교사가 있을지라도 방법이 없어진다. 교장의 지원을 추동해내지 못하면 그만큼 힘든 것이다. 그래서 수석교사제가 만들어졌지만 그것 또한 감투 하나 늘려놓은 것 이상의 역할을 하지 못한다. 수석교사가 수업 혁신을 주도하며 학교 변화를 이끌어야 하건만 교장 눈치만 보며 교감 정도의 지위를 누리려고 하는 것이다.

그런 가운데 교실은 침범할 수 없는 영역이 되고 잠자는 아이들이 늘어났다. 교사들의 권한이 커졌지만 아무것도 바뀐 게 없이 상황만 나빠진 것이다. 그것은 학교운영에 중심축이 없다는 것을 의미한다. 학교의 변화를 도모하던 사람들도 관리자에게 저항하는 일에는 익숙했지만 학교운영에 깊이 관여해 보지 않아 무엇을 어떻게 변화시켜야 할지 알지 못했다. 그것은 교장의 입장에서 학교를 바라보고 그것을 개선하려고 노력하지 않았기 때문에 발생한 일이다. 무엇을 뜯어고쳐야 하는지 알아야 고치지 않겠는가. 교사들에게 힘을 실어주어 그것을 해내게 하는 일은 고도의 리더십이다. 결국 학교를 바꾸는 것은 교장이 아니라 교사들이다. 교사들이 문제의 핵심에 파고들어 토론하고 합의를 이뤄내면 뭔가 시작할 수 있다. 교사의 의지에 따라 변화는 진행되는 것이다.

학교운영의 기본 원리를 생각해 보자. 관리자나 리더라면 반드시 알고 있어야 할 것들이다. 먼저 다른 학교와 구별되는 그 학교만의 정체성을 가질 것, 특색 있는 교육과정을 만들고 교육력을 제고할 수 있는 재정적 뒷받침을 받을 것, 학교 변화를 밀고나갈 수 있는 교사들의 조직을 만들 것, 회의에서 결정된 것을 모두 실행할 것 등이 지켜져야 한다. 이것은 모두 리더가 지켜야 할 것들이지만, 학교를 변화시켜 보고 싶은 교사들도 필수적으로 알아야 할 것들이다.

1. 학교철학: 학교철학은 관리자의 전유물이 아니라 함께 만들

어가는 것이다. 따라서 그것은 구성원들의 성격과 교육적 열망에 따라 달라진다. 아이들의 수준도 중요하지만, 교사들이 어떤 의지를 가지고서 어디까지 변화시키고자 하는가에 따라 학교철학은 달라진다. 학교는 구성원들의 철학과 가치를 잘 조정하여 그들 스스로 잘할 수 있는 것을 찾아내어 실행해야 한다.

2. 교육과정: 교육과정은 학교철학을 구현하는 것이므로, 그 지역 주민, 학부모의 의견을 수렴해 그 학교만의 특색을 살려야 한다. 아이들이 무기력하다면 무기력을 깨우는 교육과정이 필요하고, 그 학교의 여건에 따라 자유교양과정 등을 도입하는 것도 필요하다. 교사들은 아이들이 즐겁게 따를 수 있는 교육과정을 만들어야 한다.

3. 힘(학교 교육력): 아이들의 학력 수준을 높여야 아이들이 학교에 대한 자부심을 갖게 된다. 교사는 전문성으로 아이들을 지도하지만 교육과정 운영 방법이나 교수법도 연구해야 한다. 교육청은 교사 학습공동체를 지원하고, 청내 교사 모임을 활성화시켜 아이들의 지적 수준을 향상시키고 입시에서도 좋은 성과를 거두게 해야 한다.

4. 학교 조직 문화: 학교 민주화 속에서 모든 교사는 1/n의 발언권과 결정권을 지닌다. 학교 구성원은 의사결정에 참여하고 시스템을 고치고 새로운 학교 활동을 만들 수 있다. 부장 회의와 담임들의 학년 회의, 인사자문위원회를 강화하고, 진학전략팀, 교수법연구팀, 평가방법개선팀 등을 만들어 부서 간의 연결과 지원을 통한 학교 변화가 일어나야 한다.

5. 리더십의 재생산: 교장은 전체 구성원들이 자기 역할을 다하도록 지원하고, 갈등을 조정하며, 필요한 재정을 마련한다. 학

교 조직은 생성, 발전, 유지, 혁신(도약), 쇠퇴의 과정을 거치므로, 교장은 개척, 확대(경영), 유지(관리), 쇠퇴에 따른 리더십을 습득하며, 학교 발달 단계에 따라 리더십을 잘 대비해야 한다.[44]

우리나라 학교에서 교사는 주로 교과 지도와 담임 역할을 하지만 변화를 이끌자면 학교 전체가 돌아가는 사정을 알아야 한다. 그래서 교사 스스로 교장의 마음을 가져보아야 하고 그런 가운데 부장을 맡아 작은 리더로서의 역할을 해보아야 한다. 관리자의 입장에서 생각하고 아이들과 교사와 학부모가 원하는 것들을 파악해 그것이 학교 구석구석에 스며들게 만들면 그 학교의 문화가 형성된다.

교장이 추구하는 모델이 입시 명문이건, 동아리 중심 학교건, 핀란드 학교를 모델로 삼은 학교건, 배움의 공동체 방식이건, 혁신학교건 무엇인가 있어야 된다. 정 없다면, 청소 깨끗이 하는 학교, 인사 잘하는 학교, 핸드폰 없는 학교 같은 것이라도 가지고 있어야 한다. 그래야 그 학교만의 특색이 생기고 무언가 전문적으로 추진해 볼 수 있게 된다. 자기 교육철학대로 학교를 한번 바꿔보는 일은 얼마나 멋진 일인가.

그런데 그런 의욕을 갖는 교장이 별로 없다. 대부분 정년퇴직 날이 가까운 사람들이라서 그런지 별 탈 없이 잘 넘어가기만을 바

---

44. 김현섭, 〈'좋은 학교 만들기'를 위한 5가지 학교운영의 원리〉, 2018. 2. 23.
http://eduhope88.tistory.com/317 참조 요약.

란다. 교장 공모제가 실현되면서 그런 현상이 조금씩 줄어들고 있으니, 내부형 교장 공모제가 자리를 잡으면 훨씬 더 나아질 것이다. 자신이 머무는 곳이 자신의 학교라는 생각을 하고 그 학교를 어떻게 변화시켜 볼 것인지 고민한 교사야말로 가장 적임자일 것이기 때문이다. 다만 현장의 교사들이 교장의 리더십을 연구하고 그에 대한 대비를 잘한 경우에 한한다.

현재 교장 임용 방식으로는 학교를 변화시킬 수 없다. 그것은 교장이라는 지위를 탈 없이 누리려는 사람들만 그 위치에 오르기 때문이다. 의지를 가지고 '자기 학교'를 만들어 보려고 하지 않을 때 변화는 없다. 심지어 교사들이 학교를 변화시켜보고자 해도 그것을 불순하게 여기거나 자신의 권위에 도전하는 행위로 생각하는 교장들이 많다. 지금도 그런 교장들은 전체 교직원 회의를 열어 민주적 절차로 무언가 함께 의논해 결정하는 것을 싫어한다. 그리고 거기서 발언하는 교사를 중요 보직에 앉히는 것을 거부한다. 그러니 에너지가 충만하고 아이디어가 넘치는 교사는 배제되고 아부꾼들만 바글거리게 된다. 그러면 부원들은 협력을 하지 않고 학교는 상황이 더 나빠진다. 어쩌면 현행 교장 승진제가 학교에서 불고 있는 혁신의 의지를 꺾고 있는 것인지도 모른다.

세상이 바뀌었고, 입시제도가 바뀌었고, 아이들의 성향도 바뀌었다. 그런데 학교만 바뀌지 않았다. 새로운 시대에 맞는 교육이 행해지려면 이제 교장이나 교감도 교무 행정의 한 축으로서 자기 업무를 가지고 일하고, 교사들도 담임과 업무의 축으로 나뉘어 자기 전문화를 꾀해야 한다. 그리고 당면한 학교의 문제를 정확히 파악하고 왜 수많은 낙오자가 나왔고, 왜 학교가 돌아가지 않는지 밝혀내야 한다. 교육부나 교육감은 각 학교에 그것을 요청할 수 있고, 그것을 개선할 좋은 프로그램을 내놓은 학교를 적극 지원해야 한다. 아이들이 잠자는 행위에 대한 책임은 아이들에게 있는 것이 아니라 명백히 교사와 학교, 그리고 교육정책에 있다.

누구나 자기 앞에 주어진 일에만 집중한다. 그런데 복잡한 상황에 놓이게 되면 주어진 일만 해서는 안 되고, 구조와 관련해서 더 넓게, 혹은 다른 관점에서 바라보기도 해야 할 것이다. 전체를 읽어야 해결책을 찾아낸다. 리더의 안목을 가지면 담임의 역할, 문제아 지도, 학교행사를 새롭게 기획해 볼 수도 있다. 무엇보다 죽어가는 학교를 살려낼 적절한 대안을 내놓을 수도 있다.

그러자면 교사에게 교장의 역할을 연습할 기회가 제공되어야 한다. 학교를 책임지는 사람의 입장에서 생각해 보아야 학교를 이끌거나 변화시킬 방법을 찾아내게 된다. 그것도 젊은 나이에 그런 생각들을 해보아야 한다. 창업자의 마음으로 학교를 바꿀 프로그램을 짜보고, 자신의 아이디어로 학교를 변화시킨다면 얼마나 멋진 일인가. 잠자는 아이들을 깨워 뭔가를 하게 될 것이다. 때로는 절박하게, 이것을 해내지 못하면 학교가 문을 닫고 내가 직업을 잃게 된다고 생각하면서, 그렇게 열심히 뛰어볼 때 못할 일이 뭐가 있겠는가. 그런 과정에서 학교의 리더가 나오는 것이다. 그런 식으로 한 단계씩 앞으로 나가야, 싱가포르 교육 방식으로 물과 기름을 섞는 방법도 찾아내고, 덜 가르치되 많이 배우게 하는 방법도 찾아보고, 공부를 놀이보다 즐겁게 하고, 경쟁보다 협력을 통해 실력을 높이는 방법도 찾아낼 것이다.

학교를 살리자면 교장의 눈을 가져야 한다. 변화의 촉매 역할을 할 수 있는 인재를 찾아내고, 그런 교사들이 모여 협력하게 만들고, 그들이 하고자 하는 일이라면 무엇이든 두둔하는 마음을 갖게 된다면, 혼자서는 불가능한 일도 거뜬히 해내게 된다. 방법을 찾으면 보인다. 얼마든지 살아 움직이게 만들 수 있다. 학교장의 마음을 가지고서 혁신을 행할 때 학교는 달라진다. 그것은 어떤 교사가 '예비 교장'으로서의 역할을 해보았기 때문에 이루어진 것이다.

> 계획을 잘 수립해서 모든 부서에 개혁의 씨앗을 뿌려 놓으면, '반란의 구조화'가 시작된다. 어느 순간 변혁의 새싹이 터져 나와 무성하게 성장하기 시작한다. 교사들이 작은 시도들을 통해 성공을 경험하기 시작하면, 성공이 성공을 잇달아 낳기 시작한다.[45]

교육개혁은 교사들이 관행처럼 해왔던 일들을 뒤집고 새로운 아이디어를 내놓을 때 이루어진다. 우리는 제도의 문제점을 사람들의 자유의지를 존중하면서도 초기 설정을 살짝 바꾸는 '반란의

45. 앤디 하그리브스, 《학교교육 제4의 길(2)》, 이찬승 옮김, 21세기교육연구소, 2015, 178쪽.

구조화'(넛지, nudge)를 통해 고쳐나가야 한다. 전체의 입장에서 교육과정을 수립하고, 그것을 능동적으로 실행하며, 거기서 미래 세계를 이끌어 갈 방법을 찾자.

7. 연대로부터 시작하자

교사에게 투자해야 학교가 변화된다는 것은 핀란드나 싱가포르 교육에서 배울 수 있는 장점이다. 교사가 전문성을 갖게 되면 그 것을 학교에서 실행하고 다른 교사들에게 전파할 수 있게 만든다. 여기서 핵심은 한 교사의 전문성을 다른 교사에게 알리고, 교사들이 연대함으로써 더 발전된 형태로 만들 수 있다는 것이다. 그러자면 교사 모임이 필수적이다. 교사들에게 적극적으로 학습 모임, 독서 모임, 교수법 모임 등을 만들어 자기 연마를 해나가게 만들면, 교사들이 공부하지 않는다는 말을 불식시킬 수 있을 것이다.

교사는 주로 교과 지도와 담임, 생활지도를 하게 되는데, 교과와 관련된 지식뿐만 아니라 생활지도 요령 습득, 입시 및 학종 연구, 학생부 기록 방법 숙지 등을 제대로 알게 되면 전문가로서의 위상을 가질 수 있게 된다. 학교 혁신을 위해 지역사회와 연계하는 방법, 아이들이 배운 것들을 지역사회에서 실천하기, 예산을 제대로 사용하는 요령과 같은 것도 전문적인 영역에 속할 것이다. 다만 이것들은 모두 교사 개인에게 맡기기보다 서로 협력해 관계를 맺고 실태를 파악해 실행해야 하는 것들이다. 회상해 보면 학교에서 협력 없이 이루어질 일은 없다. 책임자가 있더라도 서로 지원하고 힘을 보태줄 때 그것이 무난히 치러진다. 따라서 교사들의 관계는 일의 성패를 좌우하고, 어떻게 지지를 받고 협력을 끌어내느냐 하는 성공의 중요한 요소가 된다.

나는 8곳의 학교에서 제5공화국과 6월 항쟁, 베를린 장벽의 붕괴를 지켜보았고, 올림픽과 월드컵, 그리고 정권 교체와 남북 화해를 체험했다. 또한 포스트모더니즘 시대의 정보화 사회를 겪으며, 아날로그 시대에서 디지털 시대로 나아갔으며, 마침내 4차 산업혁명을 체험하는 세대가 되었다. 이런 급격한 변화 속에서 동료들과 책을 읽고 토론하고 술을 마시지 않았다면 나는 정체되어 무지하게 살았을 것이다. 아이들과 소통하지 못하고, 그들에게 세계의 변화에 대해서 설명하지 못했을 것이다. 이것은 교사가 가르치고, 생활지도만 하는 것이 아니라 연구하고 분석하고 해석해야 제대로 배움이 일어나게 할 수 있다는 것을 의미한다. 그렇지 않으면 곧바로 구세대로 매몰되어 버릴 가능성이 많다.

나는 제5공화국 시기의 사회주의리얼리즘 시대를 지나 포스트모더니즘의 도래를 보면서 새로운 공부의 필요성을 느꼈다. 그것은 문학 해석의 차원에서 보자면 저자와 텍스트 해석 중심에서 독자 위주의 해석으로 넘어가는 것을 의미했고, 다원주의와 상호주관성의 관점에서 생태계의 위기와 페미니즘, 그리고 탈식민성을 바라보도록 요구하는 문제였다. 우리는 가상과 현실의 구분이 어려운 매트릭스 시대를 살면서 구글이나 페이스북, 혹은 카카오톡과 같은 공간에서 어떻게 자신을 드러낼 것인지 고민한다. 우리가 현대사회의 특징을 숙지하지 못한다면 아이들과 똑같이 핸드폰에 코를 박고 푸른 빛 속에서 소외와 집착을 드러낼 뿐 공감을 끌어내지 못할 것이다. 갈수록 적응하기 어려운 교직을 완수하기 위해서라도 우리는 연대해서 서로 지원하고 응원하고 구원해야 한다.

현대는 최첨단의 과학문명 시대라지만 단단한 모든 것이 녹아흐르는 시대이기도 하다. 이성보다 감성이, 팩트보다 스토리가, 중심보다 탈중심이, 독백보다 대화가, 실용성보다 미적 감수성이 더 강조되는 시대이다. 30년 전에 한 교실에 70여 명이던 아이들이 20여 명으로 줄어들고, 교사들의 구타, 체벌, 욕설이 사라졌다. 소수가 대학에 진학하는 시대를 지나 현재는 학생 90% 이상이 진학하고, 그것도 정시보다 수시로 70% 넘는 아이들이 진학하는 시대가 되었다. 이런 시대에 아이들에게 30년 전과 같은 방식으로 가르친다면 어떨까? 어쩌면 그것은 재앙일 것이다. 변화에 대응하지 못한 채 변한 아이들만 탓하는 교사는 굳어진 정체성으로 조롱당하고, 변화가 싫어 권위주의적인 관리자를 옹호하다가 배척당할 것이다. 그것을 막기 위해서라도 항상 교사들과 소통하고 시대적 변화에 관심을 가지면서 교육이 가야 할 길을 예측해야 한다. 그리고 학교가 변해야 할 방향을 제시하며 토론에 귀를 열 줄 알아야 한다.

혼자서 할 수 있는 일이란 별로 없다. 함께 해야 개혁을 시작한다. 자신의 교육적 이상을 실천하고 싶다면, 교사 모임에서 그것을 알리고, 더 나은 방안을 찾아보며, 동료들과 함께 가야 할 것이다. 세상을 인식하고 비판하는 것은 혼자서 할 일이지만 학교의 상황을 판단하고 그것을 변화시켜 보려고 한다면, 그것은 실천의 문제라서 동료들의 도움이 필요하다. 아이들도 교사가 개인으로 존재하면, 아무리 자신에게 잘해주는 교사이더라도 그가 행하고자 하는 것이 위력이 없을 것임을 금세 파악한다.

　개인적으로 학교를 비판하는 것은 관리자를 움찔, 긴장시킬 뿐 학교를 변화시키지 못한다. 오히려 관리자와 적대감만 쌓여 서로 감정이 상할 뿐 사소한 것도 바꾸지 못한다. 반면에 학교를 바꾸겠다고 생각한다면, 교사 혁신 모임을 만들어 대안을 찾고, 부장 중심으로 모여 그것을 실행하고, 함께 관리자를 찾아가 대화를 시도해야 한다. 아무리 관리자가 마음에 들지 않더라도, 일단 그가 학교의 책임자라는 점을 인정하고, 그와 좋은 관계를 가져보려고 노력할 일이다. 한편 적극적으로 부장을 맡거나 담임을 하면서 시스템의 핵심에 접근해야 잘못된 것을 파악하고 그것에 문제제기할 수 있다. 수업을 바꾸더라도 동료들과 함께 고민하면서 방향을 잡을 때 더 나아진다. 책임질 수 있는 자리에 있어야 다른 교사를 이끌고 함께 갈 수 있다. 학교 변화도 주도 '세력'이 되어야 자기 이상을 펼치며 작은 것들을 시도해 볼 수 있다.

　새로 발령받은 학교에서는 새로운 동료들을 만난다. 좋은 동료를 만나면 학교가 즐거워진다. 혹은 좋은 동료를 만들어야 학교를 변화시킨다. 공립학교의 주인 자리는 비어 있다. 삼사 년 차 교사들이 주도하지만 교사 모임을 주도하는 사람에게 밀린다. 특히 힘을 합해 학교를 변화시키고자 할 때 그 세력은 더욱 커진다. 가장 올바른 방향으로 나아가고 있기 때문이다. 만약 자신이 발령받은 학교가 갈수록 좋아졌다면 그것은 그 자신이 학교에서 중요한 역할을 한 것이라고 보면 된다. 그것은 개인의 능력보다 그가 속한 모임의 역할 때문이다. 따라서 노조 활동을 하든, 다원화된 교사 모임을 이끌든, 서로 소통하고 연대할 수 있어야 한다. 늘 그래왔듯이 방관자들은 대개 학교를 황폐화시킨다. 학교에 문제가 많다는 것을 지켜보면서 행동으로 나서지 않기 때문이다. 그런데 연대를 통해 뭔가 도모하면 학교를 이끌어 갈 수 있다. 다만 언제나 비판으로 그치기보다 대안을 마련해야 한다. 그래야 관리자에게도 대안을 제시하며 학교 변화에 중요한 역할을 할 수 있다. 만약 관리자가 너희가 원하는 것이 무엇이냐고 물을 때, 아무것도 준비되지 않았다면 그동안 시도한 것들이 아무런 의미도 없게 된다.

리더의 눈을 가진 자만이 감춰진 역량을 발견한다. 하지만 함께 토론하며 학교 상황을 파악하고, 무엇이 필요한지 말하게 될 때, 갑자기 변화의 핵심 적임자가 나타나기도 한다. 교사들이 협력하고 힘을 모으는 과정에서 자발적 지원자가 나오는 것이다. 그것이 연대의 힘이다. 혼자의 힘으로 대안을 만드는 것이 아니라 전체가 힘을 합해 만들어 갈 때, 거기에 맞는 리더가 나오고, 그래서 그것의 위력은 더 폭발력을 갖게 된다.

이렇듯 대안을 만들어가는 과정을 통해 공동체는 만들어진다.

대안학교나 모범학교, 시범학교를 답사 가고, 거기서 수업 혁신, 야자실 운영, 동아리 위주의 학급 배정 등을 배워 온다. 동료들과 함께 배울 때 먼 나라 이야기 같은 시스템이 현실감 있게 다가온다. 이제 자기 학교의 여건을 살펴 획기적으로 실행하는 일만 남는다. 이런 분위기 속에서 적어도 한 학기에 한 차례씩 참여 수업을 하고, 조별로 발표하고 토론하는 일이 늘어난다. 교사들은 하브루타 방식이든, 월드카페 방식이든, 배움의 공동체 방식이든 교수법을 자기 방식대로 받아들여 실행하게 된다. 그리고 그것을 보고 자극받은 교사들은 또 자기 나름대로 자기 수업 방법을 계발한다. 그러면서 수업 혁신은 자리 잡아 간다. 그런 것 모두가 교수법을 연구하는 모임이나 교사 학습 동아리, 혹은 독서 모임 등으로부터 시작한 것이다.

교사 공동체에서는 서로 배우고, 격려하고, 용기를 준다. 참교육 실천 활동을 통해 수업 혁신의 결과물들을 전시하고, 교수법 실천 사례를 발표하고, '내가 리더라면 하고 싶은 일'을 발표하는 시간도 가져본다. 그러다 보면 학교를 어떻게 변화시켜야 할지 저절로 나온다. 그런 공동체를 지속하기 위해서라도 현장을 파악하고, 우리 교육의 문제점을 이해하고, 시대적 흐름이 무엇인지 이야기할 수 있어야 하고, 교사 모두에게 학교 현장에서 무엇을 할 수 있는지 생각하며, 교사 모임을 통해 얼마나 즐겁게 살아가고, 관계를 통해 어떻게 힘을 만들고, 그리하여 마침내 학교 변화를 어느 선까지 추동할 수 있는지 붙잡도록 해야 한다.

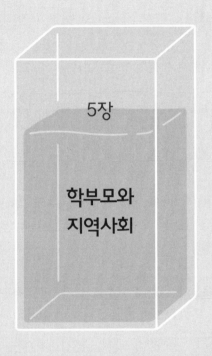

5장

학부모와
지역사회

1. 학부모의 위치

세계 최고의 교육열을 가졌지만 최하위의 학교 만족도를 가진 나라. 우리나라 교육에는 많은 것들이 왜곡되어 있다. 언제부턴가 학부모는 학교를 신뢰하지 못하고 아이를 사교육 시장에 맡긴다. 많은 돈을 들여서라도 아이를 앞서 가게 하고 싶으나 효과는 잘 나타나지 않는다. 선행 학습을 시키고 수많은 문제를 풀게 해도 아이의 성적은 오르지 않고 심지어 학교를 가기 싫어하는 일까지 발생한다. 그러다 보면 부모와 아이 사이까지 나빠지는 악순환이 되풀이된다. 그런 가운데 교복을 갖춰 입지 않고 슬리퍼를 질질 끌며 등교하는 아이의 뒷모습을 바라보는 학부모의 가슴은 답답해진다.

학부모는 학생, 교사와 함께 교육의 3주체이다. 학교에서 잘 보이지 않지만 학생과 교사를 지배하는 힘이다. 미성년자인 아이의 학교 선택권을 쥐고서 학교에 영향력을 행사할 수 있는 것이다. 그런데 그 막강한 힘을 사용할 일이란 별로 없다. 학교를 찾아갈 일도 별로 없고 뭔가 나설 기회도 붙잡지 못하는 것이다. 그러면서도 아이 맡긴 부모에게 학교란 늘 조심스러운 곳이다. 아이에게 학교는 집과는 다른 세계이고 다르게 성장하는 곳이다. 아이는 거기서 또래와 어울리며 사회성을 익히고 평가받는다. 그래서인지 아이들은 부모가 학교에 오는 것을 싫어한다. 자신의 다른 모습이 드러나게 될까봐 두려운 것이다.

한편 교사는 학부모를 만나면 부자연스러워진다. 아이에게 사랑을 베풀더라도 아이의 부모와는 만날 여력이 없고 또 '부모의 욕망'이 불편한 것이다. 그러니 학부모는 학교를 식당 가듯이 갈 수도 없고 그로 인해 학교와 자꾸 멀어진다. 그러다가 착하고 예쁜 아이가 사춘기에 들어서 점점 거칠어지고, 초등학교 때까지만 해도 영재 소리 듣던 아이가 백지 답안을 낸다는 사실을 뒤늦게 확인하고서는 소스라친다. 학교 보낸 것밖에 죄가 없는데, 아이가 망쳐졌다고 생각하는 부모도 생겨난다. 학교는 아이가 적응 못한 것을 고스란히 뒤집어써야 하는 처지가 된다. 그때부터 학부모는 학교를 거북하게 여기고 담임에게 전화라도 걸려오면 아이가 또 무슨 말썽을 피웠나 하고 걱정하게 된다. 또한 학부모 면담 시간에 맞추어 학교에 가면 무슨 이야기를 들을지 걱정부터 앞서게 된다. 게다가 교사는 불친절할 뿐만 아니라 아이에 대해서도 잘 모르는 것 같다. 이런 가운데 교육의 3주체는 모두 학교에 불만스럽다.

> 학생들은 대한민국에서 인간이 아니라 공부하도록 프로그래밍된 기계일 뿐이고, 교사들은 과중한 업무와 민주적이지 않은 학교운영에 치여 교육 주체로서 목소리를 낼 수 없다고 호소하고, 학부모는 자녀를 학교에 볼모로 잡혀 돈을 내고도 봉사할 의무만 주어진 소비자일 뿐이라고 개탄한다.[46]

---

46. 최연희, 〈학부모, 진정 혁신학교를 바라는가〉, 《우리교육》, 2011 봄, 128-37쪽 요약 참조.

본래 학교란 아이가 꿈을 꾸고 기쁨을 누리는 곳이다. 그 아이들을 맡아주어서 고맙고 잘 키워주어서 행복한 곳이다. 그런데 일이 잘못되면 학교가 관료 사회 같은 형식만 남거나 맹수들이 들끓는 야생의 들판처럼 여겨지게 된다. 그래도 교사와 아이들은 그속에서 부대끼며 뭔가를 해내는데 학부모는 철저히 배제된다. 1년에 한두 번쯤 학부모 총회와 학부모 면담 시간이 정해져 있어도막상 담임과 이야기 나눌 시간도 거의 없다. 그저 서로 얼굴 한번마주치고는 끝낼 따름이다. 그래도 아이를 '볼모'로 잡혔기 때문에 노상 신경 쓰이고 조심스럽다. 아이가 말썽 피우지 않을까, 수업에 따라갈 수 있을까, 담임에게 미움 받지 않을까 하는 걱정이드는 것이다. 특히 아이가 학교 가기를 싫어한다면 고민이 깊어진다. 독일의 한 학부모 로테 퀸은 "이런 현실을 더 이상 감수하지말아야 한다. 학교가 대체 학생들을 데려다 어떻게 만드는지 좀더 자세히 살펴보고 따져봐야 한다."[47]고 주장한다.

아이가 말썽을 피우면 학부모가 책임진다. 그런데 아이들이 집단으로 학교를 가기 싫어하거나 공부를 하지 않고 잠만 자고 있다면 누구의 책임인가. 가난한 지역에서 공부 못하고 말썽 피우는아이들이 입학했을 수는 있다. 그리고 운이 없어 그 지역에 교사로 발령받은 것이라고 불평할 수 있다. 그렇다 해도 그 아이들을지도할 방법을 찾고 올바르게 이끌 책임은 교사에게 있다. 그것은

---

47. 로테 퀸, 《발칙하고 통쾌한 교사 비판서》, 조경수 옮김, 황금부엉이, 2006, 5쪽.

피한다고 피해지는 일이 아니다. 교사는 아이들에 대해 분석하고, 수업을 바꾸고, 프로그램을 새로 짜면서, 자신에게 맡겨진 역할에 최선을 다할 수밖에 없다. 적어도 아이들에게 무엇 하나라도 배우게 하고, 한순간이라도 행복하게 만들어줄 책임이 있다. 그래야 아이들이 학교를 다니고 싶어 하고, 일어나 뭔가 배우려고 할 것이다.

학부모는 학교와 상관없는 사람처럼 여겨지다가도 어떤 문제가 발생하면 교문 바깥에서 피켓 시위를 하거나 농성을 함으로써 학교의 주체로서 모습을 드러낸다. 그럼에도 불구하고 학부모가 학교 시스템에 자기 의사를 관철시키는 것이 쉽지는 않다. 학부모가 학교운영위원회(약칭 '학운위') 학부모위원이 되면 많은 것들을 심의하고 결정권을 갖게 되지만, 그렇다고 해서 학교 교육계획서를 짜고 간섭할 수 있는 것은 아니다. 학부모위원이 학운위의 과반수를 차지하기 때문에 어떤 사안에 대해 문제 삼을 수는 있다. 때로는 교장공모제를 받아들이고 교장 후보들이 어떤 발전 계획을 가지고 있는지 심사할 수도 있다. 또한 학교교육 전반을 심의하며, 그것들의 문제점을 지적할 수는 있다.

하지만 학부모의 의견으로 대안을 제시하고 그것을 고치는 것은 거의 불가능하다. 학교가 엉뚱한 길로 들어서지 않기를 바랄 뿐, 크게 의견을 내놓을 수는 없는 것이다. 그러니 학부모는 학교의 주체이면서도 소외되었다는 느낌을 갖게 된다. 심지어 학교에 와서 시험 감독관이나 급식 모니터링, 혹은 학부모 봉사단 활동을 하더라도 학교에 속한다는 느낌을 갖지 못한다. 대안학교에서는 학부모가 교사와 함께 어떤 학교를 만들어갈 것인지 의논하고 계획을 세우기도 한다. 다른 모든 학교에서도 학운위를 통해 학교 정책에 관여하고 심의한다. 하지만 학부모는 교사들의 교육 활동을 지원하는 역할을 할 뿐 교사와 제대로 소통하지 못한다. 교육행정정보시스템(NEIS) 학부모서비스를 10여 년 전부터 시행했지만 아이의 생활기록부 일부를 엿볼 수 있다는 것 말고는 학교와 소통되는 일이 아니고, 학급운영시스템(e-Class)이 시도되었으나 아직 자리를 잡았다고 말하기 어렵다.

그래서 교사가 앞장서 학부모를 초청해 학교에 대한 정보를 나누고 협조를 얻지 않는 한 소통은 지극히 제한적인 일이 된다. 학부모는 학교 활동에 끼어들고 싶고, 도움을 주고 싶지만, 학교는 기회를 주지 않는 것이다.

학부모의 가장 큰 관심사는 아이가 잘 적응하느냐이다. 이웃 학교와 비교해서 어떤 행사와 교내상이 있으며 아이가 거기에 잘 참여하고 있는지 살핀다. 그러다가 뭐가 좀 부당하게 진행된다고 생각하면 불만이 터져 나오기도 한다. 그렇다고 해도 학부모의 관심은 담임에게 쏠려 있다. 담임이 아이의 다른 모습을 볼 수 있고, 다른 영향력을 발휘할 수 있기 때문이다. 아이에게 애정을 가지고서 다른 관점에서 보살피는 거의 유일한 사람이 담임이다. 아이와 잘 맞는 좋은 담임을 만나 아이의 삶이 바뀐 사례는 부지기수이다. 게다가 담임을 거치지 않고 다른 교과 담당 선생님을 만날 때

오해의 소지가 생길 정도로 담임은 학부모를 학교와 연결해주는 중심핵이고, 학부모는 담임과 좋은 관계를 가져야만 학교에서 최소한의 활동을 할 수 있다. 그런데 담임과 학부모의 관계는 대체로 매끄럽지 못하다. 그래서 담임이 학교에서 아이를 바라보는 내용을 잘 전해 듣지 못하고, 변하는 아이를 잘 파악하지 못하고, 해결의 기회를 놓치는 수도 있다.

담임은 학교에서 아이의 관리자이다. 시험 보는 날 지각한 아이를 찾아 학부모에게 전화를 거는 사람이다. 아이가 탈 없이 잘 크기를 바라는 또 하나의 보호자이다. 그래서 담임교사와 학부모는 아이를 잘 돌보기 위해서도 개인적으로 소통하고, 상담하며, 아이디어를 공유할 필요가 있는 관계이다. 담임과 학부모 전체가 SNS를 할 필요는 없지만 담임의 의사를 학부모에게 전달하는 장치는 필요하다. 그래서 나는 전달하고자 하는 내용을 대표 학부모(주로 반장 엄마)에게 보내, 그분이 다시 전체 학부모 카톡방에 올리도록 했다. 학부모들은 학부모끼리 의견을 나누는 것이 일반적인데 담임의 전달 사항을 거기에 올리는 것이다. 담임이 SNS상에서 학부모들과 대화를 나누는 것은 서로 불편하다. 그래서 담임이 대표 학부모를 통해 행사 참여 요령, 입시 준비 방법, 매달 계획서, 혹은 주간 행사 등을 전달하는 것이 좋은 방법이다.

[수능 사흘 전 편지] 학부모님께!/ 이제 수능 시험이 사흘 남았습니다. 아이들이 그동안 고생한 만큼 좋은 결실을 거두기 바랍니

다. 날씨도 추워지고 있으니 건강도 유의하면서 마무리 잘 하도록 도와주시기 바랍니다. 모레는 장행식을 한 뒤 10시경 끝마치니, 아이들이 예비소집일 수능 수험장 학교에 미리 가, 위치와 거리를 파악하도록 하고, 시험일은 대중교통을 이용해 입실 30분 전에 도착하도록 계획을 짜십시오. 8시 10분까지 입실해야 하나 넉넉하게 7시 40분까지 가야 차분하게 도착해 마음을 안정시킬 수 있으리라 생각됩니다. / 준비물로는 수험표와 신분증(주민등록증, 여권)을 반드시 챙겨야 하고, 도시락과 물을 준비해 주시고, 가채점표도 챙기게 하면 좋겠습니다. 시계는 아날로그만 가능하되 교통카드 결제 기능이 있는 교통시계는 허용되지 않습니다. 또한 편한 복장이 좋겠으나 날씨가 추울 예정이니 가벼운 옷을 몇 벌 껴입고 가서 하나씩 벗어두는 방식으로 대비하면 좋겠습니다. 쿠션(방석)도 하나 가져가면 좋을 듯합니다. / 아이들과는 한 해 동안 참 좋은 인연이었습니다. 2학기 들어 대학별 수시 시험이 진행되고 예체능 학생들의 막바지 준비로 다소 학급이 어수선해지기도 했지만, 우리 학급의 수업 분위기는 좀 더 개성 있고 활기찼다는 선생님들의 평가입니다. 마지막까지 열심히 공부한 아이들이 진학까지 좋은 결과를 얻기 바랍니다. 그리고 부모님들도 그간 덕을 베푸시고 기도한 만큼 좋은 결실을 거두기 바랍니다. 항상 건강하시기를 기원합니다. 11월 13일. 담임 올림.

그렇게 하면 학부모들이 아이들의 수행평가와 준비물을 챙기기가 쉽고, 시험과 교내상에 관심을 가지게 만들기도 쉽다. 학부모와 연계되면 학교 활동에 아이들 참여율이 배 이상 높아진다. 그러면서 학부모는 담임을 신뢰하고, 마침내 담임에 대한 적극적인 지원자가 된다. 그러면 담임이 학급을 운영하는 것도 그만큼 편해진다.

학부모는 아이가 학교에서 고립된 채 친구들과 어울리지 못하고, 수업을 알아듣지 못하고, 말썽을 피울까봐 고민이다. 또한 아이가 잘하는 것이 없어 소심해져 있거나 공부를 못해 점점 무기력해져 가고 있다면 더 큰 고민을 하게 된다. 뭔가 대책을 세워야 하는데 그것을 혼자 힘으로 해결하기 어려울 때 담임과 협조하면 문제가 훨씬 원활하게 풀릴 수 있다. 그래서 담임에게 매달려보는데 담임이 아이에 대해 냉정하게 평가할 뿐 애정 없이 대책을 말하면 크게 상처를 받는다. 아이가 하라는 것은 하지 않고 딴짓만 하는 것은 알겠는데 자신의 아이가 그렇게 평가받는 것이 서글픈 것이다.

담임은 학부모에게 아이의 단점을 말하지 말아야 한다. 그 순간부터 아이와의 관계는 깨지고 말기 때문이다. 그래서 말하더라도 10가지 장점을 찾아 말한 뒤, 그것도 아주 어렵게, 문제점 하나를 지적해야 한다. 그래야 잠자는 아이, 무기력한 아이를 깨워 뭔가 시도할 수 있다. 어쨌든 객관적 진단을 해야 하지만 한 영혼이 손상되지 않게 조심스럽게 접근해야 한다. 공부보다 중요한 것은 그런 아이를 학교에서 즐겁게 생활하게 만드는 일이다. 부모의 욕심을 줄이고 아이의 처지와 실태를 파악하면 방법이 보인다. 명문대가 중요한 것이 아니라 아이에게 꿈을 살려주고 밝음을 되돌려주는 일이 필요하다. 대학 이름보다 중요한 것은 아이가 배우고 싶은 욕구, 도전해 보고 싶은 일을 갖게 하는 것이다. 부모와 아이 모두 '명문대'에만 집착할 일이 아니라 담임이라는 제3자의 말을 경청해야 할 이유가 여기에 있다.

자기 아이가 학교에서 무기력하게 잠만 자고 있다면 얼마나 비통한 일인가. 그런 아이는 졸업을 해서도 의욕을 갖기 쉽지 않다. 따라서 그런 아이를 붙잡아 학원에만 보낼 일이 아니라 모든 공부를 중지시키더라도 학교 가서 즐겁게 지낼 방안을 마련해야 한다. 친구들과 즐겁게 놀거나 동아리 시간에 다양한 활동을 할 수만 있어도, 아이는 자기 인생을 멋지게 만들어갈 수 있다.

그런데 대부분의 학부모는 자기 아이의 상태는 확인해 보지도 않은 채 성적만 가지고 닦달한다. 그런 불일치 속에서 아이는 망가지고, 담임과 아이와의 관계는 깨지고, 문제아가 발생한다. 교실 붕괴란 아이들의 폭력성이나 교사의 무능력만의 문제가 아니라, 넓게 보면 학부모의 욕망이 교육 시스템에서 잘못 작동되어 나타난 현상이다. 교육 주체들이 소통하지 못해 그런 현상이 나타난 것이다. 생각해 보라. 아이들은 누구나 행복할 권리가 있다. 그 행복을 앗아간 사람이 누구인가. 성적순, 학교 서열화, 학벌사회가 주범이다. 게다가 바른 인성을 외면하고 명문대에만 집착한 학부모가 그것을 조장한 것일 수도 있다.

담임과 학부모의 더 많은 소통이 필요하다. 교사가 아이들과 함께 뭔가 시도하고자 하면, 관리자는 안전을 문제로, 학부모는 사교육과 겹친다는 핑계로, 담임들을 좌절시키곤 했다. 담임이 아이들과 영화를 보러 가든, 전시회나 연극을 보러 가든, 혹은 대학이나 유적지를 답사 가든, 그것은 담임의 의욕으로부터 나온 것이다. 아이들과의 단합을 위해, 아이들 특성을 파악하기 위해, 그리고 아이들의 미래를 위해 자기 시간을 빼앗겨가면서 뭔가 시도해보려고 하는데 왜 돕지 못하는가.

그러니 힘을 합해 함께 준비하자. 아이들의 미래를. 그것은 학종을 준비하는 일이기도 하다. 그런 전형이 있는 한 아이들에게 다양한 활동을 시키며 교육을 제자리에 돌려놓을 수도 있다. 보이지 않는 학부모와 소통하면서 아이들을 성장시키려고 노력하는 교사는 승리한다. 학부모가 학교를 받쳐주고, 교사를 지지할 때 아이를 성공으로 이끈다. 따라서 교사도 학부모와 실제로 소통할 수 있는 기회를 만들고 자신의 또 다른 지지자를 잘 활용할 필요가 있다.

2. 학부모 연수

내 아이를 어떤 학교에 보내야 할까. 중학생 아이를 둔 학부모라면 누구나 고민하게 될 문제다. 공부를 잘하고 성격이 좋으면 어느 학교에 가도 상관없겠지만, 그런 경우란 극소수에 불과할 테니 고민이 깊어질 수밖에 없다. 명문고라고 소문난 학교나 자사고는 너무 정시 위주이고, 특목고를 보내도 내신이 중간밖에 나오지 않는다면 거기에서도 자칫 낭패감을 맛볼 수도 있다. 그래서 동네 일반고에 보내게 되는데 공부에 관심 없는 아이들과 어울리다가 나쁜 물 들까봐 또 걱정이 된다.

학교 상황에 맞춰 입시 준비를 하는 일반고는 드물다. 하지만 나는 2010년 부임한 인헌고에서 그런 시도를 하고 싶었다. 학교 평판은 좋지 않았지만 의기투합할 만한 교사들이 있었다. 발령 첫 해에 3학년 담임을 맡았는데 학부모들의 학교에 대한 불만은 대단했다. 아니 학교에 관심을 가져보았자 아무런 소용이 없다는 것을 잘 알고 있었다고 할까. 학부모 총회를 열어도 학부모 참여율이 너무 낮았다. 한 학급에 5~6명씩 오면 많이 온 편이었다. 나는 우리 반 학부모에게 편지를 보내 그날만은 담임과 인사도 나눌 겸 어떤 중요한 일이 있더라도 뒤로 미루고 모두 학교에 나오시라고 요청했다. 그런 편지 한 통으로 학부모 18명이 나왔다. 나는 그들에게 아이들을 1년간 어떻게 지도할 것이며, 고3 부모이니 입시에 대해 관심을 가지고, 어떤 전형으로 대학 보낼 것인지도 생각해 보라고 권했다.

그런데 학부모들은 입시에 대해 잘 몰랐다. 내가 주요 전략으로 삼고 있던 입학사정관제가 무엇인지 잘 이해하지 못했다. 그리고 생업에 시달리느라 아이가 대학 가겠다는 의지가 있으면 입학금을 한 번 정도 마련해 주겠다는 정도의 의지를 가지고 있을 뿐이었다. 그래도 아이 대학 보내지 않겠다고 말하는 부모는 한 사람도 없었다. 또한 무슨 전형으로 어떻게 보낼 것인지 복안을 가지고 있는 학부모도 없었다. 그러면서도 좋은 담임 만나서 고맙지만, 이런 학교에 입학해서 속이 많이 상했고, 학교 때문에 아이가 뒤떨어졌다고 말하는 학부모도 몇 명 있었다. 그 정도로 학부모의 학교에 대한 불신은 컸다. 실제로 학부모 총회가 끝나고 교감 선생님과의 질의응답 시간이 되자 학부모들이 벌떼처럼 손을 들고, 질문하기보다 학교를 질타하기 시작했다. 아주 보기 싫은 풍경이었다. 교감은 쩔쩔매면서 예절 교육을 잘 시키고 있으니 아이들의 품행도 좋아지고 입시 성적도 좋아질 것이라고 엉뚱한 이야기를 했다.

그 뒤로 나는 학부모 연수를 도맡았다. 나는 지금도 가장 설득하기 쉬운 대상이 학부모라고 생각한다. 학부모는 학교에서 기댈 언덕이 없어 조금만 친절하게 해주어도 고마워한다. 그리고 자신의 아이에게 공정하게 대해주고, 조금이라도 앞길을 잡아주면 감사하게 여긴다. 또한 학부모의 가장 큰 관심사는 입시다. 대학에 어떻게 보내야 하는지 설명하고, 어떤 준비를 해야 하는지 구체적인 방법을 알려주면, 그것만으로도 학부모들은 열광했다.

국어 교사인 나는 그 당시 논술을 지도해본 경험이 많았고, 지난 학교에서 입학사정관제에 대해 공부해 아이들에게 알려줄 정보를 많이 가지고 있었다. 그리고 잘만 이끌면 좋은 성과를 거두리라는 자신감도 가지고 있었다. 3학년 부장과 뜻을 맞추어 입학사정관제에 초점을 맞추어 학교를 변화시키자고 의견을 모았다. 그리고 논술과 적성 대비 방과 후 수업을 열고, 야간 자율학습 지도에도 만전을 기했다. 조금 힘들어도 3학년 담임 중심으로 감독을 했고, 학생 운영위원을 두어 아이들의 자치적 역량을 길러주었다. 나는 3학년 때에는 학원 다니는 것보다 학교에서 야자(야간 자율학습)를 철저히 하는 것이 더 중요하다고 생각했다. 그리고 외부 강사를 초빙해 방과 후 수업으로 '디베이트반'과 '논술반'을 열었다. 디베이트는 그 당시 《한겨레》에서 소개하던 강사를 모셔왔고, 논술은 대학에서 강의를 하는 분을 모셔왔다.

나는 입학사정관제에 전념했다. 우선 담임들에게 수행평가를 열심히 하고, 학교 활동을 열심히 시키면 대학 보낼 수 있다고 자신 있게 말하면서 입학사정관제를 소개했다. 그 당시로서는 교사들도 입학사정관제 준비를 어떻게 해야 하는지 잘 몰랐다. 아이들과 학부모들은 긴가민가했다. 하지만 뾰족한 수가 없으니 믿을 수밖에 없었다. 누구도 그렇게 자신감 가지고 말해 주지 않았는데, 일단 믿어보자는 심산이었을 것이다. 학종의 전 단계인 입학사정관제는 1학년 때부터 준비를 철저히 해야 했지만, 그 당시만 하더라도 외부 경시대회에 나가고, 외국으로 봉사 활동 가는 파행들이 있던 시절이라, 나는 학교 활동만 제대로 시키고 학생부 기록만 충실히 해도 기회가 생길 것이라고 여겼다.

아이들이 3학년이 되었지만 믿을 게 없어서인지 잘 따랐다. 특히 공부는 괜찮게 하지만 집안이 어려운 아이들이 잘 따랐다. 그들에게 방과 후 수업을 들을 혜택을 주면서 진로포트폴리오 만드는 방법을 알려주었고, 멘토링일지대회와 새로운 플래너 양식을 만들어 연 자기주도학습일지대회에는 꼭 참여하도록 했다. 사서 선생님도 독서 프로그램을 개발하고 독후감대회나 디베이트대회 등을 열자 아연 학교에 활기가 돌았다. 물론 초기에 담임들조차 학생부에 아이들에 대한 기록을 적어주는 것을 불만스러워 했고, 어떻게 적어주어야 하는지도 잘 몰랐다. 몇몇 담임들은 나중에 적극적으로 호응했고, 그런 내용들이 대학에서 높은 평가를 받았다. 그래선지 1차에 합격한 아이들이 속속 출현했고, 그들 대부분은 구술면접 방과 후에서 열심히 연습한 뒤 최종 합격했다. 실제로 담임들이 깜짝 놀랄 정도로 큰 성과를 거두었다. 물론 그것이 입학사정관 전형 초기라 대학에 제출하는 자료를 잘 만들고, 지원자가 전공 분야에 대한 확신만 가져도 뽑아주는 경향이 있었다. 2학년 때까지 학생부 6~8장으로 올라온 아이들에게 13장 정도를 만들어주자 그런 결과가 나온 것이다. '인서울'만 놓고 볼 때 전 해보다 세 배 가까운 성과였다. 우리 학교가 '비선호학교'였지만 교사들의 노력에 따라 크게 인정받은 것이다.

　이런 결과를 얻기까지 가장 신경 쓴 것이 학부모의 신뢰였다. 교사가 다른 교사를 설득해 함께 가기는 쉽지 않았다. 학교에 입학사정관제 바람이 불어야 하는데, 3학년 담임들은 조금씩 협조해도 다른 학년은 미동도 하지 않았다. 그래서 학부모를 움직였다. 아이들이 학교 활동에 관심을 기울이고, 담임이 그것을 적어주게 만들자면 학부모의 도움이 필요했던 것이다. 담임들은 학부모 면담을 1년에 한두 차례 하는 것을 의무로 생각했고, 또한 학교에 와서 급식 모니터링이나 야자실 청소, 혹은 봉사단 활동을 하는 학부모들에게 고마움을 지니고 있었다. 그 학부모가 담임에게 우리 아이는 입학사정관제로 대학 보낼 것이니 학생부 기록을 조금만 더 관심을 기울여달라고 부탁하니, 역으로 담임들이 학생부 기록을 어떻게 해야 하는지 문의해왔다. 학부모들이 관심을 가지고 한 달에 한두 번씩 여는 연수에 몰려들기 시작했다.

나는 2011년 3학년부장을 할 때 교무부장과 협의해 한 달에 두 차례씩 학부모 연수를 했다. 교무부장은 학교 시스템이 어떻게 변하는지 소개하였고, 나는 입학사정관제(나중에 '학종')가 무엇이고, 그것을 어떻게 준비해야 하는지 설명했다. 그것은 우리가 추구하는 학교 혁신과도 딱 맞아 떨어졌다. 나는 입학사정관제가 수능 중심의 입시와 달리 문제 풀이 점수로 서열을 정하는 방식이 아니라, 서로 돕고 협력하는 인재를 뽑는 방식임을 천명했다. 그것은 미래의 인재상이고 현재 각 기업들이 인재를 선발하는 방식이라고 설명했다. 따라서 학교 활동을 열심히 하고 참여 수업 중심으로 수업을 바꿔야 한다고 말했다. 그리고 팀워크를 통한 리더십, 독서 토론 활동, 봉사 활동 등을 장려했다. 학부모 연수 때 야자실에서 공부하는 아이들도 강연을 들으러 왔다. 그때마다 학교 활동을 돋보이게 만드는 방법, 학생부 기록 방법, 전공 탐색과 진로 관련 활동의 중요성을 설명했다. 학부모가 해야 할 일, 대학 입시 설명회를 찾아다니며 거기서 질문할 내용, 자기소개서 쓰기 요령과 같은 것도 연수에 포함시켰다. 합격자가 나오는 11월 초 학부모 연수에는 합격자 부모들이 나와 1, 2학년 학부모 앞에서 '이렇게 준비해 아이를 대학에 보냈다'는 식의 경험담을 발표시켰다. 학부모 연수에 학부모들이 넘쳐나자 학교에 대한 불평을 하는 학부모들이 사라졌고, 지역 주민들의 학교에 대한 평가도 좋아졌다.

교무부장과 3학년부장인 나는 한 달에 두 번 꼴로 학부모 연수를 했다. 심지어 수능 직후에는 수시 합격자를 불러 모아 1, 2학년 아이들 앞에서 입시 성공담을 발표시켰고, 연구부에 말해 입학사정관제 준비 혹은 학생부 기록 방법에 대해 전체 교사 앞에서 연수를 했다. 어떤 때에는 원로 교사가 손을 들고 지금 우리에게 사기 치는 것 아니냐고 따져 묻기도 했다. 그분은 강남에서 3학년부장을 하고 온 분이었다. 그러면 기획 교사가 입시 실적을 출력해 와 나눠주기도 했다. 그런 가운데 학원가 입시 설명회에 다녀온 학부모가 그쪽 강연자가 인헌고 입시 결과를 수수께끼로 본다는 전갈을 전해 오기도 했다.

나는 학부모야말로 가장 큰 지원 세력이라고 믿었다. 그래서 연수에 참여하는 학부모들에게만 제공하는 자료도 만들고, 문자를 통해 '학부모가 알아야 할 필수 사항', '학교에서 준비하는 입시 정보' 등을 제공했다. 학부모는 차츰 학교가 변해가고 있다는 것을 알아차렸고 서로 힘을 합해 학교를 도와야 한다는 사실을 깨달았다. 실제로 그 결과로 1학년 때부터 연수에 잘 참여한 학부모들은 대부분 아이를 좋은 대학에 보냈다.

학교에 융합 수업이나 참여 수업이 자리 잡아 갔다. 토론 수업이 왕성하게 일어나지는 못해도 수행평가용 발표 수업을 시도하는 교사가 늘어났고, 그만큼 학생부 내용이 충실해졌다. 무엇보다 교사들이 멘토들의 도움을 받아 발표 수업에 참여한 학습부진아들이 행한 내용도 기록해주기 시작했다. 그러자 1학년 때 7등급의 성적을 받은 아이가 3학년 때에는 1등급까지 치고 올라오는 일까지 벌어졌다. 그런 수업이 모든 아이들에게 학습의 흥미를 불러일으키지는 않았지만 그래도 교과교실제가 자리 잡아갈 수 있는 토양을 마련해 주었다. 교과교실제를 하자 교실에서 잠자는 아이가 많이 줄어들었다. 밤새 알바를 하고 온 아이도 있었지만 무기력하게 잠만 자던 아이는 교실 이동 수업을 해야 해서 잠을 깨야 했고, ㄷ자 수업을 하기 때문에 시끄러워서 잠을 자지 못했다.

학부모들은 한 달에 한 차례씩 수업 참관을 하면서 어떻게 하면 자기 아이를 잠재우지 않고, 학교생활을 즐겁게 할 수 있게 할 것인지 연구했다. 아이들이 낙오자가 되는 것은 순간적이다. 공부하는 데 성적이 나오지 않을 때, 더 이상 자신이 원하는 대학에 갈 수 없다고 생각할 때, 그리고 학교생활이 재미없을 때, 한순간에 모든 것을 포기해 버린다. 그때부터 수업 시간에 아무 소리도 들려오지 않고 시험 보는 일에도 관심이 없어진다. 그것을 막기 위해서는 학부모와 의논하지 않고서는 방법이 없었다.

3. 학급 학부모들과의 소통

학부모가 담임을 신뢰하면 아이도 담임을 따른다. 그리고 학부모와 긴밀하게 연결되었다는 것을 알면 잠자는 아이도 조금 조심한다. 아이들은 저희 부모에게 함부로 대하더라도 담임이 자기 부모를 흉보면 언짢아한다. 부모가 학교 찾아오는 것을 싫어하더라도 담임이 부모와 가깝게 보내며 자신을 도와줄 사람이라는 것을 받아들이게 되면, 아이는 담임을 더 좋아한다.

학급 신문을 만들면 아이보다 학부모가 더 열심히 읽고, 학급운영 방식이나 입시 준비 방법을 설명하면 학부모들이 더 많이 기억한다. 그러니 아이에게만 목 아프게 설명할 것이 아니라 학부모라는 우회로를 적절히 활용해 준비물을 가져오게 하거나 교복을 입고 오게 하면 훨씬 더 효과가 좋다. 어느 토요일, 선배들과 만나는 자리라서 모두 교복을 입고 오게 했는데, 다른 반은 아이들 반 이상이 사복을 입고 나왔는데, 우리 반만은 완벽하게 조끼와 넥타이까지 갖추어 입고 나타났다. 그것이 바로 학부모와의 팀워크 힘이다. 특히 시험 날짜, 성적표 배부 날짜, 행사 날짜와 시간 등을 학부모와 공유하면 아이들의 준비성은 더 좋아진다.

한 아이를 책임지는 사람은 담임과 학부모이다. 그들은 학교와 가정에서 각기 다르게 생활하기 때문에 바라보는 관점도 다르다. 그런데 두 사람이 만나 아이의 성장 사이클을 점검하다 보면 어떻게 대해야 좋을지 아이디어가 떠오르기도 한다. 함께 의논할 사람이 있는 것은 행복한 일이다. 교사는 부모와 이야기를 나누면서 아이의 다른 면을 보게 되고, 부모는 교사의 이야기를 듣고 아이를 대할 다른 방법을 찾아낸다. 어떤 아이는 집에서는 효자인데 학교에서는 반항아이고, 집에서는 공부하는 척 하는데 학교에 와서는 잠만 자기도 한다. 이런 것들을 조금 놓치면 상황이 아주 나빠질 수 있다. 하지만 사정을 알게 되면 아이에 대한 대책을 세울 수 있게 된다. 뒤늦게 아이 3년 성적표를 받아보고 부모는 야단치기보다 방법을 찾는다.

생각해 보라. 많은 경우, 아이에게 투자한 학원비가 가족이 해외여행을 몇 번 다녀올 정도의 경비를 능가하기도 한다. 그런데 아이가 학교 와서 잠만 자고 있다면 다시 그 돈을 학원에 버릴 이유가 없다. 그 돈으로 아이 데리고 외국 여행이라도 한번 다녀오면 기분 전환이라도 시켜줄 수 있다. 그리고 그 편이 훗날을 위해서도 훨씬 좋다. 또한 공부하지 않더라도 학교에서 즐겁게 지낸다면, 그는 낙오자가 아니라 노는 것을 선택한 사람이기 때문에, 어떤 일을 하더라도 후회 없이 열심히 한다. 반면에 잠에 빠진 낙오자는 삶의 의지를 잃은 무기력중 환자가 되기 쉽다. 그런 아이를 그냥 버려지게 놓아두어야 하는가.

19년 전인 1999년부터 《조선일보》에 "고교생 80%가 버려진 자식"(1999. 8. 23.), "개학해도 학생 절반 방학 중"이라는 식의 기사가 실렸고, 《한겨레》는 "누가 학교를 붕괴시키고 있는가"(1999. 11. 19.), "학교를 다시 살리려면"(1999. 11. 25.) 등의 사설을 실으면서 '교실 붕괴'를 부각시키고 있었다. 다만 《조선일보》는 교실이 붕괴되면 신자유주의가 판을 치는 세계 속에서 누가 나라를 일으키느냐고 물으며 특목고와 자사고를 설립해 엘리트를 키우자고 말하고, 《한겨레》는 평준화 교육을 유지하되 혁신학교와 교수법의 변화에서 그 해결책을 찾자고 말해 왔다. 어쨌든 학교 다양화 정책은 시행되었고, 그럼에도 불구하고 교실 붕괴 상황은 20년이 지났지만 변함없이 계속되고 있다. 그런데 학부모는 자신의 아이가 그럴지도 모른다는 사실을 애써 부정했던 것이다.

교육계는 그동안 상황이 나빠졌지만 아무도 책임지지 않았고 별다른 대책을 내놓지 않았다. 그간 입시제도가 바뀌어 논술, 적성, 학종 등 다양한 전형이 생겨났고, 초등학교에서 시작한 혁신학교 운동이 고등학교까지 확산되었다. 하지만 아이들이 전체적으로 즐겁지 않은 것은 여전하고, 학교보다 학원 교육에 빠져 사는 것도 달라지지 않았다. 실제로 일반고 아이들의 반절은 아무런 즐거움을 찾지 못한 채 등교한다. 교실은 백 년 전 모습과 동일하고 수업의 변화는 전혀 이루어지지 않았다. 학교란 사실상 삶의 기쁨을 느끼게 하고 앞으로 닥쳐올 세상에 도전하는 자세를 배우는 곳이어야 하는데, 그러기는커녕 그런 역할을 시도하는 교사들이 오히려 다른 교사들에게 조롱당한다. 이런 상황에서 정권이 교체되고 진보 교육감이 대부분 당선되었음에도 불구하고 학교 변화의 분위기는 확산되지 못하고 있다.

교사들이 학부모와 협력하면 변화를 이끌 수 있다. 담임은 학부모와 허심탄회하게 이야기 나눌 수 있는 시간을 확보할 필요가 있다. 한 아이를 면담하는 일은 힘들어도, 학급 파티에 학급 전체 학부모들을 초청해도 '파티'라서 그런지 별로 힘들지 않다. 학부모에게 말하자. 어차피 믿고 맡겼다면, 아이들이 학교에서 즐거울 수 있도록, 자신의 처지를 파악하고 거기서 한 걸음만 더 발전할 수 있도록, 우리 모두 협력하자고 말하면 학부모들이 박수를 친다. 물론 이 아이들에게 야단치고 벌을 주기도 하겠지만, 그래도 믿고 맡긴다면 학생부 기록을 최상으로 해주고 최선을 다해 대학 가도록 돕겠으니, 학부모님들도 협조하라고 말하면 또 환호성이 터져 나온다. 하지만 대학에 갈 아이가 있고, 수도권 전문대도 가기 어려운 아이도 있다. 학종을 준비하는 아이가 있고, 예체능에 목숨 거는 아이도 있다. 이 아이들을 키우느라 고생하셨는데, 눈앞의 대학만 보지 말고 앞으로 평생을 살아갈 태도를 길러주자고 말하면, 또 모두 수긍한다. 적어도 우리 모두 노력해 잠자는 아이들만이라도 꼭 깨워 봅시다, 하고 말하면 모두 동조한다. 이런 시간이 행복해 보이지 않는가. 이렇게 말하는 담임을 싫어할 학부모는 없다. 오히려 그들 모두를 적극적인 후원자로 만들 수 있다. 아이들의 패배 의식을 치유하기란 쉽지 않지만 담임과 부모가 협조하면 방법을 찾을 수 있다.

'아이-교사-학부모'의 팀워크가 이루어지면, 더 나은 방법이 보인다. 아이의 적성에 맞는 대학을 잘 고르면 공교육에서 망친 것들을 회복할 수 있다. 아이도 열심히 해야 하지만 부모도 대학 학과나 전형에 대한 연구를 해야 한다. 담임인 나는 학생부 기록이나 구술 면접 준비에 최선을 다해주고, 학부모는 학부모대로 대학과 학과 선택에 만전을 기해야 한다. 재수를 절대로 허용하지 않아야 아이도 고3 때 쌓을 수 있는 실력의 최대치까지 끌어올린다. 지방대든, 전문대든, 어느 곳 하나는 합격시키고, 그것도 마땅치 않으면 외국 유학도 고려하자고 말하면 그것도 수긍한다. 미국 가는 것도 좋지만 요즘 취업이 잘 되는 일본이 뜨고 있고, 중국이나 인도로 유학을 보내면 경비가 한국에서 대학 보내는 것 정도밖에 들지 않는다고 소개한다. 이런 이야기들을 나누면 서로 유쾌해진다. 학원비 아끼고 외국 여행이나 보내자면 그럴 리 없겠지만 씁쓸한 대로 수긍한다. 또 그런 각오를 가져야 아이도 긴장해서 마지막까지 최선을 다한다.

중간고사 직후에 학급 학부모 파티 날을 잡았다. 시간은 저녁 7시에서 9시로 정했다. 반장 어머니를 중심으로 카톡방을 개설하고서 학급 파티에 나와야만 할 이유를 설명했다. 학부모들은 자기 먹을 음료수와 간식거리만 가져오면 되고, 마음 편하게 즐겁게 이야기 나눌 생각만 하고 오라고 말했다. 만약 나오지 않는 학부모의 자녀들은 일단 관심의 대상에서 제쳐두겠다고 엄포를 놓기도 했다. 그게 싫지 않은 듯 세 명을 제외한 모든 학부모가 나와 교실을 가득 채웠다. 나는 학급 파티에 참석한 분들에 대해 고마움을 전하며, 학급 자치가 가장 잘 이루어지는 학급, 잠자는 아이들 없는 학급이라는 우리 반의 목표에 대해 설명했다. 사실 학급 파티는 말이 번거롭지, 담임에게 별로 힘들지 않았다. 부담 없이 나누는 이야기 속에서 아이들에 대한 정보를 알게 되고, 함께 친분도 넓혀나가는 일이라서 개인 면담보다 훨씬 편했다.

학부모에게 학급을 위해 과제를 하나씩 지정해 주면 모두 좋아한다. 학부모들에게 아이의 전공을 파악하고 학급 서고에 자기 아이가 꼭 읽어야 할 책 한 권씩을 보내라고 하면 모두 흔쾌히 응한다. 어떤 책을 고를지 모르겠다고 문자 메시지를 보내오면 아이의 전공 관련 서적 목록을 보내주고 대학에서 면접관이 좋아할 책이 무엇인지 생각해 보라고 권한다. 물론 면접관은 자기가 읽었던 고전을 아이가 읽었으면 꼭 그것에 대해 질문하면서 호감을 표명한다는 사실을 알려준다. 그것은 아이를 좋게 본다는 의미이다. 그러니 부모님이 택한 책을 아이와 함께 읽고 소감문도 써보라고 권한다. 이런 책들은 나중에 자기소개서에 쓰거나 1차 합격 후 면접을 보게 될 때 자신 있게 설명할 수 있는 요긴한 자료가 된다.

학급 파티에서 담임의 이야기는 10분이 넘지 않도록 한다. 학급 파티의 주제로 '학교생활 즐겁게 만들기', '잠자는 일병 구하기', '뭘 해 먹고 살지?' 등을 내걸면 중구난방 수다에서 벗어날 수 있게 된다. 그것은 담임과 학부모의 거리를 지우며 아이들에 대해 함께 고민하게 만든다.

학부모가 담임과 뜻을 맞추고, 학부모들끼리 역할을 나누어 그것을 보완하면, 아이의 입시 대책을 세우기도 편해진다. 아이에게 맞는 입시 정보를 찾는 일은 아이의 진학에 도움을 줄 수 있다는 뿌듯한 마음을 갖게 한다. 학부모가 아이에게 전공학과의 전문가나 교수를 찾아 인터뷰시키고, 스스로 멘토로 나서 다른 학부모의 아이들을 도와줄 수도 있다. 무엇보다 서로 아이들 키우는 어려움을 한탄하다 보면 가까이 지내고 싶은 학부모가 생겨난다.

앞으로 3자 면담에서 다시 만날 때까지 아이 장점 세 가지씩 알아오라고 말한다. 담임과 맞추어 보자는 것이다. 아무리 말썽꾸러기더라도 부모에게는 수십 가지 장점이 보인다. 하지만 담임에게 구박 듣지 않을 장점, 자기소개서에 쓸 만한 장점을 고르기란 쉽지 않다. 그래도 이렇게 아이의 세 가지 정도의 장점에 대해 이야기 나누다 보면 학부모와도 훨씬 더 친밀해진다. 특히 아이가 속을 썩여 아이의 장점을 잊어버리고 살아왔던 학부모들은 더 좋아한다. 그리고 그런 주제로 3자 면담을 하면 아이 얼굴이 다 환해진다. 그렇게 해서 부모와 아이 사이가 좋아진 경우도 적지 않다.

공동의 장에서 아이 키우는 고민을 나누고, 때로는 사춘기 아이들에 대한 불만을 이야기하다 보면, 시간 가는 줄 모른다. 담임이 모든 것을 하려고 하면 너무 힘들지만 학부모가 아이 키우며 힘든 일 하나씩 발언하게 하면 재미도 있고 아이에 대한 좋은 정보도 얻게 된다. 그리고 3자 면담 때 학부모가 찾아온 입시 정보에 대해 함께 분석하는 일도 즐거워진다. 학부모들은 혼자서 아이 진학 문제로 끙끙 앓다가 서로 이야기를 나눌 수 있게 되니 고마워한다. 아이를 봉사 활동에 데려가기도 하고 다른 학부모와 팀을 이루어 대학 입시 설명회를 다니기도 한다. 이렇듯 학종(입학사정관제)은 학교가 되살아날 가능성을 주었다.

그런데 그것을 잘 모르는 학부모는 자신이 다니던 학창 시절과 비교해 자녀들이 엉뚱한 일에만 신경 쓴다고 걱정하기도 한다. 시대가 바뀌었고, 인재상이 바뀌었고, 아이들의 의식도 확실히 바뀌었는데, 교사와 학부모의 의식만 그대로인 경우가 많다. 학부모에게 미래의 인재상과 학종에 대해 이해시키면 아이에게 1학년 때부터 무엇을 시킬지 알게 된다. 토론과 발표 수업, 그리고 수행평가의 중요성을 알게 되고, 진로를 정한 뒤 전공 적합성을 위해 어떤 준비를 해야 하는지 알게 된다. 그래도 아이를 학원에 보내지만, 그것만으로 소임을 다했다고 생각하지는 않게 된다. 학원 이야기만 듣다가 학종 준비를 놓친 학부모는 땅을 치고 한탄한다. 정시야말로 재수생, 반수생, 자사고, 강남의 아이들이 노리는 전형이다. 그러니 일반고 아이들이 뚫기 얼마나 어렵겠는가.

학교생활을 열심히 한 아이가 대학 가기 가장 쉽다. 게다가 뭔가 즐겁게 열심히 활동한 아이들이 가장 큰 혜택을 누린다. 그렇다면 그것은 얼마나 좋은 일인가. 학부모도 이제 학원을 꿰고 있는 것보다 학교와 소통하는 것이 더 중요하다는 것을 알게 된다.

학부모가 대학 입시 설명회를 다녀오고, 대학 입학처 인사에게 질문을 하고, 아이 학종 준비법을 이해하게 되면 아이 지도는 쉬워진다. 비슷한 학력을 가졌을지라도 어느 교사를 만났고 어떤 활동을 했느냐에 따라 대학 이름이 달라진다. 그것도 학부모가 어느 정도 조력했느냐에 따라 또 바뀐다. 그것은 운이 아니라 자기 아이를 훌륭하게 만든 것이다. 이미 대학에서도 학종으로 선발하는 인재들을 선호한다. 그러니 입시를 이해하고, 아이가 학교생활을 잘하도록 조력하고, 또 그러기 위해 학교와 소통하는 학부모들이 얼마나 소중한가. 학급 파티에 나온 아버지들은 기꺼이 전공 영역의 전문가를 소개해주고, 직접 본인이 나서 아이들의 멘토가 되어주거나, 진로 강연을 해주는 분도 있다. 아이를 위해서라면 무엇인들 못하겠는가. 게다가 그런 가운데 학부모 친구들이 생긴다면 그건 또 얼마나 행복한 일인가. 거기서 발전해 아빠 모임이 만들어지고 등산이나 막걸리 모임을 지속하는 경우도 생겼다.

퇴근 후 회사 부근 술집에서 방황하던 아빠들이 빨리 귀가해 학교 주변에서 학부모 친구들을 만난다면 그것이야말로 획기적인 일이다. 아빠들은 대부분 청소년기의 자녀들과 가까워지는 방법을 모른다. 대화에 끼고 싶어도 입시를 모르고, 수행평가를 도와줄 방법도 모른다. 아빠라고 해서 엄마보다 자식에게 관심이 없는 것은 아니지만, 아이와 대면할 시간을 갖지 못한 채 마음만 급하다 보니 아이를 자기 방식대로 휘어잡으려고만 하다가, 끝내 돌이킬 수 없는 관계를 만들고 만다. 그리 되면 아이와의 관계 회복은 더욱 힘들어진다. 어쨌거나 아빠들이 학교를 들락거리고 골목에서도 자주 만나게 된다면 아이들의 태도는 조심스러워질 것이다. 그리고 아빠들이 아이들의 심리나 시대적 변화를 이해함으로써 아이들과 가까워지기도 할 것이다. 게다가 학교에 무슨 일이 생길 때 아빠들이 달려와 돕는다면 그야말로 학교는 굉장한 지원군을 갖게 되는 셈이다. 그런 것들이 아이들에게 어떻게 작용할 것인지 생각해볼 필요가 있다.

아이가 변화되는 것은 순간이다. 부모가 뒤에서 받쳐주고 있다고 믿을 때 아이들은 부모를 신뢰한다. 그로 인해 학교 활동에 적극성을 보이면 반드시 성적도 향상된다. 담임과 학부모의 교류는 그런 효과를 나타낸다. 아이가 잘못된 길로 빠지는 것은 성장 과정에서 당연한 현상이다. 그런데 오늘날 성장기에서 한 번 잘못 들어서면 회복할 기회가 사라진다. 담임과 부모가 협조하면 그것을 막을 수 있다. 학급 학부모 파티나 모임을 한 달에 한 차례씩, 아니 학기당 한 차례씩이라도 하면서 그런저런 이야기를 나누다 보면, 아이들의 학교 적응력도 훨씬 나아지지 않을까. 실제로 아이가 교실에서 잠에 빠진 것도 교육 시스템의 고질적 병폐 때문이지 아이 탓만은 아니다. 이런 경우에도 담임과 학부모가 서로 힘을 합해 아이를 깨우고 아이의 학교생활을 되찾아주는 방안을 궁리할 때, 어찌 아는가, 그 어떤 순간, 아이가 구제될지.

4. 학부모와 함께 이룰 수 있는 것

학교 변화의 관건은 학부모와의 역할 분담이다. 그들은 학교 밖에 있으면서도 학교에 작용한다. 그것을 치맛바람으로 생각하며 그들과 팽팽한 긴장 관계를 유지하는 교사도 있다. 그것은 학부모의 협력을 차단하는 현명하지 못한 방법이다. 만약 교사들이 교장 공모제를 받아들이고 싶다고 하자. 학부모의 협조 없이 이루어질 수 없다. 학교의 부패 고리를 드러내고자 하자. 학부모의 협조가 없다면 교사만 궁지에 몰리게 된다. 학교 발전을 교사만의 힘으로 이루어낼 수 없다. 교사는 학부모의 역할을 잘 끌어내야만 학교 공동체를 이뤄낼 수 있는 것이다. 학부모는 단순히 아이의 부모인 것이 아니라 자신의 교육철학을 가지고 그 학교를 지원하고 감시하는 사람인 것이다. 따라서 학부모가 지지하면 학교 변화를 이끌어낼 수 있지만 그렇지 못하면 그럴 가능성이 사라진다.

일반고 현실에 적합한 학교의 모습은 무엇일까. 다른 것 다 떠나서 학부모가 만족하는 학교면 된다. 그렇다고 학부모의 욕망에 학교가 좌우되어서는 안 되지만, 본래 학부모란 아이 맡긴 사람이기 때문에 양순하고 교사의 말을 경청하고 학교 교육 방침을 따르며 무언가 지원해 줄 준비가 되어 있는 사람이다. 그런데 무엇을 도와주자고 해도 학교가 막아버리니 불신만 커진다. 학교와의 연결고리가 없고 교사와 대화를 나누기가 힘들어지면 반드시 그렇게 된다. 교사들이 학부모와의 소통을 과외의 일로 여길 때 그런 일이 발생한다.

학부모인들 우리나라 학교가 좋아서 보내는 것은 아니다. 그들에게도 교육적 이상이 있고, 아이들이 좋아하는 학교를 보내고 싶다. 하지만 특목고를 보내자니 아이 능력이 받쳐주지 않고, 대안학교를 보내자니 입시와 별개의 세계에서 살아가는 것 같아 두렵다. 외국 학교를 보내 성공한 사례도 자주 보게 되지만 그만한 능력을 가지고 있지 못하다. 학교란 친구들과 즐겁게 지내는 곳이고, 꼴찌도 행복한 곳이어야 하는데, 1등을 해도 불안하고 행복하지 못한 곳이 우리나라 학교다. 그러니 학교에 적응하지 못하는 아이를 보면 불만이 아니라 분노가 치민다. 학부모와 대화하며 학부모가 바라는 학교를 왜 만들지 못하는가.

이제 학교는 학부모를 학교 주변에서 맴돌게 하지 말고 학교로 끌어들여 교사들과 대화하고, 학교에 정책을 건의하고, 아이들의 다양한 활동을 도울 수 있게 해야 한다. 그것이 바로 학교의 능력이고 교사의 자질이다. 더욱이 대학 입시에서 학종이 도입된 이후로, 학부모와 협력해서 이루어낼 수 있는 일들이 많아졌다. 아무리 바빠도 아이와 관련된 일이라면 뭐든지 도울 준비가 되어 있는 사람이 학부모다.

그런데 그런 학부모를 제대로 활용하는 학교는 거의 없다. 오로지 아이들 학교교육은 교사 고유 영역인 것처럼 너무 담을 쌓는다. 그런데 그것은 자신감의 결여다. 교사가 학부모보다 입시 정보도 모르고, 자치 역량을 길러줄 줄도 모르고, 수업 방법을 보여줄 만한 것이 없으니 자기를 감추는 것이다. 전문성도 없이 교실이라는 폐쇄된 공간에서 자기를 속이는 일을 그만두어야 한다. 그럴 정도로 움직이지 않는 곳이 학교이고, 변화되지 않는 것이 교사의 의식이다. 왜 학부모를 대립과 갈등의 대상으로만 보는가. 그들은 얼마든지 교사들을 지지하고 도와줄 준비가 되어 있는데.

학교는 학부모에게 한 달에 한두 차례씩 특강이나 연수를 듣도록 하고, 학급 학부모 모임을 주선하고, 심지어 방과 후에 그들이 원하는 것들을 교육하는 시스템을 가동해야 한다. 김화고에서는 학부모를 대상으로 영어 회화나 중국어 학습, 혹은 독서 심화 과정을 방과 후에 열고 있다. 특히 학부모 연수가 입시와 연결되면 더 많은 관심을 갖는다. 중요한 것은 학부모와 교사가 의사소통을 할 수 있는 기회를 제도화해야 하건만 우리의 학교에서는 그런 배려를 하지 않는다는 것이다. 그러니 학부모들을 단순한 행사에나 참여시키고, 시험 감독, 급식 모니터링, 야자실 청소 같이 교사들과 얼굴을 마주하지 않는 일에만 부른다. 그것도 담임과 간신히 얼굴 한 번 마주치면 감사해야 하는, 그런 일방적 봉사 활동을 강요당하고 있다는 점에서 바람직하지 않다. 그것은 학부모를 회피하는 속내를 드러내고 학교를 개방한다며 모욕감을 주는 방식일 따름이다. 그러니 그것보다 지속적이고 장기적인 프로그램을 마련해, 학부모가 아이들의 학습 활동에 도움을 주고, 입시를 돕는 방향으로 진행해야 한다.

　학교란 아이들이 다니는 곳이지만, 다른 관점에서 말하자면 학부모의 교육적 욕구가 모인 곳이다. 학부모가 학교를 선택했을 때 가장 중요시하는 것은 교육의 방향이고 학습의 방법이다. 학교라는 마당, 학부모와 아이 사이에 교사가 서 있다. 그 교사가 아이를 잘 보살피고 아이가 좋아하면 학부모는 감격한다. 하지만 아이가 집에 와서, 우리 담임 선생님은 우리 반에 관심이 없어, 입시에 대해 아무것도 몰라, 이런 말을 한다고 하자. 학부모는 속이 답답해진다.

우리나라 교사들은 변화를 이끌어가지 않고 수업 혁신을 보여주지도 못한다. 언제부턴가 가장 완고한 구조적 틀에 갇힌 게 교사다. 몇 십 년 동안 똑같은 교실에서 똑같은 수업을 하고 있다. 그렇다고 아이들에게 자치 역량과 자기 주도 학습 능력, 세상을 살아갈 지혜를 길러주는 것도 아니다. 심지어 어떤 교사는 입시에 대해서 학부모만큼도 잘 알지 못한다. 고3 담임이라면 모를까, 자녀들을 대학에 보내보지 않은 교사는 아이를 어떻게 대학 보낼지 생각해 보지 않은 경우도 많다. 그렇다면 열성이라도 보여야 하는데, 퇴근만 하면 사라진다. 병가를 받는다. 이런 경우 아이는 망한 것이다. 그런 교사는 교육과정이 몇 차례 바뀌어도 모든 것을 관행대로만 가르칠 따름이다. 말하자면 전문성을 갖출 생각조차 갖고 있지 않다. 그런 사람들이 있기 때문에 학교가 변화를 시도해도 결국 바뀐 것은 아무것도 없는 것이다. 그러니 학부모가 교사를 신뢰하지 못하고, 현실적으로 아이를 학원에 보내게 되고, 그런저런 고민을 하다가 이민 갈까 고민하기도 하는 것이다.

담임으로서의 시행착오는 필수적이다. 하지만 열성을 다하면 그것을 한 번으로 줄일 수 있다. 주입식 교수법을 바꾸고 입시 전문가로서 자리를 잡아야 아이와 학부모의 신뢰를 받을 수 있다. 그리고 그것보다 더 중요한 것은 아이들과의 호흡을 맞추고, 교육과정을 유기적으로 묶어 살아있게 만들고, 그것을 통해 아이들을 원하는 대학에 가게 만드는 것이다.

교사가 수동적이어서는 안 된다. 자발적으로 아이디어를 내고, 아이들을 끌고 활동을 다니고, 올바른 시민의식을 심어주어야 한다. 그런데 이런 일을 제대로 해내는 교사가 얼마나 되는가. 학교가 좋은 직장, 최고의 직업이 되자면, 그곳이 편한 곳이라서가 아니라, 뭔가 아이들을 변화시키고 성장시켜 세상에 나가게 만들어주었기 때문에 그리 인정받아야 한다.

교육 당국은 교사를 선발하기만 했지 학교를 이끌어 가도록 재교육하지 못했다. 본래 교사란 자리는 연구하면서 전문성을 키우고, 수업을 바꿔 창의력이 넘치게 하고, 입시를 파악해 모든 아이들에게 길잡이가 되는, 그런 자리 아니던가.

학부모는 학교의 부수적인 존재가 아니라 학교 비전을 공유하고, 학교 혁신을 뒷받침해주는 존재이다. 심지어 학부모와 교사들이 모여 학년 운영을 어떻게 할 것인지 계획을 세우는 학교도 있다. 학부모도 참여하는 교과 포럼을 통해 교과 운영 전반을 공개하고 의견을 나누는 것이다. 그러면서 교사는 학부모의 의견을 수렴해 새로운 수업모델을 디자인한다. 교사들은 자기 전문성을 발휘하더라도 익숙한 방식으로만 가르칠 것이 아니라 아이들이 참여해 같이 찾아가는 방법도 궁리하며, 내가 세운 학교라면 어떻게 이끌어갈 것인가도 생각해 보면서, 끊임없이 아이디어를 내며 다채로운 활동을 디자인해야 한다. 학부모 의견을 경청하지 않고 학부모를 존중하지 않는 학교는 발전할 수 없다.

생각해 보라. 요즘 같은 학종의 시대에는 교사들이 학생부에 내실 있는 기록만 해주어도 학부모는 대만족이다. 그런데 그런 학교가 얼마나 되는가. 물론 그러자면 수많은 학교행사와 동아리 활동, 교내상이 뒤따르고, 아이에 대한 개별적 관찰이 뒤따라야 한다. 그것이 지나친 요구일 수 있지만 그렇게 해서 만들어진 학생부는 교사의 작품이고, 학교의 상징물이다. 그것을 대학에 제출하는데 대학은 그것만 보고서도 학생을 선발하고 학교를 평가할 수 있는 것이다. 그런데 당국은 그것을 부당한 일이라고, 부담을 가중시킨다고 말하며 학생부를 자꾸 축소시킨다. 어쩌면 그것은 선발 자체를 무력화시키려는 태도이다. 어떤 입시도 완벽한 적이 없지만, 그래도 학종은 학교 개혁과 변화를 이끌 수 있는, 유사 이래 최초의 입시 전형이고, 대학의 변화까지 이끌어낸 전형이다.

교사와 학부모는 서로 협력해야 할 주체이다. 서로 배격하고 헐뜯는다면 피해는 아이에게 고스란히 돌아간다. 어떤 학부모는 아이의 작은 이익을 위해 담임을 궁지로 몰아넣는다. 그 담임이 순수하고 정당할 때, 그 사건은 순식간에 교사들 사이로 퍼져나가고, 결국 궁지에 몰리는 것은 아이다. 자기반성이 필요하고 새로운 것들을 이루기 위해 노력해야 하지만 공동체를 이루려는 마음으로 조심스럽게 예절을 갖추어야지 자신의 욕망에 눈이 멀어 아이를 망치는 일이 있어서는 안 된다. '사춘기라는 악성 바이러스' 때문에 방황하는 영혼들을 구제해야 할 때 담임을 공격해서 남는 것은 없다. 게다가 담임은 학생부에 3000자 이상이나 적어주는 사람이다. 팀별로 참여하는 교내상 때문에 아이들끼리 문제가 발생했다면 그것을 매끄럽게 해결할 방법을 찾아야 하는데, 그 사소한 일 때문에 아이의 학교생활까지 망쳐버리는 학부모를 본 적이 있다.

학교란 교사와 아이와 학부모가 절묘하게 연결된 공동체로서 신뢰를 통해 대화하고 변화를 받아들이면 언젠가 천국이 될 수 있는 곳이다. 천국은 관심 속에서 만들어진다. 닫힌 교실 문을 열고 수업을 공개하고, 매달 교장이 학부모 수업 참관의 날만이라도 교사들에게 참여 수업을 해달라고 요청하면, 그것만으로도 수업 혁신이 이루어질 수 있다. 수업 준비 시간을 늘려 발표와 토론 위주의 수업을 해나가고, 그것으로 수행평가를 하고, 학생부에 기록해 주는 것만으로도 수업은 바뀐다. 그럴 때 잠자는 아이들도 조금은 불편해하면서도 발표와 토론에 끼어들기 시작할 것이다. 대학에서도 교사가 수업을 바꾸고 아이들이 토론하고 협력하는 수업을 원한다. 그런데 여전히 많은 학교가 수업은 바꾸지 않은 채 뭔가 활동 학습을 하는 척만 한다. 놀랍게도 대학은 그것을 정확히 파악한다. 그래서 학부모 수업 참관 때만이라도 참여 수업을 내실화할 수 있도록 만들자는 것이다.

학부모도 몇 번 수업 참관을 나와 보면 자신의 아이가 무엇을 하고 있는지 알게 된다. 그리고 잠자는 아이들을 일으켜 세우는 수업이 무엇인지 알게 된다. 학부모가 우리의 교육 현실을 파악하고 아이들에게 어떤 교육이 필요한지 알지 못하고서는 아이들을 깊은 늪에서 건져낼 수 없다. 적어도 교사와 학부모가 위기감을 느끼며 함께 대응책을 찾아야 아이 한 명이라도 구할 수 있는 것이다.

학교가 살아나면 아이들이 살아나고 마침내 사회가 살아난다. 반면에 학교가 잠들면 낙오자들은 무덤을 파고 사회는 지옥이 된다. 자기 아이가 무사히 성장하기를 바란다면 학교가 민주화되고 서로 머리를 맞대고 위기 탈출을 의논하고 그런 가운데 일할 분위기가 만들어져야 한다. 교사가 신바람이 나서 자발적으로 아이디어를 내놓고 아이들과 어울려 뭔가를 실행하고자 하면 학교는 금방 달라진다. 더욱이 학부모를 공동체의 일원으로 받아들이고 서로 협력하면 모든 것을 이룰 수 있다. 그것은 거역할 수 없는 정언명령이다.

5. 지역사회로 연결되는 길 찾기

학교는 고립된 섬이 아니라 사회로 나가는 출구이다. 아이들은 학교를 나와 시장 골목을 지나 피시방, 노래방, 만화방을 거쳐 독서실로 가기도 하고, 김밥집, 중국집, 만두집, 치킨집을 거쳐 학원에 가기도 한다. 병원과 약국, 세탁소, 자전거 가게, 미장원, 문방구, 교회에 들렀다가 집에 돌아가기도 한다. 하천과 산에 인접한 마을, 그 아랫녘에 자리 잡은 시장이나 관청 주변에서 수많은 이야기가 만들어지지만, 산에서 내려다보면 학교는 마을의 숨통 역할을 한다. 마을 사람들은 학교 운동장을 걷기도 하고 체육시설을 이용하기도 하지만 무엇보다 학교가 아이들을 제대로 성장시켜 주기를 바란다. 학교만 잘 되어도 동네에 자부심이 넘친다. 그들이 성장해 이 나라, 이 지역 사람들을 뿌듯하게 만들고, 이 마을이 아이들을 올바르게 키웠다는 소문이 퍼져나가기를 바란다.

아이들도 마을의 역사부터 배워나가야 한다. 어떻게 도시가 형성되었으며, 어떤 계층의 사람들이 살고 있으며, 어떤 문제점이 있는지 알아야 자기 마을에 대한 정확한 인식을 하게 된다. 그런 뒤 옆 마을과 도시 전체, 혹은 국가로까지 넓혀나가는 것이 공부다. 다시 말해 공부란 학교라는 고립된 섬에서 자신과는 크게 관련도 없는 부여와 옥저, 혹은 반치음이나 여린 히읗을 배우는 곳이 아니라, 학교와 지역을 연결시키고, 그 지역이 세계와 어떻게 연결되는지 배우는 곳이다. 또 거기서부터 나아가 학교의 자치 능력과 구청과 시청의 자치 능력을 비교하는 것으로 확장되어야 한다. 언제든지 공부의 방향이 지금 우리, 바로 나 자신의 문제로 되돌아오고, 나로부터 시작해 마을을 통해 세계로 나가야 한다. 거기서부터 나아가 민본을 강조한 518년 조선 역사의 뛰어난 점과 그것을 나쁘게만 표현하려고 했던 식민지 사관의 문제점을 찾아보는 것도 지금 우리 현실을 인식하는 것과 중요하게 연결된다.

인헌고는 관악산 밑자락에 자리 잡은 작고 낡은 학교였다. 복잡한 골목을 지나 학교에 이르는 골목길이 너무 좁아 첫 출근길에 숨을 턱, 막히게도 했지만, 훗날 학교 담장을 따라 펼쳐진 관악산이 뒤뜰처럼 아늑했다. 때마침 언론사 조사에 의하면 2010년 서울 시내 5개의 비선호학교로 낙인찍혔다. 누구도 좋아하지 않는 학교라는 뜻이다. 그때 학교가 사라질지도 모른다는 소문이 흉흉했다. 그 사실은 대학 입학처나 마을 주민까지 알고 있었다. 아이들이 인헌고에 강제 배정되면 통곡을 한다는 소문도 들렸다. 학교를 배정받아 신고하러 온 아이들 눈 주위가 시뻘개져서 오는 경우도 많았다. 그리고 3월 2일이 되면 신입생 중에서 공부 잘하는 아이들이 열댓 명쯤 다른 학교로 전학을 갔다.

5월이 되자 학교 폐교가 논의된다는 소식이 전해졌다. 인근에 서울사대부고 제2학교를 세운다는 소식도 들려왔다. 마을 이미지만 나쁘게 만드는 학교를 없애자는 의견이 많은 모양이었다. 나는 그것들이 나와는 상관없이 벌어지는 일이라는 점에서 기분이 나빴다. 내가 발령받은 학교인데, 주체로서 활동해 보기도 전에 사라진다는 게 말이 되는가. 나는 그 소문을 받아들이기 어려웠다. 사실상 그것이 쉽게 이루어질 일도 아니었다. 학교의 3주체인 교사, 학생, 학부모에게 동의를 구하지 않고 어떻게 그리 된다는 말인가. 다만 학교교육이 제대로 이루어지지 않고, 입시 성적이 형편없기 때문에 도는 소문이라고 생각했다. 그때 나는 인헌고에 발령받자마자 3학년 담임을 맡고 있었고 뭔가 변화를 꾀해야 한다고 생각했다. 학교에서 과학중점학교를 신청해 실패하자, 혁신학교를 신청하기로 했다. 어떻게 해서라도 살아나려고 발버둥치는 모습을 보여야 했다. 그래야 폐교가 철회될 수 있었다. 그리고 그것이 다시 아이들을 살아있게 만들면 되었다. 관료적 분위기를 뜯어고치고 교사가 주인이 되어 뭔가 만들어 가면 되었다. 나는 해볼 때까지 해보자고 생각했다.

먼저 나는 입시에서 뭔가 보여주자고 생각했다. 입학사정관제가 확대되고 있었기 때문에 그것만 잘 활용해도 학교를 변화시키고 이미지를 살릴 수 있을 것 같았다. 아이들 활동을 많이 시키면 대학 진학률도 더 좋아진다는 것이 매력적으로 여겨졌다. 수능과 같은 결과 중심보다 과정 중심의 교육과정을 살리자는 것인데, 그것은 학교에 많은 기회를 줄 수 있었다.

3학년 담임들이 똘똘 뭉쳐 아이들을 돌보았고, 입시 결과는 놀라웠다. 전년도에 스무 명 정도가 '인서울'에 성공했는데, 2011학년도 입시에서는 64명이 합격했다. 그것도 대부분 입학사정관제 전형을 통해서였다. 그 당시만 해도 10월 말이면 합격자가 발표되었는데, 그때마다 아이들이 환호했고 담임들도 그 결과에 놀라워했다. 그 뒤로도 수도권과 지방대학에 많은 아이들이 합격했고, 전체적으로 대학 한 곳은 붙어보자는 분위기가 만들어졌다. 1, 2학년 학생들은 선배들의 합격 소식을 듣고 학기말고사가 끝난 뒤에는 선생님들을 찾아다니며 학생부 활동 기록을 한 자라도 더 늘리려고 노력했다. 그러자 학생부 기록을 외면하던 담임들도 조금씩 변화되기 시작했다. 그랬다. 그런 가운데 가장 중요한 것은 학교가 변하기 시작했다는 것이다. 달라진 학교의 평판이 지역 주민에게 알려졌고 관악구청에도 들어갔다. 그러자 구청은 학교 살리기 프로젝트를 더 적극적으로 지원했다.

학교는 지역사회 내에 존재하고, 아이들은 학교를 빠져나가면 그곳에 속한다. 학교와 지역사회는 서로 연결되며 아이들을 품고 성장시킨다. 아이들은 교과서를 벗어나면 골목과 시장에서 배운다. 지역으로 탐구 활동을 나가거나 구청에서 주최하는 행사에 참여하기도 한다. 또한 구청은 동아리 활동이나 봉사 활동 등에 도움을 주고 가난한 아이들의 방과 후 수업을 보조하기도 한다. 학습부진아나 부적응아들에게 기술 교육을 시키고 지역 주민들과 협력해 '마을교육공동체'를 시도하기도 한다.

"좋은 학교를 만들기 위해서는 건강한 마을이 필요하고, 마을공동체가 발달하기 위해서는 좋은 학교가 필요하다. 학교 밖의 세상이 성장 발달에 최적화되도록 하는 것도 중요하다. 마을교육공동체는 학교와 마을이 소통 협력하면서 상생 발전할 때, 교육자들과 지역의 다양한 전문가와 시민사회가 함께 할 때 비로소 가능해진다."[48] 학교와 마을(지역사회)의 협력과 협치가 일어나야 하는 것이다. 구청에서 청소년 시민단체를 운영하고, 모의 청소년 지방의회를 꾸린 사례도 있다.

금천구청에서는 청소년을 '교복 입은 시민'이라고 칭하며 구의회 활동에 참여시킨다. 청소년들을 위한 지역사회 프로젝트 활

---

48. 안승문, 〈미래교육으로의 대전환을 위한 국가 전략 제안〉, 《오늘의 학교가 내일의 사회를 창조한다》(4차 산업혁명과 미래교육 포럼'자료집), 2018. 12. 86쪽.

동[49]이라고 할 수 있는데, 청소년들이 구의회에서 지역사회 이슈에 대해 직접 토론하고 정책을 결정해 보면서 시민 역량을 길러보자는 것이다. 그런 과정을 통해 청소년들은 민주적 절차를 배우고 지역의 사업을 이해하게 될 뿐만 아니라 궁극적으로 지역을 사랑하게 된다. 성장기의 청소년이 학생회 활동에서 나아가 마을과 사회에 기여하는 방법을 찾아보게 되면 학교에만 갇히는 것이 아니라 세계로 나가는 통로를 뚫게 된다. 그로 인해 사회를 다양하고 깊이 있게 들여다보면서 사회 구조를 파악하고 그것을 혁신할 방법도 모색하게 된다. 모의 유엔, 모의 국회, 모의 재판 등도 이와 유사한 효과를 보여주는데, 특히 지역사회와 관련된 청소년 의회 활동은 자기 결정 능력과 조정 합의 능력을 키워주며 시민적 자질을 향상시킨다. 금천구청에서 2012년부터 시작한 청소년참여위원회(금천청소년별밭두레단, 약칭 '금별단')에서는 청소년 정책 토론회, 청소년 연합 축제 등을 벌였고, 청소년들이 '위풍당당, 밝은미래당, 할수있당, 푸르당' 등에서 예산을 지원받아 활동하며, 직접 구의회 의원과 구청장을 만나 정책을 제안하고 예산 집행의 과정에 참여하기도 했다.

한 명의 청소년을 모범적 시민으로 만들자면 시스템에 대해 사고하고, 비판적 사고, 자아 인식, 통합적 문제해결을 할 수 있는 역

---

49. 이윤주, 〈지역사회 청소년 정치참여를 통한 지속가능한 시민역량 활성화 방안: 금천구 청소년의회 사례를 중심으로〉, 《정치 정보연구》 제20권 3호, 2017. 10, 149-178쪽.

량을 길러야 한다.[50] 또한 미래 설계를 하면서 전략적으로 사고하고 서로 협력하는 능력을 길러주어야 한다. 2008년에 도입한 입학사정관제는 그런 역할을 수행하며 학교와 지역사회를 연결시킨 많은 활동을 하게 만들었다. 구청은 방과 후 수업을 지원했을 뿐만 아니라 동아리 전문 지도자 파견, 컴퓨터 활용 능력 및 기술 교육 강사 파견, 봉사 활동 프로그램 제안, 진로교육 전문가 지원, 분야별 전문 직업 멘토 풀 구축, 직업 체험을 위한 인턴십 운영 등을 지원하기도 했다. 대학에서 가장 바라는 인재는 전공 적합성을 지니고서 지역사회와 관련된 실천을 직접 체험해본 학생이다. 대학은 입학사정관제를 통해 공동체 내에서 서로 협력하면서 사회적 대의를 실천하는 인재를 선발하고자 했던 것이다.

'마을의 달인 찾기'는 그것과 관련된 교내상이었다. 동네에는 어느 분야건 성공한 사람이 있고 뛰어난 사람들이 숨어 있다. 그들을 찾아 인터뷰해, 어떤 역경을 거쳐 그런 성공을 거두었는지, 우리 사회와 동네에 대해 어떻게 생각하고 있는지, 우리 동네가 어떻게 변화되면 좋겠다고 생각하는지 인터뷰해 오게 하는 것이다. 장사가 잘 되는 만두집, 세탁소, 중국집이 모두 그 대상이 될 수 있다. 이럴 때 구청이 더 좋은 인터뷰 대상을 소개할 수 있고, 마을

---

50. 유네스코 SDGs(Sustainable Development Goals) 핵심 역량이란 시스템 사고 역량, 미래 설계 역량, 규범적 역량, 전략적 역량, 협력 역량, 비판적 사고 역량, 자아 인식 역량, 통합적 문제 해결 역량을 일컫는다. UNESCO(2017), Education for Sustainable Development Goals Learning Objectives, Paris.

과 아이가 하나로 묶일 수 있는 기회를 제공할 수 있다. 거기서 나아가 마을의 역사를 이야기해주는 분, 동네에서 의미 있는 일을 하는 분을 찾아내 인터뷰를 해오면 더 좋은 평가를 받기도 한다. 그렇게 해서 마을의 스토리를 찾아낸다는 점에서 구청도 '어르신 찾아뵙고 역사적 사건 구성해 오기' 대회를 높이 평가했다. 또 집안 어른을 인터뷰해 자신의 가계사(家系史)를 이해하고 자신의 할아버지나 이웃 어르신이 한국전쟁, 4.19혁명, 5.18민주화운동, 6월 항쟁 등을 어떻게 겪었는지 알게 되고 또 그것을 들으면서 역사 속의 자신을 발견하게 되는 것이다. 이런 대회야말로 집안은 물론 동네를 이해하고 사랑하게 만든다. 마을에서 열심히 살아가는 사람들은 인터뷰 받을 존재 가치를 지녔다. 아이들은 찾아가기도 좋고 사진 찍기도 쉬운 분들을 만나 조금 어색하게 인터뷰하지만 차츰 그분들의 삶의 비법을 배우면서 비로소 마을 주민에 속하게 된다.

세상은 바뀌었다. 학교는 다양한 활동을 통해 아이들을 지역사회로 나가게 만들고, 지역사회와 학부모들이 학교에 더 관심을 쏟도록 만들어야 한다. 아이들이 올바르게 성장해야 지역도 발전한다. 지금 그 어떤 아이가 성적이 나쁘고, 피시방에 자주 가고, 설혹 담배를 피운다고 할지라도 그를 나쁘다고 규정할 일이 아니다. 또 잠만 자는 무기력한 아이라고 포기할 일이 아니다. 그들을 일으켜 세워 무언가 재미있는 일을 찾아주고 열심히 집중할 수 있게 만든다면 어느 순간 그들이 '좋은 인재'로 변할지 모른다. 자주 대화하면서 자신감을 갖게 하고, 어떤 의지라도 가질 수 있도록 다양한 장치를 마련하면 언젠가 아이는 일어난다. 학교와 학부모가 잠시 방심하는 순간, 어떤 아이는 무기력의 늪에 빠져 다시 일어나지 못할 수도 있다. 그 비극을, 우울증이나 자살 충동을, 보고만 있으려는가. 그런데 함께 노력하면, 미래에, 거기서 빠져나온 어떤 아이가 우리에게 희망을 설파하고 있을지 누가 아는가.

교사와 학부모가 팀워크를 가지고, 지역사회의 도움을 받으면서, 아이들이 사회로 나가는 길목을 찾아주고, 아이 스스로 좋아하는 일을 찾게 만들면 달라진다. 그게 무엇이든, 학교 와서 잘하는 것 하나라도 가진 아이는, 결코 잠만 자지는 않는다. 그게 농구든, 그림이든, 어떤 한 가지 재주라도 친구와 선생님에게 인정받는 아이는 달라진다. 또한 지역사회의 혜택을 받고 무언가 실천해 마을 주민에게 칭찬받고, 마을에서 자기가 할 일을 찾아낸 아이라면, 미래를 설계해가면서 의욕적으로 살아갈 것이다.

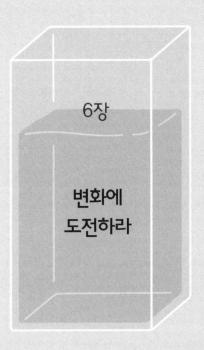

6장

변화에
도전하라

1. 혁신의 성과

　일반고의 위기는 시스템의 문제에서 온다. 관료 사회에 익숙한 교육 공무원은 무사안일하게 신분 유지에만 신경 쓰다가 시스템의 고장을 보지 못한다. 교장이 눈을 크게 뜨면 시스템의 고장이 보이련만 자신만 보위하려다가 아이들을 병들게 만든다. 교사라도 나서야 한다. 교사들도 지시받고 맡겨진 일만 할 것이 아니라 병든 아이, 잠자는 아이를 일으켜 세우기 위해서 학교 개혁에 나서야 한다. 무엇을 누리려고 하는가. 학교가 바뀌어야 교사도 즐거워진다.

　동지들을 규합하라. 학교 변화를 도모하고자 하는 사람이 5명만 되면 학교는 바뀐다. 교장을 설득하고 부장을 설득해서, 아니 부장으로서 계획서를 제출해 교장의 동의를 얻어내 변화를 시도할 수 있다. 그리고 한 사람씩 설득하고 명분을 쌓아나가면 차츰 공감하고 협조하게 된다. 아니, 동지가 5명이 안 된다면 소돔과 고모라 이야기처럼 학교를 구하려는 교사가 두 명만 되어도 희망이 있다. 혼자서는 안 된다. 하지만 힘을 합하고 세력을 만들면 그것을 인식시키고 개혁을 끌어낼 수 있다.

　기존의 학교를 변화시키는 일은 쉽지 않다. 관행에 젖어 있는 교사들의 의식을 바꾸는 일은 더욱 어렵다. 하지만 학생 수가 줄어들고 교육청의 지원이 줄어들어 폐교할 처지에 놓이더라도 그대로 있을 것인가. 위기가 느껴지면 해결책을 찾고 대안을 내놓아야 한다. 시스템을 바꾸자면, 모델이 되는 몇 개 학교를 찾아가고, 그곳의 학교계획서를 분석하면서 새로운 대안을 만들어야 한다. 인헌고에서는 수업 혁신을 실행하는 한가람고등학교, 동아리 중심 학급을 편성해 고교학점제를 실시하던 강원고등학교, 대안학교인 이우고등학교를 방문해 그 학교의 학교계획서를 면밀히 분석하고, 실제로 그 학교운영 책임자들에게 운영 방법에 대해 질문하고 교사들의 체험담을 듣기도 했다. 우리는 서울형 혁신학교로 '수업 혁신'을 하는 삼각산고등학교와 '생활 혁신'을 행하는 선사고등학교와는 다르게 '진로 진학 혁신'을 행하기로 했다. 처음부터 입학사정관제 준비 학교임을 표방하며 혁신을 해보자는 것이었다. 그것은 혁신과 위배될 위험성이 있지만 입시에 초점을 맞추면 아이와 학부모들의 호응을 얻기가 더 수월하고, 목표도 명확해 추진하기가 좋을 것이라고 생각한 것이다.

'내 학교'라고 생각해야 일을 시작할 수 있다. 그래야 고장 난 시스템을 찾고 그것을 고칠 생각을 한다. 전체를 보지 못하고 문제의식이 없으면 고장난 것을 찾지 못하고 다시 작동시키지 못한다. 아이들도 마찬가지다. 교실의 주인이 되지 못한 아이는 학급을 자신의 공동체라고 생각하지 못한다. 그런 아이가 등교하면 잠을 자고, 틈만 나면 도망갈 궁리를 한다. 5년 임기 후 떠날 날만 생각하는 교사도 그런 아이와 크게 다를 것이 없다. 기계를 교체하고 부품을 갈고 학교를 작동시켜야 하는데 그런 교사는 졸업장만 생각하는 아이처럼 도망갈 궁리만 한다. 그런 사람에게 무엇을 바라겠는가. 맞춤형 교육과정을 만들고, 다양한 아이디어를 내놓고, 수업을 바꾸는 것을 즐거워하지 않는 자는 어떤 일도 할 수 없다.

　교과교실제도 받아들이라. 자기 교실을 갖는 것은 교사의 로망이 아니던가. 수업을 바꾸고 아이들과 소통할 수 있다면 얼마나 기쁜 일인가. 아이들은 교과 교실을 찾아가기 위해 잠자다 일어나고, 조별 수업을 하다가 한마디라도 발표하게 되면 문득 정신 차리는 수도 있다. 실제로 인헌고에서 교과교실제를 받아들이자 처음에는 혼란스러웠다. 아이들에게 자기 교실이 없어졌으니 무거운 책가방을 메고 수업을 찾아 떠도는 신세가 된 것이다. 물론 복도마다 아이들 사물함이 있었지만 시간마다 교과서 교체하는 것도 번거롭고, 쉬는 시간에 쉴 장소도 마땅치 않고 해서 우왕좌왕하다가, 누구라고 할 것도 없이 교실 문짝만 걷어차는 일이 늘어났다. 특히 교사들이 출장을 가거나 조퇴를 하는 날은 더 심했다. 대학에서야 그럴 일이 없고, 있어도 미리 학생들에게 공지해 휴강으로 처리하거나, 다른 날을 잡아서 수업을 했지만, 고등학교에서는 그럴 수 없었다. 그래서 관행상 수업을 뒤로 미루거나 앞으로 당기니, 그럴 때마다 수업 이동이 아이들에게 전달되지 않고, 심지어 교실 문이 잠겨 있는 상황도 빈번했던 것이다. 게다가 두 시간짜리 블록 수업은 옮기기도 복잡했다. 그래서 회의 끝에 아예 수업 이동을 못하게 하고 출장이나 조퇴시 보강 처리를 했더니 비로소 한 학기 후에 안정되었다.

　변화는 불편하다. 그러나 두려워할 일은 아니다. 문제가 생기면 방법을 찾으면 된다. 그런데 시작도 하기 전에 불평부터 하는 사람이 많다. 그래도 차츰 발표하고 토론하는 블록 수업이 이루어지자 아이들이 교과교실제에 적응해 갔다. 그렇듯 그것을 처음 받아들일 때에는 교사나 학생 모두가 힘들었지만 점점 수업 내용이 좋아지고, 아이들의 반응도 좋아졌다. 그와 마찬가지로 변화를 꾀할 때에는 작은 것을 가지고 매달리지 말고 큰 것을 바꾸어야 한다.

인헌고에서는 업무 분장 시에 '업무'와 '담임'으로 크게 나누었다. 업무는 담임을 하지 않고, 담임은 한 교무실에서 근무하며 담임 일에만 집중했다. 그러다 보니 업무 전문화가 이루어지고 담임들의 역할이 강조되었다. 연구부와 인문사회부의 경우에는 부장과 기획 두 사람이 전체 업무를 도맡았고, 창체부와 진로상담부 등은 세 사람이 일을 했다. 그래도 그들은 아무런 불만 없이 수많은 행사를 해내고 업무를 처리했다. 그럼에도 불구하고 담임 2년 하면 업무를 맡고 싶다는 교사들이 늘어났다. 담임 업무가 그만큼 힘들다는 증거였다. 담임은 아이들만 돌보면 되는 것이 아니라, 입시를 연구하고, 활동을 이끌며, 학생부 기록에 신경 써야 했다. 그런데 그것만으로도 보통 일이 아니었던 것이다. 그러니 대다수 일반고에서 능력 있는 젊은 교사가 업무와 담임을 동시에 맡고 있는 것이 얼마나 부당한 일인지 알 수 있다.

시스템을 바꾸자 빈둥거리는 교사가 사라졌다. 담임을 맡지 않은 원로 교사 혼자서 고사계를 맡았고, 3년을 담임하고 쉬겠다는 교사는 성적 처리와 나이스 업무를 동시에 맡았다. 업무행정사는 모든 결재의 절차를 도맡아 책임지느라 진땀을 흘렸다. 하지만 업무는 착오 없이 잘 돌아갔다. 야자 감독은 3학년부장이 매주 월요일에 하고, 나머지 요일은 다른 3학년 담임이 돌아가면서 했다. 모든 교사가 감독관을 하면 아이들의 긴장도가 풀어졌기 때문이다. 그리고 담임들은 대학과 교육청에서 하는 입시 연수에 쫓아다녔고, 대학 입학처를 방문하고, 대학 입시 설명회를 많이 유치했다. 그리고 학년별로 교내상을 만들고, 진로 강연을 유치하고, 심지어 단체 봉사 활동을 하기도 했다. 아이들이 활동한 내역을 찾아 학생부에 기록하기 위해 방학 중에 출근하는 교사도 적지 않았다. 담임과 업무를 나누고 난 뒤에 벌어진 일이다. 어떤 학년은 담임회의를 통해 자기 학년만의 특성을 만들어 나갔다. 그것은 부장과 담임들의 협력만 있다면 얼마든지 가능한 일이었다.

각 부서들도 어느 학교에도 없는 자기 부서만의 특징을 만들어 나갔다. 창체부에서는 연극반이나 관현악반 등에 지도 강사를 초빙해 동아리를 지도하게 했고, 심지어 거기서 갈고 닦은 실력을 대학로에서 공연하기도 했다. 한편 아이들이 볼 만한 연극을 극단과 섭외해 싼 값에 아이들을 관람하게 한 뒤에 소감문을 제출하게 했다. 인사부는 독서 시스템을 새로 구축하고 역사토론대회를 열고, 디베이트대회와 소논문대회를 열었다. 또한 도서관과 협력해 월드카페 방식의 독서 토론 모임을 개설해 아이들이 다양한 책을 읽고 자기 관점과 해석을 가질 수 있는 단계까지 끌어올렸다. 거기서 조지 오웰의 소설 《1984》와 제플리 베넷의 《우리는 모두 외계인이다》와 같은 과학책을 읽었다. 그냥 발표만 시키는 것이 아니라 미리 조장을 정해 작가의 철학, 주인공의 삶의 의미, 정보의 권력화, 우리 사회에서 적용 가능성을 미리 조사해 발표하게 한 뒤, 조별로 토론하고, 다른 조에 가서 익혀오는 방식을 취했다. 그러자 아이들의 독서 능력이 배가되고 날카로운 안목이 생겨났다. 그리고 그들은 토론대회, 소논문대회, 페임랩대회 등에서도 맹활약을 했다. 시작할 때는 참여자가 학년당 30명이었는데, 교내상에 열심히 참여하는 아이들이 100명으로 늘어나는 데 몇 개월이 걸리지 않았다. 그러자 학교에 활기가 넘쳤고, 학부모들도 아이들의 변화를 알아차렸다.

　의욕적인 교사 몇 명으로부터 시작한 변화가 자리 잡기까지 채 2년이 걸리지 않았다. 막혀 있는 혈관이 뚫리자 피가 돌았다. 기계마다 손을 보아 기름칠하고 낡은 컨베이어벨트를 갈았다. 교사들은 기계가 작동되자 거기서 멈추지 않고 자신이 맡은 부서의 일을 어떻게 발전시킬 것인지, 교내상을 어떻게 새롭게 운영할 것인지, 더 많은 학생들을 어떻게 참여시킬 것인지 궁리했다. 물론 원칙을 살리는 것이 중요하지만 시대의 변화에 따라 새롭게 변형시키는 것도 필요했다. 악기를 조율하듯 시스템을 점검하고 거기에 맞춰 편곡하는 일이 필요했다. 그래야 모두의 특성에 맞추어 최선의 연주를 할 수 있었다. 적어도 시스템이 정착하는 과정에는 일주일에 한 차례씩 회의를 했던 것 같다. 특히 부장이라는 중책을 맡은 사람들은 부장 회의 말고도 일주일에 몇 차례씩 회의에 불려

나가는 경우도 있었다. 하지만 그것이 학교의 운명을 결정하는 일이니 누구도 소홀히 하지 못했다.

교사 모두가 함께 만들어갈 때 힘이 난다. 나는 담임들과 1년 계획을 공유하고 그것의 타당성을 묻고 점검하는 시간을 가졌다. 담임들도 그것을 숙지하고 뜻을 같이 할 필요가 있었기 때문이다. 무려 4시간 이상이 걸렸지만 담임을 맡았다는 책임감 때문인지 끝까지 이야기를 듣고 자신의 의견을 피력했다. 그것은 전체적으로 학년부장이 학년을 어떤 방식으로 끌고 나갈 것인지 고백하는 시간이었다. 그리고 그때 결정된 사항에 대해서는 아무리 힘들어도 문제제기를 하지 않았다. 담임들은 나에게 그것이 실현 가능하냐고 물었지만, 이렇게 준비하고 실시하면 된다고 말하자, 몇 가지 보완 사항을 건의한 것 말고는 전적으로 호응해 주었다.

머리를 짜내면 색다른 기획을 세우게 된다. 1학년부장이 되었을 때 나는 1박 2일 신입생 오리엔테이션을 대천에서 실시했다. 그리고 다른 부장과 담임들의 도움을 받아 교가 경연 대회, 학교 규칙 소개, 대학 입시를 준비하는 방법, 학교 활동과 교내상 등에 대해 소개했다. 아이들은 해보지 않은 일, 친절한 학교생활 안내, 그리고 학교 규칙을 파악하며 새롭게 정신 무장을 했다. 사실상 그것은 새로운 왕국을 만드는 일이었다. 그로부터 1년간 같이 생활한 아이들은 학급별 수학여행, 학급 대항 뮤지컬경연대회를 거치면서 부쩍 성장했고, 진로 탐색, 토론대회, 소논문 쓰기 등을 통해 자신감을 갖게 되었다. 그런 뒤 그들은 2, 3학년을 잘 지냈고, 1

학년 때 활동을 바탕으로 모두 원하는 대학에 들어갔다.

2. 꿈을 실천하는 학교

아이들을 꿈꾸게 할 수 없을까. 인생을 설계하고 그것에 맞춰 하나씩 실천해 나가는 기쁨을 맛보게 할 수 없을까. 고등학생이라면 이제 인생 스토리를 쓰기 시작할 나이다. 그게 어떤 일이건 전혀 늦지 않은 나이다.

아이들은 학교에서 미래를 만들어 가고 싶다. 그런데 학교가 무얼 해주었는가. 성적이라는 올가미를 목에 걸어, 조금만 뒤처지면 줄을 잡아당겨 숨을 막히게 한 것이 전부다. 좋은 인성, 사회성, 도전적 마인드도 다 필요 없다. 뭔가 해보고자 하면, 넌 성적이 왜 이래, 하고 아무것도 할 수 없는 사람이라고 대못을 박는다. 그렇다면 학교는 교육시키는 곳이 아니라 망치는 곳이다. 조금 더디거나 늦게 깨이는 아이를 기다려주지 않은 채 끝내 외면하는 곳이다.

누군가는 블라디보스토크에 가서 치킨집을 열든지, 뭄바이에 가서 야채비빔밥을 팔든지, 가라치코에서 잡채불고기 전문점을 낸다면, 어떤 면에서 대성할 수도 있다. 자신이 전문 요리사는 아니더라도 고객의 입맛을 사로잡을 레시피를 개발하여 그 속에서 자기를 실현한다면 사업적 운이 따를 수 있다. 지역 주민들의 입맛만 사로잡는다면 큰돈을 벌지는 않더라도 그 지역에서 인정받으며 행복하게 살 수도 있는 것이다. 그렇다면 그것만으로도 그는 성공한 인생이다. 그런데 그게 어쨌다고, 재미도 없고 필요도 없는 것을 배우다가, 넌 재능 없다고, 넌 머리가 나쁘다고, 그렇게 모욕당하면서 낙오자로 살아야 할까. 도대체 이 낭비를 어쩌란 말인가.

아이들을 구해야 한다. 조금 재능이 없으면 어떤가. 성실하고 대인 관계 좋은 아이라면 어디 가서라도 제 역할을 한다. 저 잠든 아이들을 깨워 변화시킬 프로그램을 만들자. 공부 말고도 살 길이 있고, 혹은 다양한 형태의 공부가 있다는 것도 알아야 한다. 자기가 해보고 싶은 일을 하는 아이들은 행복하다. 그게 뭐든, 기꺼이 시간을 바칠 그런 일을 하는 아이는, 언제라도 그보다 더 좋은 일을 찾아낼 수도 있다.

인헌고는 2017년부터 부적응 학생들을 모아서 만든 '자유교양 과정'을 운영한다. 국영수 위주의 수업을 유보하면 할 일이 많아진다. 오후에 활동 위주의 수업으로 바꾸어, 제과제빵, 연극, 영화, 창작 미술, 뮤지컬 음악, 암벽 등반 등을 배우게 할 수 있다. 그들이 좋아만 한다면, 미디어예술 시간에는 공연, 전시 등을 관람하러 다닐 수 있다. 오페라 〈사랑의 묘약〉을 관람하러 가기 전에는 미리 음악실에서 DVD로 그것을 세 차례나 감상하고 난 뒤에 갔다. 그러니 잠만 자던 아이들도 음악에 익숙해져서 실황 공연 때에는 졸지 않고 오페라를 감상할 뿐만 아니라 돌아와서는 감상문도 곧잘 써서 교내상을 받기도 한다. 이쯤 되면 그들만의 추억으로 오페라 〈사랑의 묘약〉이 가슴속에 자리 잡게 된다.

현 교육과정에서 고등학교 필수 이수 단위는 국영수사(과) 각각 10시간씩 총 50시간으로 되어 있다. 나머지는 창의적 체험활동, 학교 재량으로 다양한 교과를 개설할 수 있다. 다시 말해 한 학년에 17시간씩만 국영수사(과)를 이수하면 고등학교 과정을 이수하는 데 무리가 없는 것이다. 제도와 법을 바꾸지 않더라도 기본 교과 시간을 줄이고 부적응 학생들의 숨통을 틔워줄 방법은 얼마든지 있다는 말이다. 두 학기 동안 자유교양과정을 운영하는 데 총 3400만 원 정도의 예산이 들었는데, 관악구청에서 1000만 원, 교육청 대안교실 운영비로 1800만 원, 한국산악회에서 500만 원을 지원받았다. 일반고 자체 예산으로는 100만 원 정도만 더 썼을 뿐인데 학교 부적응아들이 즐거운 학교생활을 하게 된 것이다.

> ※ 자유교양과정 모집 공고문
> 1. 자신을 '깔아주는 방석'이라고 비하하고 싶지 않은, 교실에서 잠만 자는 친구들
> 2. 이른바 '좋은 대학'에 가지 않아도 인생을 행복하게 살 수 있다고 생각하는 친구들
> 3. 새로운 길에 과감하게 도전하는 용기를 가진 친구들

여기에 참여한 아이들은 불만이 없었다. 만약 마음이 바뀌어 대학에 가고 싶어져도 손해 볼 일은 없었기 때문이다. 담임이 활동한 내역을 학생부에 상세히 기록해 주어 오히려 대학 갈 때 유리해졌다. 부적응아나 학습부진아의 경우 학교에서 한 일이 없으니

기본 사항 말고는 적어줄 내용이 없다. 그런데 이처럼 다양한 활동을 하고 있으니 대학에서 보아도 출석 나쁘고 잠만 자는 아이에 비해서 성적은 다소 좋지 않더라도 훨씬 기대할 수 있게 되는 것이다. 게다가 공부 잘하는 아이들 바닥 깔아주는 것보다 나만의 재능을 키우며, 즐거운 시간을 보내는 것이 얼마나 멋진 일인가.

공교육 12년, 그 귀중한 시간들을 잠만 재워서는 안 된다. 고학년이 될수록 그것이 심해지는데, 그래 보았자 만 18세도 안 된 나이에 상심에 젖어, 저리도 불편하게 책상 위에 구겨져 잠만 자고 있다니, 말이 되는가. 그것은 저 아이 혼자만의 문제가 아니라 국가적 재앙에 해당한다.

성적은 뒤처질 수 있지만, 그것으로 인해 인생까지 포기하게 만들 수는 없다. 따라서 학교에서 소외된 아이들을 모아 함께 뭔가 해 보아야 한다. 최소한 그들에게 자존감을 심어줄 사건을 한 번이라도 만들어주어야 한다.

인헌고에서는 그런 아이들을 데리고 '진도 여행'을 간 적이 있었다. 부적응아 지도 프로그램의 하나로 구청에서 지원받아 추진했던 것인데, 여행에 함께 간 아이들은 하나같이 학교에 불만이 많거나 공부에 관심이 없는 아이들이었지만, 그들을 권유해 버스 한 대를 채울 수 있었던 것은 그래도 아이들이 학교에 뭔가를 기대하고 있다는 증거였다. 그들도 공부하고 싶었고 담임과의 관계를 개선해 보고 싶었다. 10명 중 7명의 담임들이 동참한 것은 그들도 이 아이들을 포기하지 않았기 때문이다. 막상 여행을 떠나오자 모두 즐거워했다. 아이들은 구박만 받다가 대접을 받아서 그런지 의젓해 보였고, 담임들도 선입견을 버리고서 아이들을 대해서 그런지 편안한 표정이었다. 아이들은 저희끼리 모여 반장과 부반장을 뽑고 여행 규칙을 정했다.

그것은 3학년 아이들이 담임들과 함께 가는 추억 여행이 되었다. 긴 여행길에서 친구도 사귀고 담임에게 속마음을 털어놓는 아이도 있었다. 차창에 기대 잠자던 아이들도 하나씩 일어나 리더의 말에 따라 노래도 부르고 자기소개도 하면서 웃음을 터뜨렸다. 하나같이 수줍은 선머슴 같았다. 그러자 교사와 아이들과의 거리감이 사라졌고, 그런 가운데 아이들은 조금씩 자기 자신을 드러냈다. 장기 자랑 대회에서 광란의 시간을 보낸 뒤 마지막 행사로서 아이들에게 '세족식(洗足式)'을 거행했다. 아이들의 발을 씻어주는 일은 마치 물로 세례를 하는 것 같았는데 '포도주'도 한 잔씩 하사하자 짐짓 경건해졌다. 아이들은 작은 이벤트에 감격했고 선생님을 바라보는 눈빛들이 하염없이 부드러웠다.

짓눌려 살다가 뭔가 숨통을 만나는 기분이 이럴까. 사실 적잖은 아이들이 공부 하나 못하는 것을 빼놓으면 모든 점에서 너무나 멀쩡했다. 그런데 자꾸 일이 뒤틀려 문제아 취급을 당했던 것이다. 그들은 영어와 수학 시간에 아무것도 알아듣지 못해 난감했지만, 외부 활동 시간에는 모범생보다 훨씬 더 즐겁게 놀 줄 알았다. 학급 대항 뮤지컬대회에서는 이들의 활약이 가장 돋보였다. 그들은 노래 선곡부터 춤과 연기까지 하면서 무대를 장악했다.

이렇게 놀다가 어떤 아이는 뒤늦게 대학에 가고자 했다. 그래도 그들이 잠자지 않고 활동했기 때문에, 담임은 그들을 관찰한 내용을 학생부에 잘 적어주었고, 지방대와 전문대에서는 그들의 활동을 높이 평가했다. 대학이 가장 중요하게 요구한 것은 근태와 뭔가 하고자 하는 의지였는데 이들은 그 점에서 손색이 없었다. 특히 교수의 면접에서 좋은 태도를 보였고 또 무엇을 할 것인지 명확했다. 친구들과의 소통 능력도 좋을 뿐만 아니라 왜 이 대학을 택했는지 분명하게 설명할 줄 알았다. 이들은 처음에는 토론 시간을 귀찮아 했지만 아이들이 관심을 가진 주제가 나오면 차츰 진지해졌다.

'중학생에게 콘돔 사용법을 가르치자는 주장에 대해 비교육적이라고 말하는 사람들의 태도가 올바른가?' 여기서 양쪽으로 나뉘어 끝장 토론을 벌인다. 아이들이 추측한 온갖 사례들이 나온다. 그리고 그것이 키득거릴 일이 아니라는 것을 알게 되고, 철저히 준비하지 않으면 미혼모의 아빠가 될 수 있다는 사실을 자각한다. 그런 점에서 성적 행위와 교육적 행위가 어떻게 연관되는지 이해했다. 한 걸음 더 나아가, '중학생 미혼모의 아빠에게 30살이 되어 아이에게 매달 100만 원씩 지불하게 하라는 법안이 나왔는데, 그것을 부당하다고 말하는 것을 어떻게 생각하는가?' 아이들은 이 토론에서 사회성과 책임감, 그리고 타자에 대한 윤리와 배려에 대해 생각했다. 토론을 교과서의 내용으로 제한할 것이 아니라 그들 자신의 문제로 바꿀 필요가 있었다. 아이들은 이런 관심사와 역사와 문학의 내용을 접합시켜 '해석'을 하게 하면 곧잘 새로운 아이디어를 내놓았다.

수업 혁신이란 결국 학습부진아 혹은 말썽꾸러기들에게 초점을 맞추는 방식이다. 그들을 배제하기보다 그들과 협력해서 함께 가고, 그들도 생각하게 이끌어 관습의 문제점을 찾아내고, 그것을 개선할 아이디어를 내놓게 만든다. 불공평하게 짓밟히고 배제당한 기억들을 가지고 있는 아이일수록 문제의 핵심을 정확히 이해한다. 그런 사회적 문제점을 고치자면 자신이 힘을 가져야 하고, 또 친구들과 힘을 합쳐야 한다는 사실도 명확하게 알았다. 그런데 자신이 알고 있다고 해도 남을 설득할 능력이 없으면 아무 소용이 없게 된다.

그런 아이가 멘토와 발표를 준비하는 모습은 놀라웠다. 딱 한 번의 발표로 그때부터 그 분야의 '전문가'가 되는 일도 생겨났다. 물론 그것은 멘토의 도움으로 이루어지는 것인데, 멘토가 아이를 도와 파워포인트로 자료를 만들고, 프레젠테이션 연습시키는 일을 싫어하지 않았다. 친구의 변화가 감동을 줄 뿐만 아니라, 또한 담임이 그 감동을 기록해주니 싫어해야 할 이유가 없었다. 학생부상에서 멘토는 '배려하는 인간'이 되었다. 학종 시대에는 경쟁보다 협력하는 인재, 공동체를 만드는 인재에게 더 큰 점수를 준다.

우리는 그간 계몽의 과정에서 공동체의 가치를 얼마나 절박하게 추구했던가. 그리고 그것들을 지켜내기 위해 얼마나 많은 피를 흘렸던가. 2016년 겨울 한파 속에서 우리가 촛불을 켜고 지켜낸 것도 그런 것이다. 그런데 우리는 나라만 지킬 것이 아니라 학교도 지켜야 한다. 헌법 정신에 어긋난 대통령을 몰아내듯이, 학교도 '두발 자유화'만 외칠 것이 아니라, 가난한 동네라서 망가져버린 아이들의 정신을 되살려낼 방안을 찾아내고, 입시에 낙오해 무기력해진 영혼들을 구제할 방안을 마련하고, 근본적으로 교권을 지켜주고 학교에 기쁨을 줄 수 있는 장치를 개발해야 한다.

급훈을 만들더라도 아이들이 지켜야 할 공동체의 규약을 찾아내게 만들고, 교실의 주인이 되어 서로 협력하고 도와주면서 더 큰 것을 얻을 수 있게 만들어야 한다. 그래야 1년 만에 끝나는 학급 공동체 구성원들이 30년 후에도 만나 우애를 나눌 수 있게 된다. 학급 문집으로 서로 다른 듯 하나가 되는 공동체의 이야기를 만들 때, 그것은 영원이 된다. 학급 공동체의 꿈은 오랜 시간이 흘러도 사라지지 않는다. 그것은 삶에 용기를 주고, 험한 세상에 대처할 수 있게 하고, 자기 자신을 세우도록 만든다. 고등학교 때 쓰기 시작한 골방의 스토리가 언젠가 거대한 빌딩의 설계도로 완성될 날이 있을 것이다.

3. 우리의 공동체: 타자와의 우애

교육은 위기 속에서 빛난다. 교사가 사교육 혜택을 받는 중산층 아이들보다 빈곤층 아이들에게 정성을 쏟을 때 더 큰 것을 얻는다. 중산층 아이들은 부모의 도움을 받지만 한부모 가정 아이들은 그런 혜택 없이 외롭게 커 간다. 학교가 그런 아이들에게 꿈을 주고 따뜻한 손길을 내밀 때, 우리 사회는 건강해진다. 교사 한 사람이 한 영혼을 구제할 때 그 사회는 그만큼 행복해진다.

그러니 앞장서라. 다른 교사들과 연대해 방법을 찾아라. 아이들이 살판나는 세상을, 아니 학교를 만들고, 왜 그렇게 느꼈는지 스스로 말하게 하라. 그러면 그들도 사회의 주역이 되어 간다. 그들이 우정을 쌓고 열심히 활동한 내역들을, 대학을 가든 가지 아니하든, 꼼꼼히 관찰해 기록해 주라. 그러면 그걸 본 아이는 뒤늦게 감동한다. 더 열심히 산다. 내가 고등학교 다닐 적에 이런 일을 다 했구나, 생각하며.

학종의 경우 교사에 따라 아이의 운명이 결정된다. 교사 말고 어떤 직업이 그런 역할을 하겠는가. 교사는 아이들을 가르치는 것을 통해 미래를 만든다. 적어도 미래로 연결되는 통로를 연다. 어느 사회가 건강하고 정의롭다면 그것은 시민이 제대로 교육을 받았기 때문이다. 그와 달리 교사가 무책임하다면 아이들은 자기 이익을 탐하거나 반사회적 활동을 할 뿐, 남을 돕고 미래를 만들어 나가지 못한다. 타자에게 관심을 가지고 소통을 시도할 때만이, 최악의 교실이 깨어나 쓸 만한 공동체로 바뀐다.

문제성 많은 아이라고 하더라도 인간성마저 파탄난 것은 아니다. 그들은 아직 고등학생일 따름이다. 그들을 구제하기 위해 뛰어들어 보라. 모범생과 짝을 지워 주어 서로 영향을 받게 하고 정말 좋은 우정을 맺게 만든다면 그때부터 그들의 인생관은 달라진다. 자신이 인정받는다는 것을 알게 될 때 어떤 아이는 눈물을 흘리기도 한다. 그리고 남을 위해 일을 하더라도 신바람이 나서 하게 된다. 활짝 웃는 아이들이 서로 어울려 살아간다면, 배제되고, 방치되고, 존중받지 못해 상처투성이가 된 아이들이 일어나 함께 춤을 추게 된다. 그러면 다시는 교실에서 약자를 놀리고, 폭력을 행사하는 일도 사라질 것이다. 자기 삶을 긍정하는 아이는 타자를 인정하고 공동체를 지키고자 한다. 그러면서 그는 역사의식을 갖게 되고 세계 속에서의 자신의 역할을 찾아내게 된다.

사토 마나부는 《배움과 돌봄의 공동체》에서 가르치기 전에 가져야 할 기본 조건을 말한다.

1) 성급한 일반화 이전에 자신의 내부부터 관찰하라.
2) 피교육자를 파악하고 서로 조율해 나가는 과정을 가져라.
3) 다양성을 존중하고 내부의 차이에 주목하라.
4) 인간을 신으로 만든 근대성을 성찰하고 '배움의 공동체'를 만들라.

근대 이후 발생한 '인식 주체'는 최첨단의 과학문명을 이루는 데 크게 기여했으나 자기 논리(logos)만 진리라고 믿었기 때문에 전쟁의 광란에 휘말렸다. 그런 가운데 근대적 이성은 계몽과 상관없이 식민지 약탈, 유색인종 노예화, 타종교 배척, 인종 말살 등의 지옥도를 그렸고 그것은 지독한 자기 성찰을 요구받았다. 거기서부터 사토 마나부의 앞의 조건은 나온다. 그것은 그동안 타자 취급을 당했던 것들을 어떻게 복위시키느냐의 문제와 연결된다.

그런데 연결은 쉽지 않다. 주체와 타자는 감각과 인식 방법까지 달라 서로 소통하기 어려운 것이다. 주체는 끊임없이 자기 방식으로 세상을 바라보고 그것을 확장시키려고 하는 데 반해. 타자는 움츠러들어 주체와 대화를 거부하면서 주체의 나르시시즘을 조롱한다. 저 혼자 잘났다고 에베레스트에 올라가는 주체의 폭력성에 거부감을 드러내며 타자가 할 수 없는 것을 요구하는 것은 대화하자는 것이 아니라는 것이다. 적어도 타자 내부에 들어와 차이를 받아들이면서 공존하는 방법을 내놓아야 최소한의 대화를 할 수 있다는 것이다. 그래서 주체가 되더라도 어떤 주체가 되느냐가 중요하다. 저 잘난 맛에 살아가는 주체인지, 남의 말을 경청하면서 변화의 여지를 지니고 있는 주체인지가 중요하다. 속 깊은 대화는 신뢰가 전제되고 서로 인정할 때 나온다. 거기에 '나'만 있어서는 안 되고, '너'를 긍정한 채 자신을 양보하며 서로 합쳐질 공간을 만드는 모습을 보여야 소통할 수 있게 된다.

사람들은 같은 관심사를 지녔을 때 호감을 갖는다. 비슷한 문제 의식을 지니고서 유사한 고민을 할 때 유대감을 느낀다. 추구하는 것은 달라도 접근하는 방식이 비슷하면 동질감을 느낀다. 토론을 하다 보면 이런 것들이 바로 파악된다. 그러면서 발표와 토론, 협력 수업, 창조적 혼란 등을 겪다 보면 저절로 공동체가 만들어진다. 이념적으로 조금 다를지라도 서로 절충할 수 있을 때 새로운 지향점을 찾게 되고 그로 인해 그들만의 정체성을 지니게 된다.

교사가 가슴을 열고 아이들과 연결되려고 노력하면 아이들과 소통하게 된다. 함께 공감하며 거짓을 물리치고 진실을 찾아나간다. 그럴 때 명확한 이념적 태도는 방향성을 제공하기도 하지만 비판적 대상이 되어 토론을 풍부하게 만든다. 그리하여 마침내 어떤 결과를 얻게 될 때의 기쁨은 무엇과도 바꿀 수 없다. 무지한 것이 죄가 아니라 열려 있지 못한 것이 죄이다. 아이와 함께 경탄하고 아이들이 만든 세계 속에서 기쁨을 누린다면 그것만으로도 타자를 받아들이는 셈이다. 열린 영혼을 가진 교사는 언제나 아이들과 소통하며 함께 새로운 세계를 만든다. 아이들과 속 깊은 이야기를 나누며 아이들의 세계로 들어가는 것이다.

교사는 문을 여는 자이다. 하지만 타자의 문을 열기는 어렵다. 그래서 학교라는 제도를 거부하는 아이 한 명쯤 전 인격을 걸고 돌볼 때 문을 열 방법이 떠오른다. 아이의 고민을 들어주고 같이 울어주며 아이에게 위안을 주어 보라는 것이다. 그러면 성미 고약한 아이들이더라도 마음을 열고 교사와 학교를 받아들인다.

문득 최선영이 떠오른다. 그랬다. 결국 그 아이는 자퇴했다. 우리 반이 아니어서 내가 어떻게 해볼 도리가 없었지만 기억에 오래 남는 아이다. 혁신학교라서 좀 나을 줄 알았는데, 그래도 선영이는 학교만 나오면 숨이 막힐 것 같다고 하소연했다. 그가 중학교 때 어떻게 지냈는지는 몰라도, 아이들은 그 아이 앞에서 어린 소녀가 되었고, 어떤 교사가 치를 떨 정도로 그렇게 못된 아이였던 것만은 아니었다. 특히 선영이는 아이들에게 나쁜 물을 들이지 않았다. 오히려 학교에서 부당하게 벌어지는 일에 참지 못하고 나서 교사들을 곤란하게 할 때가 많았다. 그런 점에서 불안한 요소가 있었다. 어쩌면 그 아이는 퇴학당하고 싶어 안달하는 것 같기도 했다. 실제로 제발 학교 좀 그만 다니게 해주세요, 하고 저희 담임 에게 울며 말한 것을 들은 적도 있었다. 그 아이가 학급별 수학여 행을 갈 때, 저희 반 수학여행을 설계했다면, 되바라진 아이니까 그럴 수 있겠지 하고 말할 수도 있을 것이다. 때때로 그녀는 놀라 울 정도로 총명했고 아이들을 꼼짝 못하게 하는 리더십이 있었다.

공부에 관심은 없었지만 토론 시간에 적극적으로 나선 적도 있 었다. '여중생에게 임신을 시킨 남학생에게 30살 이후 책임을 지 우게 하자는 법안에 대해 부당하다는 의견을 내놓았는데 그것을 어떻게 받아들일 것인가?'라는 주제였다. 선영이는 잠자다가 일어 나, "너희가 도대체 무엇을 안다고 그렇게 쉽게 말해? 그 여중생의 입장을 생각해 보았어, 고통을 알기나 해?" 하는 방식으로 말하며 토론에 끼어들었다. 거기에는 자신의 경험이 살짝 들어간 것 같다 는 생각도 들었지만, 적어도 사회가 그런 아이를 얼마나 냉대하고 가십거리로 삼는지, 그리고 그 누구도 방법을 알려주지 않은 채 그 아이를 지옥의 수렁텅이에 빠뜨리는지 고발했다. 선영이로 인 해 이상한 분위기가 만들어지기는 했지만, 그런 대로 성공적인 토 론이었고, 아이들은 선영이에게 박수를 쳤다.

담임이 선영이와 좋은 관계를 지니자 그 학급이 살아났다. 토론 주제가 좋으면 선영이가 눈을 또랑또랑 뜨고 일어나 수업을 기다렸다. 그러면 학급 분위기는 훨씬 밝아지고 더 많은 아이들이 발표하기 시작했다. 담임의 카랑카랑한 잔소리도 선영이가 담임을 받아들인 이후로는 모든 다른 아이들까지도 긍정적으로 받아들였다. 까칠한 담임은 겉으로만 그렇지, 따뜻한 엄마처럼 선영이를 대했다. 학급 대항 뮤지컬공연대회에서 선영이 학급이 대상을 받았고 실제로 선영이도 무대 위에서 맹활약을 했다. 나는 그 학급만이 가진 분위기가 좋았고 그것의 중요한 역할을 선영이가 해냈다고 생각한다. 그 아이가 배제되지 않고 중심이 되자 벌어진 일이다. 그런데 선영이는 학년이 바뀌면서 자퇴를 했다.

선영이와 함께 한 1년간 타자와의 우애라는 게 그런 것일까. 차이를 존중하며 서로를 주체로 받아들이면 공동체를 이루게 된다. 거기서 선영이는 사랑을 찾았고 공동체에 자기 이야기를 썼다. 자신을 따뜻하게 맞이해준 담임과 아이들에게 가슴을 열고 자신을 보여주면서 행복한 시간을 보냈다. 그녀는 토론이 자기 관심사에 속할 때 적극적으로 참여했다. 무언가 아이들에게 말해 줄 내용이 있고, 그들을 돕거나 해야 할 역할이 있을 때까지 선영이는 잘 버텼다. 다시 말해 선영이는 자신이 알고 있는 것들을 다른 아이들과 공유할 수 있던 1년간 공동체를 버텨낸 셈이다. 타자와 함께 하는 공동체를 만드는 일이야말로 선영이에게 자리를 내주는 일이고, 결국 우리의 미래 세대에게 살 길을 내주는 일이다.

삶과 교육을 바꾸는
맘에드림 출판사 교육 도서

나는 혁신학교에 간다

경태영 지음 / 값 14,000원

공교육을 바꾸겠다는 거대한 희망을 품고 시작된 '혁신학교'. 이 책은 일곱 개 혁신학교의 이야기를 담고 있다. 지금 우리 교육이 변화하는 생생한 현장의 모습과 아이들이 꿈을 키우고 행복하게 공부하는 희망의 터로 새롭게 자리매김하는 학교들을 이 책에서 만날 수 있다.

혁신학교란 무엇인가

김성천 지음 / 값 15,000원

교육공동체가 만들어내는 우리 시대 혁신학교 들여다보기. 혁신학교 전반에 관한 이야기를 다루고 있는 책으로, 공교육 안에서 혁신학교가 생기게 된 역사에서부터 혁신학교의 핵심 가치, 이론적 토대, 원리와 원칙, 성공적인 혁신학교의 모습을 보이고 있는 단위학교의 모습까지 담아냈다.

학부모가 알아야 할 혁신학교의 모든 것

김성천·오재길 지음 / 값 15,000원

학부모들을 위한 혁신학교 지침서!
'혁신학교에서는 무엇을, 어떻게 가르치고 있는지, 교사·학생·학부모는 어떻게 만나서 대화하고 관계를 맺어가는지, 어떤 교육목표를 지향하고 있는지 등 이 책은 대한민국 학부모들의 궁금증에 친절하게 답을 한다.

덕양중학교 혁신학교 도전기

김삼진 외 지음 / 값 14,500원

이 책의 1부는 지난 4년 동안 덕양중학교가 시도한 혁신과 도전, 성장을 사실과 경험에 기반한 스토리텔링 방식의 성장기로 전개하고 있다. 그리고 2부는 지역사회와 협력하여 펼치고 있는 교육 프로그램, 배움의 공동체 수업 등을 현장 사례 중심의 교육적 에세이 형태로 담고 있다.

학교 바꾸기 그 후 12년

권새봄 외 지음 / 값 14,500원

MBC 〈PD 수첩〉에 방영되어 화제가 되었던 남한산초등학교. 아이들이 모두 행복하고, 얼굴 표정이 밝은 아이들. 학교 가는 것을 무엇보다 좋아하고, 방학을 싫어하는 아이들. 수업과 발표를 즐겼던 이 학교를 졸업한 아이들이 그 후 12년의 삶을 세상에 이야기한다.

혁신교육 미래를 말한다

서용선 외 지음 / 값 14,000원

혁신교육 정책을 입안하고 추진하는 데 기여해왔던 6명의 교사 출신 연구자들이 혁신교육 발전에 필요한 정책 과제들을 모아 하나의 책으로 제시한다. 이 책은 교육철학, 교육과정, 교육행정과 학교 운영(거버넌스) 등에서 주요 이슈들을 정리하고 혁신교육의 성과와 과제를 보여준다.

좋은 엄마가 스마트폰을 이긴다

깨끗한미디어를위한교사운동 지음 / 값 13,500원

스마트폰은 '재미있고 편리하다'. 그러나 스마트폰 때문에 아이들은 시간을 빼앗기고, 건강이 나빠지고, 대화가 사라지며, 공부와 휴식, 수면마저 방해를 받는다. 이 책은 이러한 사례들을 생생하게 소개하고 부모들에게 아이들의 스마트폰 사용에 어떻게 대응해야 하는지 대안을 제시한다.

진짜 공부

김지수 외 지음 / 값 15,000원

혁신학교가 추구하는 '진짜 공부'와 '진짜 스펙'이 무엇인지 보여주는, 졸업생들의 생동감 넘치는 경험담. 12명의 졸업생들은 학교에서 탐방, 글쓰기, 독서, 발표, 토론, 연구, 동아리, 학생회 활동을 통해 자신들이 생각하지도 못한 진짜 공부를 경험했음을 보여준다. 이 책을 통해 무엇이 진짜 공부인지를 새삼 느낄 수 있다.

행복한 나는 혁신학교 학부모입니다

서울형 혁신학교학부모네트워크 지음 / 값 16,000원

이 책은 학부모가 자신의 눈높이에서 일러주는 아이들의
혁신학교 적응기일 뿐만 아니라, 학부모 역시 학교를 통해 자신의
삶을 고양시켜가는 부모 성장기라는 점에서 대한민국의 모든
학부모들에게 건네는 희망 보고서이기도 하다. 이 책은 혁신학교
학부모로서의 체험을 미리 하는 데 부족함이 없을 것이다.

일반고 리모델링 혁신고가 정답이다

김인호·오안근 지음 / 값 15,000원

서울의 한 일반계 고등학교가 혁신학교로서 4년간 도전과 변화를
겪으면서 쌓은 진로, 진학의 비결을 우리 사회 모든 학생, 학부모,
교사, 시민 등에게 낱낱이 소개해주는 책. 무엇보다 '혁신학교는
대학 입시에 도움이 안 된다'는 세간의 편견을 말끔히 떨어
없앤다.

교사, 어떻게 살아야 하는가

김성천 외 지음 / 값 15,000원

오랫동안 교육현장에서 교육과 연구를 병행해온 저자 5인이 쓴
'신규 교사를 위한 이 시대의 교사론'. 이 책은 학교구성원과의
관계 맺기부터 학교현장에서 맞닥뜨리게 되는 여러 가지 문제들과
극복 방법 등 어떻게 개인의 성장을 도모해야 하는지를 두루
답하고 있다.

다섯 빛깔 교육이야기

이상님 지음 / 값 16,000원

충북 혁신학교(행복씨앗학교)인 청주 동화초등학교의 동화 작가
출신 선생님이 아이들과 함께 보낸 한해살이 이야기다. 초등학생의
특성에 맞도록 활동 중심의 교육과정을 재구성하는 한편, 표현
위주의 교육을 위한 생활 글쓰기 교육을 실천하면서, 학교교육을
아이들의 삶과 연결시키고자 노력한 이야기들을 담고 있다.

만들자, 학교협동조합

박주희·주수원 지음 / 값 14,500원

이 책은 학교협동조합이 무엇인지, 어떤 유형의 학교협동조합이 가능한지, 전국적으로 현재 학교협동조합의 추진 상황은 어떠한지 국내외 사례를 통해 소개하고 안내하는 한편, 학교협동조합을 운영하는 원리와 구체적인 교육 방법을 상세하게 풀어놓고 있다.

혁신 교육 내비게이터 곽노현입니다

곽노현 편저·해제 / 값 17,000원

서울시 18대 교육감이자 첫 번째 진보 교육감으로서 혁신 교육을 펼쳤던 곽노현은, 우리 사회 전반을 아우르는 주요 교육 현안들을 이 책에서 포괄적으로 다루고 있다. 2014년 3월부터 1년간 방송된 교육 전문 팟캐스트 '나비 프로젝트' 인터뷰에 출연한 전문가들과 나눈 대화와 그에 대한 성찰적 후기를 담고 있다.

무엇이 학교 혁신을 지속가능하게 하는가

권성호·김현철·유병규·정진헌·정훈 지음 / 값 14,500원

독일 '괴팅겐 통합학교', 미국 '센트럴파크이스트 중등학교', 한국 혁신학교의 사례들을 통해 성공적인 학교 혁신의 공통점을 찾아내고 그것을 지속가능하도록 만들기 위해서 필요한 것은 무엇인지를 보여준다. 독자들은 '좋은 학교'를 만들기 위한 학교 혁신의 세계적인 공통점을 찾을 수 있다.

혁신학교의 거의 모든 것

김성천·서용선·홍섭근 지음 / 값 15,000원

이 책은 혁신학교에 대한 100가지 질문에 답하면서 혁신학교의 역사, 배경, 현황, 평가와 전망을 구체적인 증거를 통해 설명하고 있다. 이 책은 우리 사회에 필요한 교육은 무엇인지, 교사와 학생들이 더 즐겁게 가르치고 배우면서 성장할 수 있는 교육을 위해 필요한 것이 무엇인지 등을 더 깊이 생각해보게 한다.

혁신학교 효과

한희정 지음 / 값 15,000원

이 책에서 저자는 혁신학교 효과를 살펴보기 위해 혁신학교가 OECD DeSeCo 프로젝트에 제시된 '핵심 역량'을 가르치고 있는지, 학생·학부모·교사가 서로 배우는 교육공동체를 이루고 있는지, 학생의 발달을 위한 다양한 교육과정을 운영하고 있는지 등을 반 학교와 비교하여 설명한다.

더불어 읽기

한현미 지음 / 값 13,500원

이 책은 교사들이 학습공동체를 통해 교직의 전문성과 자율성을 새롭게 발견하며 성장하는 이야기를 다룬다. 이 책에서 저자는 이러한 비인격적인 제도와 환경 아래서 교사들이 행복을 되찾기 위해서는 서로 협력하며 같이 배우면서 아이들과 함께 성장할 수 있어야 한다고 말한다.

I Love 학교협동조합

박선하 외 지음 / 값 13,000원

학교에 협동조합을 만드는 일에 참여했던 학생들의 협동조합 활동과 더불어 자신과 친구들이 어떻게 성장했는지를 이야기한다. 글쓴이 중에는 중학교 1학년 때부터 사회복지사라는 장래 희망을 가지고 학교협동조합에 참여한 학생도 있고, '뭔가 재밌을 것 같다'는 호기심을 가지고 시작한 학생 등 다양한 사례를 담고 있다.

내면 아이

이준원 · 김은정 지음 / 값 15,500원

'내면 아이'가 자녀/학생과의 관계에서 어떠한 영향력을 행사하는지, 어떻게 갈등을 일으키는지 볼 수 있게 한다. 그 뿌리를 찾아 근원부터 치유하는 방법들은 필자의 경험을 바탕으로 종합한 것이다. 또한 임상 경험을 아주 쉽게 소개하여 스스로 자신의 '내면 아이'를 만나고 치유할 수 있도록 하는 데 중점을 두었다.

어서 와, 학부모회는 처음이지?

조용미 지음 / 값 15,000원

두 아이의 엄마인 저자가 다년간 학부모회 활동을 하면서 알게 된 노하우와 그간의 이야기들을 담은 책. 학부모회 활동을 처음 시작하는 이들이나, 이미 학부모회에서 활동 중이지만 학교라는 높은 벽에 부딪혀 방향성을 고민 중인 이들에게 권한다.

학교협동조합 A to Z

주수원·박주희 지음 / 값 11,500원

'학교협동조합'의 설립 및 운영과 관련해 학생, 학부모, 교사들이 궁금해할 만한 이야기들을 질문과 답변 형식으로 풀어냈다. 강의와 상담을 통해 자주 접하는 질문들로 구성했으며, 학교협동조합과 관련된 개념들을 좀 더 쉽고 빠르게 이해하는 데 중점을 두었다.

교육을 교육답게 우리교육 다시 세우기

최승복 지음 / 값 16,000원

20여 년간 교육부 공무원으로 정책을 연구하고 입안해온 저자가 우리 사회가 당면한 교육 문제의 본질과 대안을 명확하게 정리한 책. 저자는 표준화된 교육과정과 평가에 따라 학생들에게 획일성과 경쟁만 강조해왔던 과거의 교육을 단호히 비판하고 학생 개개인에게 맞는 개별화 교육이 필요하다고 주장한다.

혁신교육 정책피디아

한기현 지음 / 값 15,000원

이 책의 저자는 교육 현장은 물론, 행정 프로세스에 대한 경험을 모두 갖춘 만큼 교원 업무 정상화, 학폭법의 개정, 상향식 평가, 교사 인권 보호, 교육청 인사, 교원연수 등과 관련해 교육 현장의 가려운 곳을 제대로 짚어 긁어주면서도 현실성 높은 다양한 정책들을 제안한다.

혁신교육지구란 무엇인가?

강민정 · 안선영 · 박동국 지음 / 값 16,000원

이 책은 혁신교육지구에 관한 거의 모든 것을 아우른다. 시흥시와 도봉구의 실제 운영 사례와 향후 과제는 물론 정책 제안까지 담고 있어, 혁신교육지구에 관심을 가진 사람들뿐만 아니라 혁신교육지구와 관련된 업무를 담당하고 있는 현장의 전문가 및 정책 입안자들에게도 큰 도움이 될 것이다.

고교학점제란 무엇인가?

김성천 · 민일홍 · 정미라 지음 / 값 17,000원

이 책은 아직까지 우리나라에서는 생소한 개념인 고교학점제에 대한 거의 모든 것을 아우른다. 아울러 고교학점제가 올바로 정착하기 위해 학교 현장의 교사는 물론 학생, 학부모에게도 학점제를 좀 더 깊이 이해하기 위한 좋은 지침서가 되어줄 것이다.

독자 여러분의 소중한 원고를 기다립니다

맘에드림 출판사는 독자 여러분의 소중한 원고를 기다리고 있습니다. 원고가 있으신 분은 momdreampub@naver.com으로 원고의 간단한 소개와 연락처를 보내주시면 빠른 시간에 검토해 연락을 드리겠습니다.

공교육,
위기와 도전

발행일   2019년 1월 29일 초판 1쇄 발행
지은이   김인호
발행인   방득일
편 집   신윤철, 박현주, 문지영
디자인   강수경
마케팅   김지훈

발행처   맘에드림
주 소   서울시 도봉구 노해로 379 대성빌딩 902호
전 화   02-2269-0425
팩 스   02-2269-0426
e-mail   momdreampub@naver.com

ISBN 979-11-89404-10-9 93370